JN013061

実務が変わる！
令和 改正会社法の
まるごと解説

日本大学教授・弁護士 **松嶋隆弘**［編著］

ぎょうせい

はしがき

1. 本書は、令和元年会社法改正（令和元年法律第70号）の全体像を鳥瞰する速報的実務解説書である。同改正に関しては、今後、会社法施行規則等法務省令の改正がなされることになる。周知のごとく、近時の法制執務においては、政省令に委ねられている部分が多く、改正の全貌は、法律本体と政省令とを組み合わせた上で初めて理解できるものである。

　ただ、改正法を単体で眺めることは、「木を見て森を見ず」の弊に陥らず、改正法のグランドデザインを理解できるという側面もある。また、この段階で改正法の概要を理解しておけば、後になって慌てずに済み、結果として「一歩先」の準備ができる。このような観点から、速報的解説にも固有の意義があると考えている。以上が、本書のコンセプトである。

2. 本書は、私が監修者となり、月刊『税理』に平成31年1月号から令和元年9月号まで連載された「会社法改正をめぐる論点」を基にして、連載から漏れた項目を新たに書き下ろし、今回の改正法の全体をもれなく解説するものである。監修者を務めたいきさつから、私が編者となった。ただし、各項目は、それぞれの分野に通暁する研究者・実務家に、存分に腕をふるってご執筆いただくことにした。当然のことながら一定の繁閑が出てくるものの、その反面、多様な視点を提供でき、結果として内容を豊かにできたのではないかと考えている。

3. まったく偶然であるが、今回の改正に際し、私が、衆議院法務委員会で、本書の執筆者である大久保拓也教授が、参議院法務委員会で、それぞれ参考人として質疑に参加した。そして、これまた偶然ながら、原案は国会での修正を経て可決された。たまたま、月刊『税理』編集部から求められ、私は、参考人としての経験を著し、同誌に寄稿したので（令和2年2月号巻頭論文）、本書に、一部修正の上、収録することにした。国会での修正に関しては、議事録以外の資料がないので、今後の検証のために有益と考えたためである。

4. 本書が、会社法に興味がある実務家の方々にとって、少しでも役に

立つ書物であることを願っている。末筆ながら、(株) ぎょうせいの担当者には、前記連載の段階から本書刊行に至るまで、辛抱強くご対応いただいた。執筆者を代表して感謝申し上げる次第である。

令和2年2月

松 嶋　隆 弘

Contents

はしがき

第4章　社債の管理

第**7**章　**会社法改正と税制**

第**8**章　**資料**

第1章

総論

1　会社法改正の過去・現在・未来

Ⅰ　はじめに

　本書は、2019年（令和元年）会社法改正につき、解説する書物である[※1]。手始めに、「会社法改正の過去・現在・未来」と題し、もっぱら、中小企業の法務への影響という観点から、これまでの会社法改正の歴史を振り返るとともに[※2]、今後の会社法改正についても、展望を試みてみたい。周知のとおり、会社法については、猫の目のように改正が頻繁になされている。それら全てに言及するのは煩瑣でもあるし、また、読者にとってもさほど実益がないと思われる。そこで、ここでは、さしあたり、昭和56年商法改正を起点として、大きく、昭和56年商法改正から平成17年会社法制定まで、そして平成26年の会社法改正へと順次鳥瞰した上で、改正史の中に、2019年会社法改正を位置づけてみたい。

Ⅱ　昭和56年改正以降の商法改正

1．昭和56年商法改正後の株式会社法制

⑴　はじめに

　てはじめに、昭和56年商法改正[※3]後の株式会社法制につき概要を述べておきたい[※4]。昭和56年商法改正は、①部分改正ではあるものの、比較

※1　本書執筆時、法務省令はまだ公表されていない。
※2　商法の改正経緯につき、簡単に一覧するものとして、平成11年商法改正までのものではあるが、坂田桂三『現代会社法（第4版）』（平成11年）34頁以下を参照。
※3　昭和56年商法改正について検討するものとして、竹内昭夫『改正会社法解説（新版）』（昭和58年）13頁以下、並木俊守『改正商法・特例法詳解』（昭和56年）17頁以下、元木伸『改正商法逐条解説（改訂増補版）』（昭和58年）等を参照。
※4　この他の会社形態として、平成17年会社法改正に伴い、廃止されるまで、有限会社という有限責任の会社形態が存在した。後記のとおり、会社法改正に際し、有限会社法は、株式会社と統合され、有限会社法は廃止された。そして既存の有限会社は、株式会社へと一斉移行し、整備法により、特例有限会社とし

的大規模な改正であること、②その後、平成2年商法改正まで、改正がなされておらず、比較的安定していたこと、③同法制の下で、その後の改正にも影響を与えた昭和61年商法・有限会社法改正試案[5]が公表されていることから、検討の起点にするのに適切であると思われるからである。

(2)　大会社、中会社、小会社の区分[6]と監査のあり方

　昭和56年当時の株式会社法制の最大の特徴は、商法の規制と株式会社の監査等に関する商法の特例に関する法律（商特法）とが相まって、規模に応じて、監査の形態を異にしているところにある。具体的には、株式会社を、①大会社、②中会社、③小会社に三分し、①においては、監査役の監査に加え、会計監査人による外部監査を強制する一方で、③においては、監査役による監査を会計監査のみに限定し、残余が②であり、監査役による会計監査・業務監査に服するというものである。それぞれの会社の定義と概要を一覧すると、次ページの表のとおりとなる。

　て、ほぼ有限会社法と同様の規制に服することになった。特例有限会社については、根田正樹＝坂田純一編『特例有限会社の実務ポイント解説とQ&A』（平成18年）を参照。
※5　昭和61年商法・有限会社法改正試案につき検討するものとして、田中誠二監修「商法・有限会社法改正試案の研究」金判755号（昭和61年）を参照。
※6　大小会社区分立法については、酒巻俊雄『大小会社の区分立法〜その基本方向と重要問題』（昭和60年）を参照。

〔大会社、中会社、小会社〕

大会社※7	・資本金5億円以上又は ・負債総額200億円以上	・監査役による監査 （業務監査会計監査） ・会計監査人による外部監査が 強制
中会社	・資本金1億円を超え 5億円未満かつ ・負債総額200億円未満	・監査役による監査 （業務監査会計監査）
小会社	・資本金1億円以下かつ ・負債総額200億円未満	・監査役による監査 （会計監査のみ）
(参考)有限会社		監査役の設置自体任意

(3)　定款による株式の譲渡制限

　第2の特色は、企業の閉鎖性に関する規制である。昭和56年当時の株式会社法制においては、第1の点と無関係に、定款による株式譲渡の制限が許容されていた。すなわち定款に定めることで、株式譲渡を取締役会の承認にかからせることができる旨が規定され（昭和56年商法204条1項但書）、これは、会社の規模とは関係がないものとされていた。ちなみに、有限会社においては、社員がその持分の全部又は一部を社員でない者に譲渡しようとする場合において、社員総会の承認を要するものとされていた（昭和56年有限会社法19条2項）。なお、いずれの会社にあっても、譲渡制限については規定を有していたものの、相続制限については、特段の規定が存しなかった。

(4)　機関設計

　第3に、機関設計である。株式会社においては、第1の点に関わりなく、株主総会、取締役会、代表取締役、監査役の設置が必須のものとされていた。そして、所有と経営の分離の観点（昭和56年商法254条2項）

※7　この他に、大会社の要件は満たさないものの、資本の額が1億円を超えており、かつ大会社としての規制を受ける旨定款に定めた株式会社については、みなし大会社として、大会社に関する規定が適用されるものとされていた（商特法2条2項）。

から、株主総会は、最高機関であるものの万能機関ではなく（昭和56年商法230条ノ10）、業務執行の決定権限は取締役会が専有し（昭和56年商法260条1項）、代表取締役は、取締役の中から選ばれるものとされていた（昭和56年商法261条1項）。ちなみに、有限会社において設置が必要な機関は、社員総会と取締役のみであった。そして、社員総会は、万能機関とされ、各取締役が業務執行権限・代表権限を有していた（昭和56年有限会社法27条1項2項）。

(5) 最低資本金

第4に、会社の設立に際しての最低資本金について述べるに、昭和56年当時の株式会社法制においては、最低資本金に関する制度は存在しなかった。ただ、一株あたりの払込額が5万円とされ（昭和56年商法166条2項、168条ノ3）、発起人の最低員数が7名とされていたので（昭和56年商法165条）、事実上35万円が最低の資本金ではあった。ちなみに有限会社においては、10万円が最低資本金とされていた（昭和56年有限会社法9条）。

(6) 計算書類の公開

第5に、計算書類の公開は、最低資本金と並び、株主の有限責任の対価としての会社債権者保護のために重要である。株式会社においては、計算書類の公開は、一応制度としては規定されていたが（昭和56年商法282条、283条3項）、その実効性には疑問があり、立法的対応が待たれていた。また有限会社法においては、そもそも計算書類の公開制度自体が存在しない。

┃ 2. 昭和61年商法・有限会社法改正試案

昭和61年商法・有限会社法改正試案（改正試案）は、昭和56年商法に対し、抜本的検討を行おうとするものである。本稿の関心から注目され

るのは、①会計調査人制度※8、②相続制限※9、③最低資本金※10、④計算書類の登記所公開※11である。

　①は、税理士を資格要件とする会計調査人制度を新設し、外部監査が要求されていない中会社に対し、会計調査人による外部監査を強制しようとする試みである。②は、譲渡制限に平仄を合わせ、閉鎖的会社において、株主の地位の相続制限を課そうとするものである。③は、株主会社に対し、新たに設立時における最低資本金規制を設けようとするものである。最後に、④は、計算書類につき、新たに登記所（法務局）での公開を認めようとするものである。これらのうち、①③及び④は、中小企業における会社債権者保護のための「三点1set」として、パックで理解されるものであった※12。

3．平成2年商法改正

　平成2年商法改正は、昭和61年商法・有限会社法改正試案を受けたものであるが、規模としては小規模であり、その一部を実現したに留

※8　篠田四郎「会計監査人・会計調査人・会計専門家に関する規定」金判755号（昭和61年）151頁。

※9　昭和61年商法・有限会社法改正試案三3a「株式の譲渡制限の定めをした株式会社又は有限会社は、定款で、相続又は合併による株式又は持分の移転があったときは、一定の期間内に、総会の決議で指定した者がその株式又は持分の売渡しを請求することができる旨を定めることができる。」。解説として、坂田桂三「株式・持分の譲渡制限等」金判755号（昭和61年）106頁の他、詳細な検討として、大野正道『企業承継法の研究』（平成6年）159頁以下を参照。

※10　昭和61年商法・有限会社法改正試案-20a「最低資本金額は、株式会社2000万円、有限会社500万円とする。」。解説として、北沢正啓「最低資本金等」金判755号（昭和61年）64頁。

※11　昭和61年商法・有限会社法改正試案四2a「株式会社は、定時株主総会終了後、貸借対照表及び損益計算書を商業登記所に提出し、登記所でこれらの書類を公開する。」（なお、四2bで、有限会社についても同様の提案有り。）。解説として、上田宏「決算公告・貸借対照表等の公開」金判755号（昭和61年）64頁148頁。

※12　大久保拓也『会計参与制度の現状と課題-会計参与制度に関する実態調査を踏まえて-』日本法学75巻3号（平成22年）105頁以下、109頁注(18)。

まった※13。すなわち、前記①〜④のうち、平成2年商法改正において実現したのは、③のみであり、平成2年商法改正では、株式会社においては1000万円（平成2年商法168条ノ4）、有限会社においては300万円の（平成2年有限会社法9条）、設立時における最低資本金が、それぞれ法定された※14。

　また、平成2年商法改正において、閉鎖会社の株主に対し、支配比率の維持に関する保護を与えるべく、新株発行に際し、新株引受権（現・募集株式の割り当てを受ける権利）を法定する改正も行われた（平成2年商法280条ノ5ノ2）。

4．会社法新設に至るまでの、その後の商法改正

　平成5年には、日米構造協議を受けて、再び商法が改正された。同改正においては、株主代表訴訟に関する規定の整備、監査役の任期伸長、大会社における社外取締役・監査役会制度の導入等がなされた。さらに、翌平成6年には、自己株式取得規制を緩和する改正がなされた※15。

　平成9年商法改正は、ストックオプション新設に伴うものと、合併手続に関するもの、利益供与規制の強化に関するものの3つから成る。また翌平成10年には、資本準備金による株式消却に関する改正がなされた。

　平成11年、平成12年の改正は、もっぱら組織再編に関するものである。すなわち、平成11年商法改正で、株式交換・株式移転制度が新設、平成12年改正で、会社分割制度が、それぞれ新設された。

※13　平成2年商法改正につき概説するものとして、北沢正啓『改正会社法の解説』（平成2年）、大谷禎男『改正会社法』（平成3年）、酒巻俊雄『改正会社法の理論と実務』（平成3年）等を参照。
※14　併せて、発起人の数に関する規制が撤廃され、発起人1名での会社設立が可能になった。これにより、原始的一人会社が許容された。
※15　平成5年・6年商法改正につき解説するものとして、吉戒修一『平成五年・六年改正商法』（平成8年）等を参照。

　平成13年商法改正は、自己株式取得の原則自由化に関連する改正、株主総会のIT化、種類株式の拡大等に関する改正、取締役の責任制限に関する改正の3つから成る。なお、平成13年商法改正により、昭和61年商法・有限会社法改正試案における目玉の1つであった貸借対照表の登記所公開が、計算書類のインターネット公開として、実現することになった（現会社法440条3項に相当）。

　次いで、平成14年商法改正において、委員会等設置会社（現・指名委員会等設置会社）が新設された[16]。

　以上のように猫の目のように商法改正がなされた結果、つぎはぎだらけとなった商法典は、平成17年会社法典の新設により、抜本的に再編成されることになる。

III　会社法の制定とその後の改正

1．会社法改正

(1)　はじめに

　平成17年に、商法会社編は全面的に改められ、会社法という単行の法典が成立した。その概要を述べる余裕はないので、本稿の問題意識に従って、要点を述べる。

(2)　有限会社と株式会社との一体化

　会社法は、「似たものは1つにまとめる」との発想の下、株式会社と有限会社とを統合することにした。併せて、「Think SmallFirst」という観点から、より小さな有限会社をベースに、規制を積み重ねる形で、より大規模な株式会社に至るという形に、規律されることとされた[17]。

---

[16]　平成14年商法改正につき概説するものとして、坂田桂三＝根田正樹＝明石一秀編『改正商法の完全実務解説−14・15年改正と16年以降の改正動向』（平成16年）等を参照。

[17]　この他、会社法は、社員全員の責任が有限である人的会社形態である、合同

　具体的には、旧有限会社型である「万能機関型株主総会＋取締役」という機関設計で、株式の譲渡制限がなされている株式会社を起点とし、これに、①規模と②閉鎖性という2つの観点から、規制を加える。すなわち、①の観点からは、大会社（会社法2条6号）に対し、会計監査人による外部監査を強制することとし（会社法328条）[18]、②の観点からは、公開会社（会社法2条5号）には、取締役会の設置が強制される（会社法327条1項1号）

　このように、株式会社と有限会社が一体化した上で、機関設計は、①と②という2つの観点を、それぞれ縦軸、横軸として生じる4つの領域ごとに、様々な柔軟な設計を可能にすることとなった。これにより、機関設計と閉鎖性とが別々の問題とされていた、昭和56年商法以降のフレームワークは、大きく変更されることになった。

(3)　相続人等に対する売渡しの請求

　次に、昭和61年商法・有限会社法改正試案において提案されていながら、日の目をみなかった相続制限が、自己株式取得規制の1つである、相続人等に対する売渡しの請求に関する定款の定めとして、新たに設けられることとなった（会社法174条）。

(4)　最低資本金の撤廃と会計参与の新設

　会社法においては、平成2年商法改正により導入された設立時の最低資本金制度は廃止され[19]、それと入れ替わるように、税理士等を資格要件（会社法333条1項）とする会計参与制度（会社法374条）が新設さ

　　会社を新設し、既存の合名会社、合資会社と併せ、「持分会社」と総称する（会社法575条1項）。合同会社については、松嶋隆弘「新しい企業形態における法人格の意義と会社債権者保護」判タ1206号（平成18年）54頁。
[18]　この他に、いわゆる委員会型の会社に対しても会計監査人による外部監査が強制される（会社法327条4項）。
[19]　ただし、旧有限会社法の財源規制としての最低資本金規制は、残存している（会社法458条）。

れた※20。昭和61年商法・有限会社法改正試案における会計調査人は、あくまでも外部監査であるに留まるのに対し、会計参与は、業務執行権限の１つである計算書類の作成を、取締役として共同して行う権限を有する機関であり、両者は、その性質を異にする。ただ両者とも、税理士を対象としており、中小会社において現実に税理士が行っている「記帳代行」という現実に鑑みれば、両者間における差異は、現実的には相対的なものといえる。してみると、会計参与制度は、会計調査人制度を大幅に換骨奪胎し、導入しようとするものといってよいと思われる。

　そして、ここにおいて、昭和61年商法・有限会社法改正試案における「三点１set」の帰趨につき考えるに、次の表のとおりとなる。すなわち、平成２年商法改正は、「三点１set」のうち最低資本金のみ導入したが、それは会社法により廃止され、代わって、会計調査人が平成17年会社法における会計参与として、計算書類の登記所公開が平成13年商法改正における計算書類のインターネット公開として、それぞれ形を変えて導入されるに至った。こうしてみると、平成２年商法改正と平成17年会社法新設との間で、顕著な考え方の違いがあることを看取することができる。

〔「三点１set」の帰趨〕

	最低資本金	会計調査人	計算書類の登記所公開
平成２年商法改正	×	×	×
平成13年商法改正	↓	↓	計算書類のインターネット公開
平成17年会社法	×	会計参与	

※20　会計参与につき、大久保・前掲※12・87頁。

2．平成26年会社法改正

　平成26年会社法改正は、平成17年に新設された会社法制定後約10年が経過したことに鑑み、メンテナンスを行おうとするものである[21]。改正のメインは、①コーポレート・ガバナンスの強化、②親子会社に関する規律等の整備に関するもので、①に関するものとしては、監査等委員会設置会社の新設（会社法2条11の2）、社外取締役等の要件の見直し、会計監査人の独立性の強化（会社法344条1項）が、②に関するものとしては、多重代表訴訟（会社法847条の3第1項、7項）、組織再編の差止請求の拡充（会社法784条の2、96条の2、805条の2）等がある。また、平成17年の会社法制定以降に広まった実務である、詐害的会社分割、少数株主の締め出しに対し、適切な規制を施すべく、それぞれ規制が新設された（詐害的会社分割に関し、会社法759条4項、761条4項、締め出しに関し、会社法179条1項）。

Ⅳ　2019年会社法改正

1．はじめに

　次に、会社法改正（2019年会社法改正[22]）につきみていく（個々のトピックについては、次章以下で詳細に検討されるので、ここでは頭出し程度に留めてある。）。2019年会社法改正については、既に「会社法制（企業統治等関係）の見直しに関する中間試案」（中間試案）が公表され[23]、パブリック・コメントに付された[24]。そして、その結果を踏まえ、最

---

[21]　平成26年会社法改正につき概説するものとして、上田純子＝菅原貴与志＝松嶋隆弘編『改正会社法解説と実務への影響』（平成27年）等を参照。

[22]　便宜上本稿では西暦を用いている。

[23]　http://www.moj.go.jp/content/001252001.pdf

[24]　パブリック・コメントの結果をとりまとめたものとして、竹林俊憲＝蘭牟田泰隆＝邉英基＝青野雅朗＝坂本佳隆「会社法制（企業統治等関係）の見直しに関する中間試案に対する各界意見の分析（上）（中）（下）」商事法務2169号（平成

終的に今回の改正法として結実した[25]。2019年会社法改正にあたっては、中間試案で掲げられた3つの内容（株主総会に関する規律の見直し、取締役等に関する規律の見直し、その他）の他、取締役等の欠格条項の削除に伴う規定の整備についても検討されている。

2.2019年会社法改正の概要

(1)　株主総会に関する規律の見直し

株主総会に関する規律の見直しに関しては、①株主総会資料の電子提供制度（改正法325条の2以下）、②株主提案権につき、濫用的な行使を制限するための措置等（改正法305条4項・5項）が、改正事項として掲げられている。

(2)　取締役等に関する規律の見直し

次に、取締役等に関する規律の見直しとしては、③取締役の報酬に関する改正（株式を報酬として交付する際の規律等：改正法361条、202条の2）、④会社補償[26]及びD&O保険契約の法制化（改正法430条の2、430条の3）、⑤社外取締役（改正法327条の2）の義務付け等がトピックとされている。

(3)　その他

「その他」は、単なるその他ではなく、⑥ミニ株式交換ともいうべき

30年）4頁、2170号（平成30年）16頁、2171号（平成30年）21頁を参照。なお、筆者の属する企業法実務研究会の意見書は、企業法実務研究会「「会社法制（企業統治関係）の見直しに関する中間試案」に対する意見」税務事例50巻6号27頁を参照。

[25]　植松勉「会社法改正の方向性と中小企業に与える影響」税理61巻12号（平成30年）2頁。

[26]　会社補償契約とは、役員等が第三者に生じた損害を賠償することにより生じた損失を会社が補償する契約のことをいう。

株式交付の訴えの新設（改正法774条の2以下）、⑦社債管理補助者制度の新設（改正法714条の2以下）等といった、比較的大きなトピックを含んでいる。

　また、中間試案段階では存在しなかったが、上記の他に、⑧成年被後見人等（成年被後見人及び被保佐人）が取締役等と成ることができないとする規制（改正前の現行会社法331条1項2号、335条1項、402条4項、478条8項）を削除する改正が実現した（改正法331条1項、331条の2等）[27]。

■ 3．小括

　2019年会社法改正について、ごく簡単に一瞥したところから分かるとおり、同改正は、平成26年会社法改正以上に、断片的な改正であるといってよい[28]。ただ、2019年会社法改正における各トピックは、相互に関連性を有しないものの、いずれも比較的大規模な会社や上場会社をもっぱら対象としているという点で共通している。敢えて中小企業に関係しそうなテーマというと、③の一部と⑧くらいであろうか。

　平成17年の会社法の制定が、有限会社と株式会社を統合するもので、中小企業に大きな影響を与えるものであったのに対し、そのメンテナンスを企図する平成26年会社法改正及びそれに続く2019年会社法改正は、どちらかというと、中小企業にあまり関心を寄せていないように見受けられる。

---

[27]　認知症と私法との関係につき考察する文献として、小賀野晶一＝成本迅＝藤田卓仙編『認知症と民法（公私で支える高齢者の地域生活）』（平成30年）。

[28]　会社法制定後の会社判例を一覧すると、詐害分割、締め出しに伴う株式の価格決定等特定のトピックに関してのみ、集中的におびただしい裁判例が登場するという傾向があり、会社法制定後の両改正は、これらの裁判例への対応といった側面も有していると解される。なお、会社法制定後の会社判例につき、総合的に検討するものとして、石山卓磨『検証判例会社法』（平成30年）を参照。

V　結びに代えて：中小企業向け会社法改正のために
　積み残された課題

　以上のとおり、前回及び今回の会社法改正は、もっぱら大規模な株式会社や上場会社を対象としたものであり、中小企業への影響は、比較的少ないといってよいと思われる。ただ、それは、会社法改正にあたって、中小企業が重要でないということではない。わが国の大多数を占める株式会社は、中小の非公開会社や同族会社なのである。中小企業向けの会社法改正は、課題として積み残されているといわなければならない。

2 令和元年会社法改正と残された課題
～衆議院法務委員会における参考人の体験を踏まえて～

　令和元年12月4日、改正会社法が成立した。筆者（本項目執筆者）は、その議論の場である同年11月20日の衆議院法務委員会において参考人として意見を述べた。そこでは、株主提案権の個数制限につき反対意見を述べ、質疑の中で、株主提案権の制限を基礎づける立法事実の不存在を指摘した。同委員会後の与野党間の合意では、株主提案権の内容制限についての規定が削除され、この修正案が今回の改正会社法に反映されている。本稿では、このような議論を踏まえながら、改正会社法の特徴を浮き彫りにするとともに、今後の課題について指摘する。

I　はじめに

1．衆議院法務委員会における参考人意見

　先般、令和元年12月4日に、会社法を改正する法案が、参議院本会議において可決し、無事成立した。便宜上、筆者を代表とする企業法実務研究会は、今回の改正法案のもととなった中間試案に関し、同研究会名義で意見書を提出していたところ[29]、このことが機縁となり、同研究会会員である筆者が衆議院法務委員会（令和元年11月20日）において[30]同じく会員である大久保拓也教授が参議院法務委員会において（令和元年11月28日）、参考人として、それぞれ意見を述べる機会を与えられた[31]。

---

[29]　企業法実務研究会の意見書については、税務事例50巻6号27頁以下を参照。

[30]　筆者の参考人としての意見（読み上げ原稿）については、松嶋隆弘「衆議院法務委員会における参考意見」税務事例52巻1号（令和2年）44頁を参照。また衆議院法務委員会における質疑全体については、同委員会議事録を参照（第204回国会衆議院法務委員会議事録第10号）。

[31]　大久保拓也教授の参考人意見は、別に税務事例62巻2号64～67頁に掲載される予定である。

そして、筆者は、衆議院法務委員会において、株主提案権の個数制限につき反対意見を述べ、質疑の中で、株主提案権の制限を基礎づける立法事実の不存在につき意見を述べたところ、同委員会後の与野党間の合意で、株主提案権の内容制限についての規定が削除され（修正案）、この修正案が、今回、改正会社法として成立した。

▌2. 本項目における検討

本項目では、過去の改正法の中で今回の会社法改正を位置付ける作業[32]を踏まえ、今回の修正についての筆者自身の意見を述べるとともに、今後の会社法改正に向けて期待されるべき事項につき、私見を述べることにしたい。

Ⅱ　令和元年会社法改正の国会における修正

▌1. 令和元年会社法改正の概要

令和元年会社法改正における改正項目は、株主総会の電子化、社外取締役の義務付け、業績連動型報酬に関する報酬規制、社債管理者、株式交付等であるところ、これらは、いずれも、もっぱら上場会社や大規模公開会社を念頭に置いたものである。その意味では、今回の改正は、上場会社や大規模公開会社を主たる対象とした前回の改正（平成26年会社法改正）の延長線上に位置づけられ、前回以上に技術的な改正であると評価することができる。とりわけ社外取締役に関する規制等は、平成26年改正の積み残しといってもよいが、すでに上場規則での義務付けが実現しており、いわば後始末として法規制上の手当てをするものにすぎない。このようなことから、令和元年会社法改正に関する審議は、

※32　松嶋隆弘「会社法改正の過去・現在・未来」税理62巻1号（令和元年）190頁
（本章1）。

「無風」であるというのが、事前の予測であった。

　ところが、いざふたを開けてみると、事前の予想を覆し、株主提案権の制限につき、議論が生じ、本稿冒頭に述べたとおりの顛末となった。そこで、まず株主提案権の制限につき、検討することにしたい。

2．株主提案権の個数制限と内容制限

　衆議院に提出された当初の法案（当初法案）では、株主提案権に関し、①個数制限を付するとともに、②内容制限をも加えるという制約を課すこととされていた。すなわち、①は、「取締役会設置会社の株主が第1項の規定による請求をする場合において、当該株主が提出しようとする議案の数が10を超えるときは、前3項の規定は、10を超える数に相当することとなる数の議案については、適用しない。」（改正会社法305条4項本文）と規定するものであり、②は、会社法304条の但書を改め、株主提案権の制限として新たに「株主が、専ら人の名誉を侵害し、人を侮辱し、若しくは困惑させ、又は自己若しくは第三者の不正な利益を図る目的で、当該議案の提出をする場合、当該議案の提出により株主総会の適切な運営が著しく妨げられ、株主の共同の利益が害されるおそれがあると認められる場合」を加えようとするものであった（当初改正法案304条但書2号3号）。

3．個数制限に関する筆者の反対意見

　衆議院法務委員会において、筆者は、①につき明示的に反対意見を述べた。以下、該当部分についての読み上げ原稿を引用する。「巷間紹介されている事例は、よくよく見ますと、いずれもごく一部の特定の者による行使事例であるにすぎず、対象となった会社も、その者が創業者一族であったという特殊な事情があります。このようなごくごく一部の者による特殊な事例を根拠に、株主の重要な権利である株主提案権の行使

を限定するというのは、立法事実として極めて不十分ではないかと考えております。

　ここで、株主提案権の制度趣旨に考えてみますに、株主提案権は、昭和56年の商法の大改正に際し、株主総会の活性化の一環として導入されたものであります。そして問題となっている議案要領通知請求権は、取締役設置会社の場合、総株主の議決権の100分の1以上の議決権又は300個以上の議決権を有する少数株主の権利とされています。

　しかし、ここでいう「少数株主」は、かつての「一株運動」における株主などと異なり、実際には大株主であります。中小会社の場合ですと、「経営権を持っていない大株主」であるといってよいでしょう。ですので、これらの株主による株主提案権は、経営権を持っていない株主が、経営権を持っている株主に対し、株主総会という「公正かつ透明な土俵」で議論をするという「コミュニケーション」を求める訴えとして、真摯に受け止めるという態度が、立法にあたっても必要とされるでしょう。このような態度こそが、昭和56年改正で議論された「株主総会の活性化」に資すると考えております。

　もちろん、濫用に対する懸念は理解できます。しかし、改正法案の提案は、あまりにも制度の病理的側面にとらわれすぎなのではないかと思います。このような病理現象への懸念は、かつての株主代表訴訟の改正に際しても、「行為時株主の原則の導入」に関する議論（結局見送られましたが）等、時々浮上しては消えていくのですが、今回の提案は、まさにその一環なのではないかと考えます。

　濫用に対する懸念がどうしても無視できないのであれば、例えば、株主代表訴訟につき、濫用的目的の訴えを否定する規定（会社法847条1項但書）の例に倣い、「濫用的目的」に関する規定の創設を検討すべきであり、その代替として、便宜的に個数で制限するといった態度は、制度の本質を損なうものといわざるを得ません。現に、改正法案は、名誉毀損的目的等内容に着目した制約をすでに用意しているのです。」

▌4．内容制限の当否と株主提案権の制限に関する立法事実の有無

①の個数制限に関しては、上記に述べたところに尽きている。ここで指摘しておきたいのは、②の内容制限に関してである。筆者は、参考人意見として、①についてのみ明示的に反対し、②については反対の意見を述べなかった。そして、質疑の過程で、立法事実の存否が話題となり意見を求められた際に、その不存在を指摘した。このことからすると、筆者の参考人としてのスタンスは、意見陳述の段階と質疑の過程でズレていることになる。そして、正確にも、このことを指摘するネット情報が存在する[33]。

しかしながら、すでに①にかこつけて、「このようなごくごく一部の者による特殊な事例を根拠に、株主の重要な権利である株主提案権の行使を限定するというのは、立法事実として極めて不十分ではないか」との意見陳述をすでに行っている。この部分の判断は、①に関して述べたことであるが、述べていること自体は、株主提案権制限の立法事実であるので、その不存在を指摘することは、自動的に、①のみならず、②についてもかかってくることになる。そのことを意見陳述として一度に述べるか、それとも小出しにして述べるかは、いわば戦術の問題であるにすぎない（ただ、そのように初めから意識して委員会に臨んだわけではない。）。①については、すでに前記意見書の中で反対意見を述べていたところなので、限られた時間の中で、意を尽くすために、ポイントを絞ったのである。

幸か不幸か、筆者がポイントを絞った①は、そのまま残り、②が削られることになった。しかしながら、株主提案権の制約の度合いが少しでも当初法案より少なくなったという意味では、筆者の意図は実質的に実現したと考えている[34]。

※33 https://k-houmu-sensi2005.hatenablog.com/entry/2019/12/04/233000?fbclid=Iw
AR0_7dWa5t14uzGQihfFDK5BbqRgsR_bVfzQsu8yEPq2wkRMnnKKlvdvOI0
※34 もちろん、法案の修正は、与野党間の政治的妥協により実現したものであり、筆者とは無関係である。

5. 立法で実現することが妥当な領域と、判例法の展開に委ねたほうがよい領域の仕分け

　なお、②の部分につき、衆議院法務委員会の質疑においても少し述べたことであるが、法源論的観点から少し補足をしておきたい。すなわち、立法で実現することが妥当な領域と判例法の展開に委ねたほうがよい領域との仕分けという観点からの検討である。

　②は、要は、権利濫用（民法1条3項）に相当する場面を、株主提案権用にカスタマイズしようとするものである。実際に、衆議院法務委員会の審議の過程で、一般条項である権利濫用の場合より、②の適用が「緩和」されているか否かが議論になったことは記憶に新しい。

　思うに、一般条項は、規範的要件として、要件事実的には、評価根拠事実、評価障害事実といった、より下位の概念に基づき具体化される必要があるところ、限られた時間の中で限られたファクターを基に条項化し尽くすには、その具体的ありようがあまりにも事案に応じ千差万別であり、また、不用意な条文化による「固定」は、柔軟であることが持ち味の一般条項の妙味を奪ってしまう。例えば、公序良俗（民法90条）による無効よりも、より無効の要件を緩和すべく登場した消費者契約法10条の片面的無効の規定も、前段要件、後段要件と2段構えとなっているものの、その内容は依然として抽象的な規範的要件にとどまり、その具体化は、将来の判例法の蓄積に委ねられている。そして、判例をみると、賃貸借契約における信頼関係破壊理論、労働契約における解雇無効の議論等、判例の蓄積により、規範的要件が具体化され、要件として定式化されつつある法分野をあちこちにみることができる。

　かような観点からを振り返るとき、限られた立法事実を基に慌てて定式化するよりも、一般条項に関する判例法の展開に委ね、推移を見守るといった「大人の対応」が要求されるべきでないかと思料するものである。

Ⅲ　中小会社法の改正

1. 手つかずの中小会社法の改正

　前記のとおり、令和元年会社法改正は、中小会社を対象としたものではなく、中小会社に関する改正は、今後の問題に委ねられている。中小会社に関わる会社法改正は、平成26年会社法改正でも、本格的な検討の俎上に載せられておらず、依然として放置された状況にあるといってよい。筆者は、衆議院法務委員会においてもそのことを指摘したところであるが、時間の制約上、必ずしも意を尽くせなかった。ここでは、それらをより詳しく紹介し、次回の改正に向けた課題として、敷衍することにしたい。

2. 相続クーデタと会社法174条

　第一に「相続クーデタ」の可能性を招来する会社法174条に関してである。本条に関しては、かねてから「相続クーデタ」の可能性を生じさせることが懸念されてきたところ、鳥取地判平成29年9月15日金判1528号37頁で、その懸念が現実化した[35]。事案は、次のようなものであった。

※35　福島洋尚・判批・私法判例リマークス57号100頁。

【事実】

1　Yは、特例有限会社である（発行済株式総数6,000株）。Yの定款には、会社法174条と同文の規定がある（本件定款規定）。

2　Yの創業者Aは突然、遺言を残さず死亡し、A保有の株式は、Aの法定相続人（X₁〜X₄：A相続人）の準共有となっている（準共有株式）。

　　Y社の持株状況は、下記のとおりである。

A相続人	1,800株（準共有株式）
X₁〜X₄	1,680株
Z（取締役）	490株
B〜E	2,030株

3　本件定款規定に基づき、準共有株式1,800株につき、A相続人に対し株式売渡し請求をする旨の議案がYの株主総会に上程された（本件総会）。本件総会に出席した株主は、B〜Eの委任を受けたZのみである（出席株主の保有株式数は、合計2,520株（Z：490株、B〜E：2,030株））。そして、前記議案は、満場一致を以て可決確定したものとされた（本件決議に賛成した株主は5名、その議決権の数は2,520個）。

4　X₁〜X₄は、本件株主総会における本件決議の取消しを求めて、裁判所に訴えを提起した。

⑴　本件における本件総会決議は、会社法174条の売渡請求権が行使される場合をねらった、Zによる、多数派（X₁〜X₄）から会社の支配権を奪う「相続クーデタ」を企図するものであり、株主総会が取り消されるか否かは、「相続クーデタ」を許容するかどうかと連動している。

　　会社法174条に基づく売渡請求を行う場合、株主総会の特別決議が必要とされ（会社法175条1項、309条2項3号）。その際、売

渡請求権者（X₁〜X₄）は、議決権を行使できない（会社法175条2項）。特例有限会社の場合、特別決議につき整備法は、①総株主の半数以上であって、②当該株主の議決権の4分の3であるものとする（整備法14条3項）。本件総会において、議決権を行使できないX₁〜X₄が算定から除かれると、①は全員出席、②は、全員賛成となり、本件株主総会決議は、問題なく適法に可決されることになる。他方、含まれると、総議決権は4,200株とされ、賛成した2,520株は、4分の3（3,150株）に達せず、相続クーデタは失敗となる。

　本件では、たまたまYが特例有限会社であり、特例有限会社を規律する整備法14条3項が、議決権を行使できない株主を算定対象から外す旨の除外規定を用意していなかった。そのため、前掲鳥取地判平成29年9月15日は、整備法を額面どおりに解釈し、X₁〜X₄の持株1,680株がカウントされ、総議決権を、4,200株とした。本件決議に賛成した2,520株は、4分の3である3,150株に達しておらず、本件決議は、の要件を満たさないこととなり、本件議決は、不適法であると判示した。結果として、「相続クーデタ」は失敗ということになる[36]。

(2)　しかしYが株式会社であった場合、売渡請求権の対象となる「者」は、議決権を行使することができないとされているため、X₁〜X₄は、本件準共有株式（1,800株）のみならず、各自が有する株式（合計1,680株）についても、議決権がないものとして取り扱われてしまう。そのため、「議決権を行使することができる株主」、すなわち、Z、B、C、D及びEだけの出席と議決権のみにより、ことが決される。つまり、①は全員出席、②は全員賛成となり、本件株主総会決議は、問題なく適法に可決されたこととされる。

※36　特例有限会社の前身である有限会社の場合、議決権を行使できない株主を算定対象から外していた（旧有限会社法48②）。このため、旧有限会社法48条2項の規制に従えば、本件総会決議は適法に成立し、相続クーデタは成功することになる。

　　本件準共有株式は、Yの自己株式とされ、議決権がないので（会
社法308条2項）、Yの支配権の帰趨は、X₁〜X₄の持株（合計1,680
株）と他の者の持株との多寡により決される。X₁〜X₄の持株数は、
合計1,680株で依然として相対多数ではあるものの、Z（490株）が
他の元従業員（BCDE：合計2,030株）と連携すれば、合計2,520株
となり、X₁〜X₄の持株数を上回り、このような策を講じれば、
会社支配権を獲得することができる。つまり、「相続クーデタ」は
成功してしまうことになる。

(3)　会社法174条は、譲渡制限に倣った株式の相続制限を実現する規
　　定であり、事業承継等の場面で相応の活用が期待できる規定であ
　　る。ただ、前記の「相続クーデタ」の危険性は、その有用性を減殺
　　して余りある弊害である。前掲鳥取地判平成29年9月15日の事案
　　は、たまたまY会社が特例有限会社であったため、「相続クーデタ」
　　が防がれたに過ぎない。会社形態の違いにより「相続クーデタ」の
　　帰趨がわかれるのは不当であり、同条の適正な発展のため、かかる
　　事態を是正すべく、何らかの立法の手当てが必要であると解される。

3.取締役の第三者責任（会社法429条1項）の廃止

　　第2に、取締役の第三者責任（会社法429条1項）の廃止につき提言し
たい。取締役の第三者責任については、きわめてあいまいな規定がほぼ
放置されたまま、依然として解釈に委ねられており、何らかの対応が必
要であると考えている。第三者からの取締役に対する責任の追及は、会
社倒産時になされることが多いところ、会社倒産時において、このよう
な形で個別の会社債権者に保護を与えていくことは不適切である。すな
わち、大口の取引債権者は、あらかじめ取締役に対し、連帯保証を求め
ることも可能であったはずだし、従業員には雇用関係の先取特権（民法
308条）、取引先には、動産売買の先取特権（民法321条）等による保護
も考えられる。それらを抜きに、会社債権者保護のかけ声の下、会社倒

産時において、前記の手段による自衛を講じてこなかった「個別」の債権者の保護を図ることは、むしろ債権者全体の間での公平を欠く。むしろ今後は、倒産時における取締役の責任査定制度（破産法178条等）を介して、債権者全体の公平を図るスキームが模索されていくべきであると解される[37]。その際に、取締役の対第三者責任に関する会社法429条1項の規定は、存廃を含め、改めて立法論的検討が必要であると解される。

4.会社法における反社規制の導入

(1)　最後に、反社規制との関わりをあげたい[38]。周知のとおり、令和元年の民事執行法改正で、不動産競売における暴力団員による買受規制が導入された。このこと自体は喜ぶべきことであるものの、近時、反社といわれる者が、不動産競売と並行して、企業の支配権の奪取を図り、それに成功したという事案が登場するに至っている（東京高判平成30年5月9日金判1554号20頁[39]）。これは、Xが、M一派により支配権を獲得された後、前代表取締役Yに対し、Yは自己保身という個人的な利益のためにXの費用負担で弁護士報酬を支払い、その財産を浪費し、善管注意義務及び忠実義務に違反したとして、会社法423条に基づき弁護士報酬相当額について損害賠償を求めたという事案である。

(2)　この事案では、Mが、「本件公園土地建物」（Xがその子会社Bを介して支配している。）を自己のものとするため、①「本件公園土地建物」に設定されている担保権を譲り受け、競売をしようとするのと並行し、②X自身の支配権を獲得しようと試みている。

※37　田中亘『会社法（第2版）』（平成30年）359頁。
※38　松嶋隆弘「民事執行法改正と金融実務に与える影響～反社規制を中心に～」法律のひろば72巻12号（令和元年）63頁。
※39　本判決の評釈として、武田典浩・判批・税務事例51巻5号76頁、田澤元章・判批・明治学院大学法学研究108号掲載（令和2年1月完行予定）。

　　今回の民事執行法改正の下において、①について検討するに、もしもMが、警察のデータベース上、「暴力団員」として掲載されていた場合には、改正民事執行法の規定により、Mによる競落を否定することが可能となる[40]。

　　しかし、仮に①のルートでMを捕捉できたとしても、②のルートが示すとおり、当該不動産を有している「企業」そのものを買収することにより、改正民事執行法の規制いかんにかかわらず、仮に「暴力団員」であったとしても、確実に「本件公園土地建物」を手に入れることが可能となってしまう。不動産競売における暴力団員の買受防止規制には、大きなループホールが空いている。前掲東京高判平成30年5月9日におけるXのような「ハコ企業」というものは、そう珍しいものとは思われない。現に、法人格を用いて、資産を切り出す証券化の手法におけるビークルも、一種の「ハコ企業」といってもよい存在である[41]。

(3)　反社規制に関しては、すでに「企業が反社会的勢力による被害を防止するための指針について」（平成19年6月19日犯罪対策閣僚会議幹事会申合せ）が公表されており、その中で、「反社会的勢力が取引先や株主となって、不当要求を行う場合の被害を防止するため、契約書や取引約款に暴力団排除条項を導入するとともに、可能な範囲内で自社株の取引状況を確認する。」旨の指摘がなされている。

　　そこでは、「反社会的勢力が、企業の株式を取得した場合、株主の地位を悪用して企業に対して不当要求を行うおそれがあり、また、反社会的勢力が企業の経営権を支配した場合、他の株主、取引先、提携先、従業員等の犠牲の下、支配株主たる反社会的勢力のみ

[40]　ただ、①のルートにおいて、首魁的人物（共謀共同正犯的人物）を的確に補足することができるかについて、筆者は懐疑的意見を抱いている。この点について、別稿で検討することを予定している。
[41]　松嶋隆弘「新しい企業形態における法人格の意義と会社債権者保護」判例タイムズ1206号（平成18年）54頁。

の利益をはかるような経営が行われ、企業価値が不当に収奪されるおそれがある。」との認識が示されている。

(4) 筆者としては、上記を踏まえ、会社法の観点からも反社に対し、単なる運用論だけでなく、立法論点検討が必要な時期が到来しているのでないかと考えている。具体的には、例えば、(1)役員の欠格事由として、平成30年改正古物法（改正古物営業法4条2～4号）に倣った規定を挿入するといった検討も必要かもしれないし、(2)反社関係者と判断される者に対する株式の買取請求を法定する等の措置も考えられる。後者に関しては、会社法が定める取得条項、全部取得条項を用いた株主の退出制度と持分会社における除名制度（会社法859条）を対比し、中小株式会社について、除名制度を本格的に導入することも検討されてしかるべきでないかと考えている[42]。

Ⅳ　結びに代えて

今回の改正に際しては、衆議院法務委員会における参考人という、得難い機会を与えていただき、大変ありがたいと思うと同時に、それに伴う責任の重さも感じている。今後、本項目に述べたことを軸として、中小企業法制につき、実務の動向を踏まえつつ、分析・検討を重ねていきたいと考えている。

なお、最後に本項目における検討からは外れているが、近時のソフトロー化の流れに関し、一言暫定的意見を述べておきたい。近時、各種のガイドラインが登場し、ソフトローの重要性が指摘されるに至っている（例えば、平成17年5月27日付けの経済産業省＝法務省「企業価値・株

---

[42] より具体的には、(i) 持分会社における社員の除名にあたり裁判所の関与が必要とされているのに（会社法859条）、株式会社における株主の退出に際し、同様の措置が講じられていないことの不均衡（筆者としては、裁判所の関与自体が過剰規制であると考えている）、(ii) 持分会社の社員の除名の訴えと、機能的に類似する制度である会社の解散の訴え（会社法833条）との間の対比と要件の比較・検討といった作業が必要でないかと考えている。なお、除名の要件に関し参考となる判決として、東京地判令和元年7月3日金判1577号29頁参照。

主共同の利益の確保又は向上のための買収防衛策に関する指針」等）。
そのこと自体について否定するつもりはない。しかしながら、それらの
内容をみる限り、アメリカ型の取締役会中心主義を前提とする建て付け
になっているようである。かかる構造を有するソフトローが、あくまで
も、株主総会を万能機関とする旧有限会社型会社をベースにして、その
上に制度を重ねるハードローたる会社法の権限分配構造と果たして整合
的であるか否かにつき、筆者としては懐疑的感想を抱いている[43]。末
尾に指摘し、今後の研究の出発点としていきたいと考えている。

〔松嶋　隆弘〕

---

[43]　そのことが問題になったケースとして、東京高決令和元年5月27日資料版商事
　　424号118頁。本判決の評釈として、伊藤雄司・批判・税務事例52巻2号86～93
　　頁。

第2章

株主総会に関する規律の見直し

1 株主総会資料の電子提供

I　はじめに

　高度情報化社会の進展を受け、会社運営においても電子化を進める必要性が高まってきている。とりわけ、株主総会制度におけるITの活用は、単なる書面の代替手段にとどまらず、株主による会社情報への容易かつ円滑なアクセスの促進や、会社と株主とのコミュニケーションの質の向上といった積極的な意義を有する。そのため、近年、株主総会プロセスの電子化が図られている。

　株主総会のプロセスにおいて電子化が問題となる場面としては、①株主総会の招集通知及び株主総会資料の提供、②議決権行使[※1]、③総会の当日の運営[※2]の3つに分けることができるが、今般の会社法改正では、株主総会資料（株主総会参考書類、議決権行使書面、計算書類及び事業報告、連結計算書類）の電子提供制度（会社法の一部を改正する法律（以下、「改正法」という。）325条の2～7）が創設された。

　以下では、現行法における招集通知及び株主総会資料に関連する電子化の制度について概観した上で、改正法における株主総会資料の電子提供制度について検討する。

[※1]　会社法上の電子投票制度がこれに該当する（会社法（以下、「法」という。）298条1項4号）。同制度の導入は任意とされているが、コーポレートガバナンス・コード（補充原則1－2④）が「上場会社は、自社の株主における機関投資家や海外投資家の比率等も踏まえ、議決権の電子行使を可能とするための環境作り（議決権電子行使プラットフォームの利用等）や招集通知の英訳を進めるべきである」と定めていることもあり、導入する会社は増加している。「株主総会白書2018年版」の調査では、調査対象となった上場会社の49.3％が同制度を導入している。（以上につき、商事法務研究会編「株主総会白書2018年版」76頁）。

[※2]　電子的運営には、株主総会への「出席」に該当する方法（本会場の議事等を中継するのみならず、双方向での意思疎通を確保し、質問や議決権行使を可能にする方法等）と、「出席」に該当しない方法（あくまで任意の措置として、一方的に中継するにとどめる方法等）がありうる（以上について、奥山健志「株主総会プロセスの電子化に関する最新動向」ビジネス法務2018年3月号42頁）。

Ⅱ　現行法における招集通知及び株主総会資料に関連する電子化の制度

1．招集通知の提供方法

　現行の会社法上、公開会社・取締役会設置会社においては、株主総会の招集通知は、原則として書面による提供を要し（法299条2項）、例外的に電磁的方法による提供を行うためには、個別の株主の承諾を得ることが必要である（同条3項）。電磁的方法としては、電子メールの送信、ウェブサイトへのアップロードと株主の閲覧、情報を記録したCD－ROM等の媒体の交付が定められている（同2条34号）、会社法施行規則（以下、「施規」という。）222条1項）。

　同制度は招集通知及び株主総会資料の全てを電磁的方法により提供することができ、定款の定めも不要であること等のメリットがあるが、利用は進んでいない[※3]。個別株主の事前承諾が必要であること、及び事前承諾を得た場合でも株主からの書面提供請求に応じる法的義務があること等が原因と考えられている[※4]。

※3　全国株懇連合会による平成30年度の実態調査では、株主総会の招集通知の電磁的方法による提供制度を利用している会社は、調査対象会社のうち10.7％にとどまる（全国株懇連合会「平成30年度全株懇調査報告書」2018年、32頁）。
※4　奥山前掲※2・41頁。

▌2.　株主総会資料の提供方法

(1)　概要

　株主総会資料についても、原則として書面により提供する必要がある（株主総会参考書類（現行法301条1項、302条1項）、議決権行使書面（同301条1項）、計算書類・事業報告（同437条）、連結計算書類（同444条6項））。

　しかし、例外的に、電磁的方法による提供（現行法301条2項本文、302条2項本文）、又はウェブ開示（みなし提供制度）による提供（施規94条1項、133条3項、会社法計算規則（以下、「計規」という。）133条4項、134条4項）をすることができる。

　また、任意の情報提供手段として、早期（発送前）ウェブ開示が広がってきている。

(2)　電磁的方法による提供

　電磁的方法による招集の通知について承諾した株主に対しては、株主総会資料についても電磁的方法により提供することができる（現行法301条2項本文、302条2項本文、299条3項）。ただし、株主には書面交付請求権が認められていることから、要件を満たす請求がされた場合には、これらを書面で提供しなければならない（同301条2項但書、302条2項但書）。電磁的方法の具体的内容については、招集通知と同様である（同2条34号、施規222条1項）。

(3)　ウェブ開示（みなし提供制度）

　株主総会資料の一部については、ウェブ開示制度（みなし提供制度）※5によってインターネット上で開示することにより、書面提供を省略する

※5　同制度は平成18年改正において導入されたものであるが、平成27年改正において対象が拡大されている。

ことができる（施規94条1項、133条3項、計規133条4項、134条4項）。

　同制度の利用には定款の定めが必要であるとの制約はあるものの、個別株主の事前承諾は不要であり、株主からの書面交付請求に応じる法的義務もないことも影響しているためか、導入する会社は増加傾向にある[※6]。

(4)　早期（発送前）ウェブ開示

　早期（発送前）ウェブ開示とは、招集通知・株主総会資料の校了後、それらの発送前に、TDnet[※7]や自社ウェブサイトにおいてその内容を開示するというものである。

　かかる方法による提供は、株主総会資料の提供として法的効力はなく、あくまで任意の情報提供にとどまるものであるが、コーポレートガバナンス・コード（補充原則1-2②）の影響もあり、実施する会社は増加傾向にある[※8]。

3．制度の問題点

　以上のとおり、招集通知及び株主総会資料に関連する電子化は、数次の会社法改正を経て進展してきている。しかし、現行の制度には、法的な制約が多い。具体的には、上記**2**のとおり、株主総会資料の提供は原則として書面によることとされており、例外的に電磁的方法によるためには、株主の個別の承諾を得なければならない。また、ウェブ開示（み

[※6]　「株主総会白書2018年版」60頁によると、調査対象となった上場会社の72.8％がウェブ開示を実施している。

[※7]　TDnet（Timely Disclosure network）とは、株式会社日本取引所グループが運営するシステムで、より公平・迅速かつ広範な適時開示を実現するために、上場会社が行う適時開示に関する一連のプロセス（東京証券取引所への開示内容の事前説明、報道機関への開示、開示資料のデータベース化、公衆縦覧）を総合的に電子化したシステムである。

[※8]　「株主総会白書2018年版」66頁によると、調査対象となった上場会社の91.5％が早期（発送前）ウェブ開示を実施しており、実務上定着したという評価もされている。

なし提供制度）については、その対象に制限が存在する等である。

Ⅲ　株主総会資料の電子提供制度
　　（改正法325条の2〜7）

▌ 1．序論

　株主総会資料の提供が電子化されれば、会社としては、その印刷・郵送のための費用が削減できる上、株主としても、従前よりも早期に充実した内容の情報提供を受けることで議案の賛否について検討する時間的余裕が生まれる。そこで、改正法では、株主総会資料の提供の電子化を促進するため、株主総会資料の電子提供制度（定款の定めにより、株主の個別の承諾を得ることなく、株主総会資料をホームページ等のウェブサイトを通じて株主に提供できる制度）が創設された。

　以下では、改正法における株主総会資料の電子提供制度の具体的内容について検討する。

▌ 2．電子提供措置をとる旨の定款の定め（改正法325条の2）

⑴　概要

　会社は、取締役が株主総会を招集するときは、株主総会参考書類等（後記⑶参照）の内容である情報について、電子提供措置をとる旨を定款で定めることができるとされている（改正法325条の2）。なお、当該制度の対象は、上場会社に限定されず、非上場会社も含まれる。

⑵　電子提供措置の具体的な方法

　電子提供措置は、「電磁的方法により株主……が情報の提供を受けることができる状態に置く措置であって、法務省令で定めるもの」と定義されている（同条柱書3つ目のカッコ書）。

　具体的な方法について、中間試案では「電子公告の方法に準じて」行

う措置とすることを前提としていることから、電子公告と同様の方法を
とれば足りると考えられる（施規223条、222条1項1号ロ、同2項参
照）。ただし、電子公告と異なり、電子提供措置においては、株主のみ
が情報の提供を受けることができる状態であればよい。そのため、会社
がパスワードを設定する等して、当該パスワードの通知を受けた株主の
みが情報を閲覧できるような状態にすることが考えられる。

(3)　対象となる情報

　電子提供措置の対象となる株主総会資料は、①株主総会参考書類（改
正法325条の2第1号）、②議決権行使書面（同2号）、③法437条の計
算書類及び事業報告（同3号）、④法444条6項の連結計算書類（同4号）
である（「株主総会参考書類等」と総称されている。改正法325条の2
柱書2つ目のカッコ書）。

　現行法におけるウェブ開示（みなし提供制度）と異なり、株主総会の
招集に際して株主に提供すべき全ての資料が対象とされている。

(4)　上場会社への利用義務付け

　電子提供制度の創設に伴い、社債、株式等の振替に関する法律（以下
「振替法」という。）においては、振替株式発行会社は電子提供措置をと
る旨を定款で定めなければならないとの規定が新設される（改正後振替
法159条の2第1項）。

　この結果、上場会社には、電子提供措置の利用が義務付けられること
となる。

(5)　定款変更手続

ア　株主総会の特別決議の要否

　上記(4)のとおり、上場会社については電子提供措置の利用が義務付
けられ、定款規定の変更が必要となるが、その手続については「附則
第3号に定める日において振替株式……を発行している会社は、第3

号施行日[9]をその定款の変更が効力を生ずる日とする電子提供措置
……をとる旨の定款の定めを設ける定款の変更の決議をしたものとみ
なす」（会社法の一部を改正する法律の施行に伴う関係法律の整備等に
関する法律10条2項）とされている。当該規定は、改正法の施行日ま
でに定款変更の決議をすることまで義務付けることは上場会社にとっ
て負担が重いとの配慮に基づくものである。

　なお、当該規定は、あくまで振替株式を発行する会社に限り適用さ
れるものであることから、電子提供措置を利用する非上場会社におい
ては、原則通り定款変更の決議をする必要がある。

イ　定款に定める具体的内容等

　電子提供措置を利用する場合、定款には、電子提供措置をとる旨を
定めれば足りるとされている（改正法325条の2柱書）。また、当該
定款の定めについては、登記しなくてはならない（改正法911条3項
12号の2）。

3．電子提供措置の要否、事項、期間（改正法325条の3）

(1)　電子提供措置の要否

ア　必要となる場合

　電子提供制度をとる旨の定款の定めがある会社において、法299条
2項各号に規定する場合[10]には、取締役は、電子提供措置を採らなけ
ればならないとされている（改正法325条の3第1項）。現行法上、こ
れらの場合においては、株主総会参考書類等の交付又は提供について

---

[9]　「第3号施行日」とは、会社法の一部を改正する法律の施行に伴う関係法律の
整備等に関する法律附則第3号が定める同条の施行日をいい、「公布の日から起
算して3年6月を超えない範囲内において政令で定める日」（改正法附則第1条但
書）とされる。

[10]　法299条2項各号に規定する場合とは、書面若しくは電子投票による議決権
行使ができる旨を定めた場合（同条項1号）、又は取締役会設置会社である場合
（同条項2号）である。

は常に必要とはされていないが、招集通知については書面又は電磁的方法によりする必要がある。招集通知に記載又は記録される株主総会の招集の決定に関する事項（会社法298条1項各号）は電子提供措置事項とされていることから（改正法325条の3第1項1号。本稿**Ⅲ**の**3**(2)①）、必ず電子提供措置を採らなければならないとされたものである。

イ 不要となる場合

(ア) 法299条2項各号に掲げる場合以外の場合

この場合は、現行法上、株主総会資料を株主に対して交付又は提供する必要がないこと（法301条1項、302条1項、437条、444条6項参照）、及び株主総会の招集通知も書面でする必要がないことから（法299条2項参照）、電子提供措置をとる必要はないと考えられている[11]。

(イ) 招集通知に際して議決権行使書面を交付するとき

この場合は、議決権行使書面に記載すべき事項にかかる情報については、電子提供措置をとる必要はない（改正法325条の3第2項）。書面と電子提供措置の双方で、同じ情報を提供する必要はないからである。

(ウ) EDINET[12]を使用する場合

定時株主総会に係る事項が記載された有価証券報告書の提出手続について、EDINETを使用して行う場合には、当該事項については電子提供措置を要しない旨の特例が定められている（改正法325条の3第3項）。

---

[11] 会社法制（企業統治等関係）の見直しに関する中間試案の補足説明の第1部第1・2 (1) 4頁参照。

[12] EDINETとは、金融庁が所管する「金融商品取引法に基づく有価証券報告書等の開示書類に関する電子開示システム」のことであり、有価証券報告書等の開示書類の提出から公衆縦覧等までの一連の手続を電子化するためのシステムである。

(2)　電子提供措置事項

　電子提供措置事項として、対象となる事項は下記のとおりである（改正法325条の3第1項各号）。

　①　株主総会の招集の決定に関する事項（1号、同298条1項各号）

　②　書面投票の場合に、株主総会参考書類及び議決権行使書面に記載すべき事項（2号、同301条1項）[※13]

　③　電子投票の場合に、株主総会参考書類に記載すべき事項（3号、同302条1項）

　④　株主が議案要領の通知を請求した場合における議案の要領（4号、同305条1項）

　⑤　（取締役会設置会社である場合において、定時株主総会を招集するとき）会社法437条の計算書類及び事業報告に記載され、又は記録された事項（5号）

　⑥　（会計監査人設置会社（取締役会設置会社に限る。）である場合において、定時株主総会を招集するとき）会社法444条6項の連結計算書類に記載され、又は記録された事項（6号）

　⑦　上記①～⑥の事項を修正したときは、その旨及び修正後の事項（7号）[※14]

(3)　電子提供措置期間

ア　概要

　電子提供措置期間は、株主総会の日の3週間前の日又は招集通知を発した日のいずれか早い日（電子提供措置開始日）から株主総会の日

※13　議決権行使書面を交付する場合の例外については、本稿Ⅲの **3** (1)イ(イ)参照。

※14　どの程度の修正が認められるかについて、伊藤広樹・茂木美樹「【新連載】会社法改正後の株主総会電子提供制度の実務対応」（ビジネス法務2019年1月号114頁）は、いわゆるウェブ修正の制度（施規65条3項、133条6項、計規133条7項、134条7項）においては軽微な誤記等の修正のみが許されると考えられていることとの均衡から、「電子提供措置事項の修正についても、このウェブ修正の制度と同様に、その範囲については一定の解釈上の制限がかかるものと考えられます」とする。

後3か月を経過する日までの間とされている（改正法325条の3第1項柱書）。

イ　電子提供措置期間の初日（電子提供措置開始日）

　電子提供措置をとる場合、会社は、株主総会資料の印刷及び郵送に関する事務負担を相当程度軽減できる。そこで、改正法では、電子提供措置期間の初日となり得る時期の1つを「株主総会の日の3週間前の日」として、公開会社における招集通知の発送期限（株主総会の日の2週間前（会社法299条1項））より前倒ししている。

　また、電子提供制度の趣旨は、情報開示をできる限り早くして、株主に対し、議決権行使のための考慮期間を確保させる点等にあることから、株主が招集通知を受領した直後に株主総会資料の閲覧等ができるようにしておくことが重要である。そのため、株主総会の日の3週間前よりも招集通知を発した日が早かった場合には、招集通知を発した日を電子提供措置開始日としている。

ウ　電子提供措置期間の末日

　電子提供措置期間の末日は、株主総会の日以後3か月を経過する日とされている。その趣旨は、株主総会決議取消しの訴えの出訴期間が3か月とされているところ（会社法831条1項柱書）、株主総会参考資料等が同訴訟の証拠として利用される可能性があることに鑑み、期間を合わせた点にある。

4．株主総会の招集の通知等の特則（改正法325条の4）

(1)　株主総会の招集通知の発送期限

　電子提供措置を採らなければならない場合における株主総会の招集通知の発送期限については、現行法上の公開会社と同様（法299条1項参照）、株主総会の日の2週間前までとされている（改正法325条の4第1項）。

　なお、法務省の部会では、招集通知の発送期限について、株主総会の

日の3週間前までとする案や4週間前までとする案も検討されていた。しかし、株主から書面交付請求がされた場合、会社は株主に対し、招集通知の発送の際に書面交付請求に係る書面も交付しなければならないとされており（改正法325条の5第2項）、会社において招集通知の発送と書面交付請求に係る書面の交付とを無理なく同時にできるような規律にする必要がある。また、招集通知により電子提供措置がとられたことを株主に認識させることを想定しているが、株主は招集通知受領前でも、自らウェブサイトを確認するなどして、電子提供措置がとられたことを認識できる。これらを踏まえ、改正法では上記のとおりとされている。

(2)　株主総会の招集通知の記載事項

　電子提供措置をとらなければならない場合には、会社法298条1項1～4号の規定に加え、「電子提供措置をとっているときは、その旨」、「EDINETを使用して行ったときは、その旨」、「法務省令で定める事項」について記載する必要がある。他方で、同法298条1項5号に定める事項については記載する必要がない（改正法325条の4第2項）。この趣旨は、招集通知への記載事項が多くなればその印刷及び郵送にかかる時間・費用が過大になりかねないことから、記載事項を株主に対するウェブサイトへのアクセスを促すために重要であると考えられる事項に限定する点にある。

(3)　招集通知に関する株主総会資料の交付等の特例

　電子提供制度は、招集通知に際して、株主総会資料の交付・提供を要しないものとする制度であるため、電子提供措置をとる会社においては、株主総会資料の交付・提供を要する旨の会社法301条1項等の規定にかかわらず、その交付・提供を要しないものとされている（改正法325条の4第3項）。

　また、株主が議案要領通知請求権（会社法305条）を行使した場合に会

社に請求できる内容について、提案予定の議案の要領を当該通知に記載
又は記録することではなく、当該議案の要領について電子提供措置を採
ることを請求できるものと読み替えることとされている（同条4項）。

■ 5．書面の交付請求（改正法325条の5）

(1)　概要

　会社が電子提供制度をとる場合であっても、インターネットを利用す
ることが困難な株主に配慮する必要がある。そのため、株主は会社に対
し、電子提供措置事項を記載した書面の交付を要求できるとされている
（改正法325条の5第1項）[※15]。

(2) 交付請求権者（交付請求の期限）

　会社が特定の株主総会において議決権を行使することができる者を定
めるための基準日（会社法124条1項）を定めた場合、株主は、当該基準
日までに書面交付請求をする必要がある（改正法325条の5第2項2つ
目のカッコ書）。

　他方、基準日を定めなかった場合は、取締役は、株主総会の招集通知
を発送する際、書面交付請求をした株主に対し、書面を交付しなければ
ならないとされている（同条項）。そのため、株主は原則として、取締役
による招集通知の発送までに書面交付請求をする必要があることになる。

(3)　記載内容

　会社は、電子提供措置事項のうち、法務省令に定めるものの全部又は
一部については、交付する書面に記載することを要しない旨を定款で定
めることができる（改正法325条の5第3項）。これは、現行法上のウェ

[※15]　振替株式の株主による書面交付請求権の行使について、一定の場合には、振替
株式の発行者に対する書面交付請求を、その直近上位機関を経由してすることが
できるとされている（改正後振替法159条の2第2項）。

ブ開示（みなし提供制度）が認められている事項を対象とすることが想定されている※16。

(4)　書面交付請求の撤回・失効

　書面交付請求の日（又は株主が改正法325条の5第5項ただし書により異議を述べた日）から1年を経過したときは、会社は、当該株主に対し、書面の交付を終了する旨を通知し、かつ、異議がある場合には一定の期間内（1か月を下ることはできない）に異議を述べるべき旨を催告できる（改正法325条の5第4項）。この場合、当該株主が上記一定の期間内に異議を述べたときを除き、当該書面交付請求は、同期間を経過した時に失効する（同条5項）。株主が書面の交付を請求すれば、別途撤回をしない限り、その後の全ての株主総会に係る電子提供措置事項を記載した書面の交付を請求しているという取扱いとすることが想定されており※17、その結果、書面交付請求をした株主が累積し、会社の事務処理の負担が過大になる可能性があるためである。

6．電子提供措置の中断

　電子提供措置期間中において、サーバーのダウンやハッキング被害等により、電子提供措置の中断（「株主が提供を受けることができる状態に置かれた情報がその状態に置かれないこととなったこと又は当該情報がその状態に置かれた後改変されたこと」（改正法325条の6柱書））が生じる可能性がある。そこで、現行法における電子公告の中断に関する救済規定（会社法940条3項）を参考に、下記①〜④のいずれにも該当する場合には、電子提供措置が中断されても、その効力に影響を及ぼさな

※16　部会資料25・4頁の補足説明。
※17　株主は、書面交付請求を株主総会の招集通知の受領前までにしなければならないところ、臨時株主総会等の場合には、株主において、株主総会の招集通知の受領前に株主総会の招集決定がされたと知ることは通常困難であるため、書面交付請求ができなくなるという事態が生じかねないことに配慮したものである。

いものとされた（改正法325条の6各号）。
①　電子提供措置の中断が生ずることにつき株式会社が善意でかつ重大な過失がないこと又は株式会社に正当な事由があること。（1号）
②　電子提供措置の中断が生じた時間の合計が電子提供措置期間の10分の1を超えないこと。（2号）
③　電子提供措置開始日から株主総会の日までの期間中に電子提供措置の中断が生じたときは、当該期間中に電子提供措置の中断が生じた時間の合計が当該期間の10分の1を超えないこと。（3号）
④　株式会社が電子提供措置の中断が生じたことを知った後速やかにその旨、電子提供措置の中断が生じた時間及び電子提供措置の中断の内容について当該電子提供措置に付して電子提供措置をとったこと。（4号）

Ⅳ　おわりに

　以上のとおり、本稿では、株主総会プロセス（株主総会の招集通知・株主総会資料の提供、議決権行使、総会の当日の運営）のうち、株主総会の招集通知・株主総会資料の提供に関する電子化について、現行法の規律を踏まえつつ、改正法の電子提供制度の検討を行った。

　同制度の創設に伴い、今後、上場会社では、電子提供措置の利用が義務づけられ、株主総会の日の3週間前の日までに総会資料の電子提供を開始する必要がある。これを怠った場合、会社の取締役等に罰則（100万円以下の過料。改正法976条19号）が科されるほか、違反の程度によっては手続的瑕疵として株主総会決議の有効性に影響を及ぼす可能性も考えられるため、注意が必要である。

　また、電子提供措置の開始日については、法制審議会会社法制（企業統治等関係）部会において、「金融商品取引所の規則において、上場会社は、株主による議案の十分な検討期間を確保するために電子提供措置を株主総会の日の3週間前よりも早期に開始するよう努める旨の規律を

設ける必要がある」との附帯決議がなされている。これを踏まえると、実際の開始日は株主総会の日の３週間前よりも前倒しすることが望ましく、この点については別途検討が必要となる。

〔福原　竜一〕

2　株主提案権

Ⅰ　はじめに

　会社法2019年（令和元年）改正では、株主総会に関する規律の見直しの一環として、株主提案権に関して、濫用的な行使を制限するための措置等が導入された。以下、検討の前提となる株主提案権に関する現行の規定と、検討内容について説明する。

Ⅱ　株主提案権に関する改正前の規定

1．概要

　株主提案権は、商法昭和56年改正の際に、株主が自らの意思を株主総会に訴えることができる権利を制度上保障することで、株主の疎外感を払拭し、経営者と株主との間又は株主相互間のコミュニケーションを良くして、開かれた株式会社を実現することを目的として導入された[18]。株主提案権は、提案したものを可決させることだけを目的とするものではなく、提案株主と経営者との対話を実現させる手段となるところに特徴がある[19]。

　株主提案権は、議題提案権（会社法303条　以下、条文は特に記載がない限り、現行会社法上の条文を示す。）、議案提案権（304条）、議案要領通知請求権（305条）の3つで構成される[20]。

---

[18]　稲葉威雄『改正会社法』126頁（金融財政事情研究会、1982）。

[19]　アメリカでは、株主が企業の社会的責任の追及を行う手段として、機能してきた（酒巻俊雄＝龍田節編集代表『逐条解説会社法〔第4巻〕機関・1』97頁〔森田章〕（中央経済社、2008））。日本でも、株主提案権は、社会運動の一環として行使されることが多かったが、近年では機関投資家による行使も増加してきている。

[20]　説明の前提として、株主提案権の対象とされる議題とは、株主総会の目的である事項であり、議案とは、議題に関して、株主総会において具体的に決議に

　株主提案権の行使状況を概説すると、平成29年7月から平成30年6月に上場会社で開催された総会に関し、53社で株主提案が付議されており、そのうち4社で株主提案が可決されている。なお、これ以外に、7社では株主総会での付議前に、株主提案が取り下げられている[21]。

　また、平成30年7月から令和元年6月に、上場会社で開催された総会においては、63社で株主提案が付議され、そのうち3社で会社提案と重複しない株主提案が可決された。前の調査期間に比べ、株主提案が付議された会社は2割ほど増加している。なお、9社では、株主総会での付議前に、株主提案が取り下げられていたようである[22]。

2．議題提案権（303条）

　株主は、取締役に対し、一定の事項（当該株主が議決権を行使することができる事項に限る[23]。）を株主総会の目的とすることを請求することができる（303条1項）。

　非取締役設置会社では、株主が経営に関わることが予定されており、議決権を有する株主は、議題の提案時期や場所に関する制限なく、議題を提案することができ、株主総会の会場で行使することも可能である。

　これに対し、取締役会設置会社では、制度上、株主は原則として経営に関わらないことが予定されている。このため、濫用的な提案権行使の危険を考慮して、非取締役会設置会社に比べると、次のように、議決権数要件、保有期間要件が課され、行使期限も定められている（同条2項）[24]。

付す事項である。
　　例えば、議題が「取締役選任の件」である場合、議案は「取締役として甲氏を選任する」という内容となる。
[21]　牧野達也「株主提案権の事例分析－平成29年7月総会～平成30年6月総会－」資料版／商事法務414号（2018）54頁以下参照。
[22]　牧野達也「株主提案権の事例分析－2018年7月総会～2019年6月総会－」資料版／商事法務426号（2019）36頁以下参照。
[23]　例えば、剰余金の配当等を取締役会が決定する旨の定款の定め（459条、460条）がある場合には、株主提案権で剰余金配当を求める議題を提案することはできない。

なお、各要件及び行使期限については、定款で緩和することが可能である。

① **議決権数要件**

権利の濫用を防止するため、総株主の議決権の100分の1以上の議決権又は300以上の議決権を有することを必要としている（同条2項）。

② **保有期間要件**

権利の行使のためにのみ、一時的に株式を取得することを抑制するため、6箇月前から引き続き上記①の議決権を必要としている（同条2項）。もっとも、公開会社でない場合には、保有期間要件はない（同条3項）。

③ **行使期限**

8週間前までに行使することとされている（同条2項）。平成14年の商法改正前までは、6週間前までとされていたけれども、株主提案権が行使された場合に、当該請求が法律の要件を備えているかを判断し、招集通知に当該議題を付け加えるなどの作業をするのに、6週間前では事実上の対応が困難であるとして、上記改正で、8週間前までに改正された。

3. 議案提案権（304条）

(1) 権利の内容

株主は、株主総会において、株主総会の目的である事項（当該株主が議決権を行使することができる事項に限る。）について、議案を提出することができる（304条1項本文）。

株主総会で本権利が行使された場合には、いわゆる修正動議として扱われる。

※24　上場会社等では、個別株主通知などの手続きが必要となるため、株主提案権を行使するには、実際には8週間より前に行使する必要がある。

(2) 拒絶事由

　①当該議案が法令若しくは定款に違反する場合、又は②実質的に同一の議案につき株主総会において総株主（当該議案について議決権を行使することができない株主を除く。）の議決権の10分の1以上の賛成を得られなかった日から3年を経過していない場合は、議案提案権は行使できない（304条1項但書）。上記②の拒絶事由の趣旨は、可決の見込みのない議案を繰り返し提出できないようにし、濫用を防止することにある。

■ 4．議案要領通知請求権（305条）

(1) 概要

　株主は、取締役に対し、株主総会の目的である事項（当該株主が議決権を行使することができる事項に限る。）につき、当該株主が提出しようとする議案の要領を株主に通知することを請求することができる（305条1項）。

　いきなり株主総会の場で、修正動議として議案の提案をしても、他の株主の賛成を得ることは難しい。特に、書面投票を採用している場合には、書面投票をした株主の賛成を得ることはできない。株主が、会社の費用負担で、株主総会前に自己の提出しようとする議案を他の株主に知らせる点に、議案提案権と別に議案要領通知請求権を定めた意味がある。

　取締役会設置会社では、議題提案権の行使について、議決権数要件、保有期間要件（非公開会社は除く）が課され、行使期限も限定されている（305条1項、2項）。各要件や行使期限の定めについては、非取締役設置会社の行使期限が株主総会の日の8週間前までとされていること（同条1項）の他は、議題提案権（上記 **2**）におけるものと同様である。

　議案要領通知請求権についても、議案提案権と同様の拒絶事由が定められている（305条4項）

(2)　株主総会参考資料の記載事項（会社法施行規則93条）

ア　記載事項

　議案が株主の提出に係るものである場合には、株主総会参考書類には、①議案が株主の提出に係るものである旨、②議案に対する取締役の意見があるときは、その意見の内容、③株主が議案要領通知請求権の行使に際して提案の理由を会社に対して通知したときはその理由等を記載しなければならないとされている。もっとも、上記③等の事項が長文である場合、その概要を記載するものとされている[25]。

イ　適用が問題となるもの

　株主が305条第1項の規定による請求に際して提案の理由を株式会社に対して通知したときは、その理由を記載することとされている（会社法施行規則93条1項3号）。もっとも、「当該提案の理由が明らかに虚偽である場合又は専ら人の名誉を侵害し、若しくは侮辱する目的によるものと認められる場合における当該提案の理由を除く」とされている。

(3)　議案要領通知請求権が行使された場合における、会社の対応

　議案要領通知請求権が行使された場合、会社は通常次のように対応することとなる[26]。

① 株主提案権が必要な要件等を満たし、拒絶事由に該当しないかを確認する。

② 株主提案権の行使が適法である場合、提案株主と接触して提案の趣旨を確かめ、折衝を行う。

③ 取締役会決議で、当該株主提案権の採用、不採用について決定する。

④ 当該株主提案権を採用する場合には、招集通知等に必要な記載を

※25　平成18年改正前における商法施行規則17条1項1号では、提案の理由について、400字以内という基準が定められていたが、現在はそのような定めはなく、分量は会社の判断によるものとされている。

※26　プロネクサスディスクロージャー相談部編『招集通知・議案の記載事例〔平成30年版〕』（商事法務、2018）参照。

する。

図表　議題請求権（303条）、議案要領通知請求権（305条）の要件等

（令和元年改正による変更部分は下線を引いている）※27

※詳細については、本文の記載を参照

	取締役会設置会社		非取締役会設置会社
	公開会社	非公開会社	
議決権数要件	総株主の議決権の100分の1以上の議決権又は300個以上		なし
保有期間要件	6か月前から	なし	
行使期限	株主総会の日の8週間前まで		議題提案権：なし 議案要領通知請求権：株主総会の日の8週間前まで
議案数による制限（議案要領通知請求権のみ）	提案することができる議案の数は10まで		なし
会社の拒絶事由（議案要領通知請求権のみ）	議案要領通知請求権：①当該議案が法令若しくは定款に違反する場合又は②実質的に同一の議案につき株主総会において総株主の議決権の10分の1以上の賛成を得られなかった日から3年を経過していない場合		

5．株主提案権の行使が不当に拒絶された場合の効果

(1)　株主総会決議取消しの訴え※28

株主からの提案が、議案要領通知請求権（305条）の要件を満たし、拒

※27　田中亘『会社法　第2版』（東京大学出版会、2018）の図を参考にして、筆者が加筆。

※28　会社が取り上げようとしない場合には、提案株主は、株主総会の開催期日前に、仮の地位を定める仮処分（民事保全法23条2項）を提起することが可能である。

絶事由も存在しないにもかかわらず、①取締役が議案の要領を株主に通知しないか招集通知に記載・記録しなかった場合、②株主総会参考資料に記載すべき事項を記載しなかった場合は、それぞれ招集手続および決議方法が違法であるとして、株主提案に対応する会社側提出議案に基づく決議が株主総会決議取消しの訴えの取消事由になり得ると解される（831条1項1号）。

また、提案が議題提案権（303条）の要件を満たす場合に、株主総会で取り上げられなかったときには、そもそも決議が存在しないので、原則として決議取消事由には該当しないと解されている※29。

(2) 過料

議題提案権（303条）の行使を受け、要件を満たしているもかかわらず、会議の目的としなかったときは、100万円以下の過料に処される（976条19号）。また、議案要領通知請求権（305条）が要件を満たしているにもかかわらず、招集通知に記載しなかったときも、100万円以下の過料に処される（976条2号）。

(3) 損害賠償請求

提案株主から、不法行為に該当するとして、取締役等の対第三者責任に基づく損害賠償請求（429条1項）、会社または取締役等の不法行為責任に基づく損害賠償請求（民法709条、会社法350条）を提起される可能性がある。

※29 東京高判平成23年9月27日（資料版商事法務333号39頁）は、提案が議題提案権（303条）の要件を満たす場合、株主総会で取り上げられなかったときでも、原則として当該決議の取消しの事由には当たらないが、「特段の事情が存在する場合に限り、同法831条1項1号に掲げる場合に該当すると解するのが相当である」とする。

Ⅲ　改正に至る経緯

1．問題点[30]

　近年では、株主提案権を用いて、一人の株主により100を超える膨大な数の議案が提案されたり、株式会社を困惑させる目的で議案が提案されたりするなど、株主提案権の濫用的な行使事例が問題となってきた。濫用的な行使がなされることの弊害として、株主総会における審議の時間等が無駄に割かれて、株主総会の意思決定機関としての機能が害されることや、会社における株主提案権への対応の検討や招集通知の印刷等に要するコストが増加することなどが指摘されている[31]。

2．濫用的な行使事例

　濫用的な行使事例として挙げられるものとして、平成24年6月に開催された野村ホールディングス株式会社の株主総会に対する株主提案権の行使がある。

　株主1名から、商号の「野菜ホールディングス」への変更を求める件をはじめとする100個の提案がなされた。下記はそのうち、実際の株主

---

[30]　平成27年4月に公表された経済産業省の研究会報告書（持続的成長に向けた企業と投資家の対話促進研究会　報告書　対話先進国に向けた企業情報開示と株主総会プロセスについて）では、株主提案権について、同会議で次の指摘がなされたとの記載がある。

　　①荒唐無稽な提案等が大量になされる事例が見られる。②不適切な提案の多くは、経営裁量を縛るような内容を定款に盛り込んで企業に影響力を行使していくという点に特徴がある。③機関投資家から見ても、企業価値向上につながるとは思えない提案が相当数なされているとの印象がある。④過度な株主提案によって生じる企業及び投資家の負担や管理コストを軽減しつつ、適正なレベルの株主参加を促進すべき。⑤同一議案の連続提案の場合については実質的に同一議案か否かはケースバイケースで判断され、実質的に同一の議案と企業において考えることは難しく、実質上、同一性を理由に株主提案権の行使は認められないと企業が判断できるケースは極めて少ない。⑥現状、株主提案は株主総会の開催の8週間前まで可能であるが、招集通知の印刷・封入・郵送等の期間を考慮すると、早期発送を実現しようとする際には、この点がネックとなる可能性もある。

総会通知※32に記載された18個の提案の中の一例である。

① **第3号議案　定款一部変更の件**（商号の国内での略称および営業
マンの前置きについて）

　　提案の内容：当社の日本国内における略称は「YHD」と表記し、
「ワイエイチデイ」と呼称する。

　　営業マンは初対面の人に自己紹介をする際に必ず「野菜、ヘル
シー、ダイエットと覚えてください」と前置することとし、その
旨を定款に定める。

② **第12号議案　定款一部変更の件**（日常の基本動作の見直しにつ
いて）

　　提案の内容：貴社のオフィス内の便器はすべて和式とし、足腰を
鍛練し、株価四桁を目指して日々ふんばる旨定款に明記するものと
する。

③ **第13号議案　定款一部変更の件**（取締役の呼称について）

　　提案の内容：取締役の社内での呼称は「クリスタル役」とし、代
表取締役社長は代表クリスタル役社長と呼ぶ旨定款に定める。

3．裁判例

　株主提案権の行使が権利濫用に該当することを認めた裁判例として、
東京高判平成27年5月19日（金判1473号26頁）がある※33。同判例のう
ち、提案議案数が特に多い、第72期株主総会に係る部分について、次

※31　会社法制（企業統治等関係）部会第10回会議（平成30年2月14日開催）「会社
法制（企業統治等関係）の見直しに関する中間試案」（以下「中間試案」という。）
参照。
　　なお、一般財団法人 比較法研究センター『株主提案権の在り方に関する会社
法上の論点の調査研究業務報告書』平成28年3月は、アメリカ、イギリス、フ
ランス、ドイツにおける、濫用的な提案権行使への対応、株主提案権の行使要
件、量的制限、内容的制限、エンフォースの仕組についての調査結果をまとめ
ている。
※32　https://www.nomuraholdings.com/

に記載する。

(1)　第72期株主総会に係る事例

　被控訴人（株主）は、控訴人（会社）の72期株主総会のために114個の議案を提案し、控訴人との協議の結果、提案議案を20個とした。しかし、控訴人は、そのうちの5個の議案については不適法であるか又は名誉棄損に該当すると判断して取り上げないこととした。なお、被控訴人は、控訴人の創業者の親族であるという事情があった。

(2)　第72期株主総会に係る判旨

　「72期株主総会に係る提案は、（中略）個人的な目的のため、あるいは、控訴人会社を困惑させる目的のためにされたものであって、全体として株主としての正当な目的を有するものではなかったといわざるを得ない。また、72期株主総会に係る提案の個数も、一時114個という非現実的な数を提案し、その後、控訴人会社との協議を経て20個にまで減らしたという経過からみても、被控訴人の提案が株主としての正当な権利行使ではないと評価されても致し方ないものであった。

　他方、控訴人会社の側からみれば、被控訴人に対し、その提案を招集通知に記載可能であり、株主総会の運営として対応可能な程度に絞り込むことを求めることには合理性があるといえるし、控訴人会社が、被控訴人に協議を申し入れ、その調整に努めたことは前記認定のとおりであり、このような経過を経ても被控訴人が特定個人の個人的な事柄を対象とする倫理規定条項議案及び特別調査委員会設置条項議案を撤回しなかったことは、株主総会の活性化を図ることを目的とする株主提案権の

※33　その他、株主提案権の行使が、権利濫用に該当するかについて判断した裁判例としては、東京高決平成24年5月31日（資料版商事法務340号30頁）がある。同決定では、議案の数が58個に及び、提案理由もかなりの長さになっていることのみをもって、権利濫用に当たるとまでいうことはできないと判断した。なお、同事案は、仮の地位を定める仮処分（民事保全法23条2項）を提起した事案であり、裁判所は、結論として、仮処分申請について保全の必要性がないとの理由で、抗告を棄却した。

趣旨に反するものであり、権利の濫用として許されないものといわざるを得ない。

　そして、72期株主総会に係る提案が前記のような目的に出たものと認められることからすれば、その提案の全体が権利の濫用に当たるものというべきであり、そうすると、控訴人会社の取締役が72期不採用案を招集通知に記載しなかったことは正当な理由があるから、このことが被控訴人に対する不法行為となるとは認められない。」

(3)　評価

　本判例は、一定の場合には、株主提案権の行使が権利濫用に該当することを認めた点で、意義がある。もっとも、どのような場合に「個人的な目的のため、あるいは、控訴人会社を困惑させる目的のためにされたもの」に該当し、株主提案権の行使が権利濫用に該当すると認められるかについては、規範が定立されておらず、必ずしも明確でない。このため、会社実務の立場では、本判例を前提としても、株主提案権が行使された場合に権利濫用に該当すると明確に判断することは難しく、訴訟リスクを避けようとすると、結果として、権利濫用が疑われるものであっても広めに行使を認めざるを得ないという問題がある。

Ⅳ　改　正

1.　概要

　上記のように株主提案権が濫用的に行使されている現状を踏まえ、会社法改正の議論の中で、かかる行使を制限するための措置として、①株主が提案することができる議案の数の制限、②不適切な内容の提案の制限について、検討がなされた[34]。また、検討の当初段階では、③株主提案権の行使要件の見直しの要否、④株主提案権の行使期限の前倒しの

---

[34]　商事法研究会の会社法研究会でも、株主提案権の濫用的な行使の制限について検討がなされた（商事法務研究会「会社法研究会報告書」（平成29年3月））。

要否についても、検討がされた[※35]。

■ 2．株主提案権の濫用的な行使を制限するための措置

　会社法改正では、株主提案権の濫用的な行使を制限するための措置として、議案要領通知請求権（会社法305条）に関し、株主が提案することができる議案の数及び不適切な内容の提案をそれぞれ制限することが検討された。

⑴　株主が提案することができる議案の数の制限について
ア　要綱案

　会社法制（企業統治等関係）部会第19回会議（平成31年1月16日開催）で決定されている「会社法制（企業統治等関係）の見直しに関する要綱案」（以下「要綱案」という。）では、議案要領通知請求権（会社法305条）において株主が提案することができる議案の数の制限について、以下の提案がされていた[※36]。

[※35]　会社法制（企業統治等関係）部会では、当初株主提案権の行使要件の見直しの要否（取締役会設置会社における株主の株主提案権の行使要件のうち、300個以上の議決権という要件（303条2項、305条1項但し書）を引き上げるべきかどうか）、株主提案権の行使期限の前倒しの要否（株主総会の日の8週間前までという株主提案権の行使期限（303条2項、305条第1項）を前倒しすべきかどうか）も論点とされていた（法制審議会会社法制（企業統治等関係）部会第2回会議（平成29年5月24日開催）部会資料3）。その後、中間試案でも、「株主提案権の行使要件のうち300個以上の議決権という持株要件及び行使期限の見直しをするものとするかどうかについては、なお検討する。」とされていたが、要綱案では記載はなかった。

[※36]　部会資料3（[※35]参照）では、取締役会設置会社においては、会社法第305条第1項の議案（役員及び会計監査人の選任又は解任に関する議案を除く。）の数は、10を超えることができないものとすることが提案された。
　中間試案では、議案の数について、5を超えることができないものとするという案と、10を超えることができないものとするという案が検討された。なお、両案の中でも、役員等の選任及び解任に関する議案については、それぞれ、選任される役員等の人数にかかわらず一の議案と数えるものとするかで、案が分かれていた。

⑺　**議案の数について**※37

　取締役会設置会社の株主が305条第1項の規定による請求をする
場合において、当該株主が提出しようとする議案の数が10を超え
るときは、同項から第3項までの規定は、10を超える数に相当す
ることとなる数の議案については、適用しないものとする※38。

⑻　**議案の数え方について**

　当該株主が提出しようとする次に掲げる議案の数については、①
から④までに定めるとおりとするものとする。

①　取締役、会計参与、監査役又は会計監査人(以下②において「役
　員等」という。)の選任に関する議案

②　役員等の解任に関する議案

③　会計監査人を再任しないことに関する議案

　上記①から③の議案については、当該議案の数にかかわらず、こ
れをそれぞれ一の議案とみなす。

④　定款の変更に関する二以上の議案

　当該二以上の議案について異なる議決がされたとすれば当該議決
の内容が相互に矛盾する可能性がある場合には、これらを一の議案
とみなす。

　要綱案中の補足説明では、「法制的な観点からは、株主が提案するこ
とができる議案の数の数え方については、一の議案として提案されてい
るかどうかという形式面ではなく、何が内容として提案されているかと

※37　上場会社で平成29年7月から平成30年6月に開催された株主総会で行使さ
れた株主提案権については、議案数が多くなる定款変更議案についても、提案
株主1件当たり8個であったとされる(商事法務研究会編「株主総会白書2018
年版」22頁参照)。

※38　要綱案では、「取締役会設置会社の株主が第305条第1項の規定による請求を
する場合において、当該株主が提出しようとする議案の数が10を超えるときに
おける10を超える数に相当することとなる数の議案は、取締役がこれを定める
ものとする。ただし、当該株主が当該請求と併せて当該株主が提出しようとする
二以上の議案の全部又は一部につき議案相互間の優先順位を定めている場合に
は、取締役は、当該優先順位に従い、これを定めるものとする。」との注がある。

いう実質面に着目し、原則として、提案の内容である事項ごとに一の議案として捉えることを前提としつつ、議案の数の取扱いに関する規律を設けることが適切であると考えられる」とされている。

イ　改正案

　会社法の一部を改正する法律案として、要綱案と同内容のものが提出された。

　株主が提案することができる議案の数の上限を10とした理由については、第200回国会参議院法務委員会第8号（令和元年11月28日）で、政府参考人（法務省民事局長　小出邦夫君）より、①近年の株主提案権の行使の状況からは、各提案株主は多くとも10程度にとどまっており、これを超える議案を提案する必要がある場合は通常考えにくいこと、②実務上合理的と考えられる株主提案であっても、議案の数が3を超えることは十分にあり得ること等を考慮し、株主提案権が不当に制限されることがないようにしたとの説明がされている[39]。

ウ　改正法

　305条に次の4項、5項が追加された[40]。

　「4項　取締役会設置会社の株主が第一項の規定による請求をする場合において、当該株主が提出しようとする議案の数が十を超えるときは、前三項の規定は、十を超える数に相当することとなる数の議案

---

[39]　第200回国会参議院法務委員会第8号（令和元年11月28日）では、参考人（日本大学法学部教授　大久保拓也君）から、議案要領通知請求権の議案数制限について、株主提案権が創設された趣旨、法改正の検討対象とされた事例がごく一部の特定の株主による行使事例であったこと、上場会社などについては議決権数要件や保有期間要件などの濫用防止策が現行法でも定められていること、印刷等のコストについても総会資料の電子提供制度を採用する会社では対応できることなどから、議案数の制限を付ける必要性も乏しいとの意見が述べられた。
　　また、第200回国会衆議院法務委員会第10号（令和元年11月20日）でも、参考人（日本大学教授・弁護士　松嶋隆弘）から、便宜的に個数で制限するといった態度は、制度の本質を損なう等の指摘がなされていた（松嶋隆弘「衆議院法務委員会における参考意見」税務事例52巻1号（令和2年）41〜44頁参照）。

[40]　5項は、第200回国会衆議院法務委員会での議論を経て、会社法の一部を改正する法律案に対する修正案が提出される際に追加された。

については、適用しない。この場合において、当該株主が提出しよう
とする次の各号に掲げる議案の数については、当該各号に定めるとこ
ろによる。

　　一　取締役、会計参与、監査役又は会計監査人（次号において「役
　　　員等」という。）の選任に関する議案当該議案の数にかかわらず、
　　　これを一の議案とみなす。
　　二　役員等の解任に関する議案当該議案の数にかかわらず、これを
　　　一の議案とみなす。
　　三　会計監査人を再任しないことに関する議案当該議案の数にかか
　　　わらず、これを一の議案とみなす。
　　四　定款の変更に関する二以上の議案当該二以上の議案について異
　　　なる議決がされたとすれば当該議決の内容が相互に矛盾する可能
　　　性がある場合には、これらを一の議案とみなす。
　5項　前項前段の十を超える数に相当することとなる数の議案は、取
　　　締役がこれを定める。ただし、第一項の規定による請求をした株主
　　　が当該請求と併せて当該株主が提出しようとする二以上の議案の全
　　　部又は一部につき議案相互間の優先順位を定めている場合には、取
　　　締役は、当該優先順位に従い、これを定めるものとする。」

(2)　不適切な内容の提案の制限

　ア　**要綱案**では、次の内容が提案されていた^{※41}。

　304条及び305条1項から3項までの規定は、次のいずれかに該当
する場合には、適用しないものとする。

　①株主が、専ら人の名誉を侵害し、人を侮辱し、若しくは困惑さ
せ、又は自己若しくは第三者の不正な利益を図る目的で、304条の規
定による議案の提出又は305条1項の規定による請求をする場合、②
304条の規定による議案の提出又は305条1項の規定による請求によ

※41　不適切な内容の提案の制限の具体的内容については、法制審議会会社法制
　（企業統治等関係）部会における議論の当初から要綱案まで、ほぼ内容の変更は
　なかった。

り株主総会の適切な運営が著しく妨げられ、株主の共同の利益が害されるおそれがあると認められる場合

イ　改正案

　第200回国会にも、次のように、趣旨としては、株主提案権の行使が権利濫用に該当する場合を明確化する目的で[42]、次に掲げる場合には、議案要領通知請求権は適用しない旨の法律案が提出された。

・株主が、専ら人の名誉を侵害し、人を侮辱し、若しくは困惑させ、又は自己若しくは第三者の不正な利益を図る目的で、当該議案の提出をする場合
・当該議案の提出により株主総会の適切な運営が著しく妨げられ、株主の共同の利益が害されるおそれがあると認められる場合

ウ　改正

　衆議院での審議[43]を経て、会社法の一部を改正する法律案に対する修正案が提出され、不適切な内容の提案の制限に関する規定の新設に係る部分は削除された。

　修正理由については、第200回参議院法務委員会第8号（令和元年11月28日）で、修正案提出者（日吉雄太衆議院議員）から、衆議院における審議でなされた、①民法における権利の濫用の一般法理との関

---

[42]　第200回国会衆議院法務委員会第9号（令和元年11月19日）では、法務大臣（森まさこ君）から「どのような場合に株主提案権の行使が権利濫用に該当すると認められるかは必ずしも明確ではなく、実務上、株主提案権が行使された場合に、取締役等において株主提案権の行使が権利濫用に該当するか否かを的確に判断することは難しいという現状」があることから、不適切な内容の提案の制限を目的とした改正案が提出されたとの説明がされていた。

[43]　第200回国会衆議院法務委員会第10号（令和元年11月20日）では、参考人（日本大学教授・弁護士　松嶋隆弘君）から、株主提案権に関する改正案については特殊な事案を前提したものであり立法事実が乏しい、大量請求については情報公開請求等でもある問題であるが濫用を理由に制約するという議論はない、経営権を持っていない大株主にとって、株主総会は、株主提案権を通じて、会社とコミュニケーションをとることができる場である旨が述べられた。

係を整理すべきである、②当該株主提案が権利の濫用に該当するかどうかのより明確な規律を検討すべきであるとの指摘等を踏まえると、株主提案の内容により拒絶できる旨の規定を設けるか否かを検討するに当たっては、裁判例や株主総会の実務の集積等を踏まえ、権利の濫用に該当する株主提案権の類型について更に精緻に分析を深めながら、引き続き検討していくべきとの説明がなされた。

⑶　改正に関する評価

　法律実務家の観点からは、株主が提案することができる議案の数について、一定の数の制限を加えることで会社の対応が明確になったことに意義が認められる。もっとも、会社と提案株主との間で協議を行う中で、議案数は減ることが一般的であり、会社としては、株主提案権の趣旨を尊重することが望ましい。例えば、株主から10の議案が提案されたのに対して、会社が、できる限り議案数を減らすことを主な目的として、株主に対して撤回を強く求めていくといった姿勢は制度の趣旨にそぐわないと考えられる。

　不適切な内容の提案の制限については、国会での審議の結果、改正がされないこととなった。会社により濫用される可能性を否定できないことからすると、現時点での改正見送りはやむをえないと考えられる。もっとも、会社は、株主による議案要領通知請求権の行使から最短で8週間という限られた時間の中で、会社が実質的な判断をする必要があるため、経済団体などが中心となって事例を集積するとともに、事前に一定の判断枠組みを検討していくことが必要である。

〔渡邊　涼介〕

第3章

取締役等に関する規律の見直し

1 取締役の報酬等

I　はじめに

　法制審議会は、社会経済情勢の変化に伴い、株主総会に関する手続の合理化、社外取締役の設置の義務付け等のコーポレート・ガバナンスの改善のための規律の見直し、社債の管理の在り方の見直しの要否を検討することを求め[1]、これをもとに会社法の改正に関する審議[2]が行われ、令和元年12月4日に「会社法の一部を改正する法律」(同年法律第70号。以下「改正法」という)が成立した(12月11日公布)。

　改正項目の1つが、取締役等への適切なインセンティブを付与する制度としての取締役の報酬等の規制の整備である(要綱第2部第1の1)。本稿では、まず現行法における報酬規制について説明し、次に令和元年改正による報酬規制の影響について考察することとしたい。

II　現行会社法における取締役の報酬規制

1．報酬の決定機関

　役員等(取締役、会計参与、監査役、執行役または会計監査人(現行会社法423条1項))の報酬規制について、現行会社法361条1項は、「報酬、賞与その他の職務執行の対価として株式会社から受ける財産上の利益」を「報酬等」と定義づけて、この概念を役員等の報酬規制に統一して使用している。金銭報酬が典型であるが、業績連動型報酬、退職慰労金や退職年金の受給権も含まれる。

---

[1]　制審議会総会第178回会議における諮問第104号。
[2]　法制審議会会社法制(企業統治等関係)部会「会社法制(企業統治等関係)の見直しに関する要綱」(以下「要綱」という)の審議過程については、http://www.moj.go.jp/shingi 1/shingi04900391.html

　この業務執行機関である取締役・執行役の場合、機関設計の違いに応じて次の①〜③のようになる。

　①委員会を設置しない会社の場合の取締役は、定款または株主総会の決議によって定め、また、②監査等委員会設置会社の場合の取締役も、定款または株主総会の決議によって定める（現行会社法361条1項、2項）。他方、③指名委員会等設置会社の場合の取締役・執行役は、報酬委員会の決定による（現行会社法404条3項）。

　日本の多くの会社は、委員会を設置しない①の会社形態が多く、次の(1)〜(3)の事項を定款に定めていなければ、株主総会の決議によって定めなければならない（現行会社法361条1項、309条1項）。もっとも、定款に定めると役員報酬額を変更する場合に株主総会の特別決議による定款変更が必要となるため（現行会社法309条2項11号）、株主総会決議で定めるのが一般的である。

図表1：報酬の種別と定めるべき事項

(1) 額が確定しているもの	その額 （現行会社法361条1項1号）	【具体例】金銭報酬、退職慰労金、ストック・オプション
(2) 額が確定していないもの	その具体的な算定方法 （同項2号）	【具体例】業績連動型報酬、賞与
(3) 金銭でないもの	その具体的な内容 （同項3号）	【具体例】現物給付、D&O保険の付与、職務執行の対価としての新株予約権の付与

　図表1の(2)・(3)については、業績の指標を人為的に操作して不適切な運用がなされる危険があるため、その新設または改定に関する議案を株主総会に提出した取締役は、その株主総会において当該報酬等を相当とする理由を説明しなければならない（現行会社法361条4項）。

2．報酬規制の趣旨

　取締役と会社との関係は委任に関する規定に従う（現行会社法330条）から、取締役は特約がない限り会社に対して報酬を請求できず、原則として無償である（民法648条1項）ものの、通常は会社・取締役間の任用契約において明示的または黙示的に報酬を有償とする特約があると解するのが、判例・通説の理解である[3]。

　この規制の趣旨につき、判例は、取締役が会社から受ける報酬の決定自体は業務執行に属するので、取締役会および代表取締役が決定することができてしかるべきであるが、これらの者に自己または同僚の報酬を定めさせると、いわゆる「お手盛り」が生じ公正な報酬額の決定が期待できないから、お手盛りを防止し会社・株主の利益を保護するために規定されたと解する[4]。すなわち、結局は株主が報酬の公正さを判断することで、報酬の高額化によって会社・株主の利益を害する危険を避けようとする規制となっている。

　この観点からすれば、**1**の①で述べた委員会を設置しない会社の取締役の報酬については、定款の定めや株主総会の決議によって個々の取締役ごとに報酬等を定めることまでは必要とされず、取締役全員に支給する総額等のみを定めて、各取締役に対する具体的配分は取締役の協議等に委ねることもできる（取締役会設置会社では取締役会の決定になろう）。

3．監査等委員会設置会社における取締役の報酬

　監査等委員会設置会社（現行会社法2条11号の2）では、**1**の①～③の事項について、定款に定めていなければ、株主総会の決議によって定

※3　無償委任説。大阪高判昭和43年3月14日金判102号12頁、江頭憲治郎『株式会社法（第7版）』（平成29年）450～451頁。
※4　最判昭和60年3月26日判時1159号150頁。

めなければならない（現行会社法361条１項、309条１項）。取締役の職務の執行を監査するのが監査等委員会の権限であり（会社法399条の２第３項１号）、独立性をもって職務に当たることが求められる[5]。監査等委員である取締役の独立性は、報酬規制においても確保する必要性がある。そこで、監査等委員会設置会社においても、定款の定めまたは株主総会の決議によって、取締役の報酬等を定めることは**1**と同じである（現行会社法361条１項）が、監査等委員である取締役とそれ以外の取締役とを区別して報酬等を定めなければならず（同条２項）、株主総会において、監査等委員である取締役は、その報酬等について意見を述べることができる（同条５項）。また、定款の定めまたは株主総会の決議で監査等委員の報酬等を区別して定めていないときは、監査等委員の報酬等は、監査等委員である取締役の協議によって定めることになる（同条３項）。

　さらに、監査等委員会が選定する監査等委員は、株主総会において、監査等委員である取締役以外の取締役の報酬等について監査等委員会の意見を述べることができる（同条６項）。これは、社外取締役が過半数を占める監査等委員会による経営評価機能とも評価される。「監査等委員である取締役以外の取締役の報酬等」とは、取締役全員に支給する総額ではなく、個人別の報酬等を意味すると考えられる[6]。

4．指名委員会等設置会社における取締役の報酬

　2・**3**の定款の定めまたは株主総会の決議で定める規制とは異なり、指名委員会等設置会社では報酬は報酬委員会によって決定される（会社

---

[5]　そのため、監査等委員会を組織する監査等委員は、３人以上であるが、その過半数は社外取締役でなければならず（現行会社法331条６項）、また、監査等委員である取締役は、社外取締役でない者でも、その会社の業務執行取締役等を兼ねることができない（現行会社法331条３項）。

[6]　江頭・前掲[3]・593頁。

法404条3項）。報酬委員会が、執行役等（執行役および取締役。会計参
与設置会社においては、執行役、取締役、会計参与）の個人別の報酬等
の内容に関する方針を決定し、その方針に従って、その個人別の報酬の
内容を決定するのである（現行会社法409条）[7]。

　報酬委員会は、次の**図表2**の(1)〜(3)の左欄の事項について執行役等の
個人別の報酬等とする場合には、その内容として、(1)〜(3)の右欄の事項
を決定しなければならない（現行会社法409条3項）。

図表2：報酬の種別

(1) 額が確定しているもの	個人別の額（現行会社法409条3項1号）
(2) 額が確定していないもの	個人別の具体的な算定方法（同項2号）
(3) 金銭でないもの	個人別の具体的な内容（同項3号）

5．報酬等の開示

　公開会社においては、事業年度ごとに取締役に支給した報酬等の額を
事業報告に記載し、株主・会社債権者等に対して開示する（現行会社法
施行規則121条4号・124条5号）。また、金融商品取引法に基づく有
価証券報告書の提出義務を負う会社は、役員（ここでは取締役、監査役、
執行役）について個人別の報酬等の額等を記載することが必要となる（企
業内容等の開示に関する内閣府令15条1号イ、第三号様式・記載上の
注意(37)、第二号様式・記載上の注意(57)）。

---

[7]　**2・3**で述べた指名委員会等設置会社以外の株式会社では、「お手盛り」の弊
　害を防止するために、定款または株主総会の決議を要求するのに対し、指名委員
　会等設置会社においては報酬委員会のみで決定できる。確かに、報酬委員会は、
　取締役の中から選定される3人以上の委員で構成される（現行会社法400条1項・
　2項）ことから、一見すると業務執行者が自己または同僚の報酬を定めるお手盛り
　が生ずるようにもみえる。しかし、会社法は、報酬委員会の委員の過半数は社外
　取締役でなければならないとし（同条3項）、そのモニタリングによってお手盛り
　の弊害が生じないように配慮している。そのために報酬委員会で報酬を決定する
　ことができるのである。

Ⅲ　改正法における取締役の報酬規制見直しの概要

　3部構成である要綱の「第2部　取締役等に関する規律の見直し」「第1　取締役等への適切なインセンティブの付与」の一つが、本稿で扱う「取締役の報酬等」に関する規律の見直しである。従前、日本では終身雇用制の下に年功序列型の報酬規制がとられてきたが、人材の流動化が進む現代社会にはマッチせず、取締役についても業績に連動した報酬を付与すべきと考えられてきている。

　そこで要綱では、「報酬等の開示」規制を強化して**Ⅱ 1**で述べたように異なる取締役の報酬決定の仕組みをある程度共通化するとともに、ストック・オプション等の業績に連動した報酬の規律を明確化することで、インセンティブ付与型の報酬にマッチする規制にすることを提案した。これを受けて、改正法は次のような改正を行った[8]。

1　報酬等の決定方針

> **改正法361条7項**
> 　次に掲げる株式会社の取締役会は、取締役（監査等委員である取締役を除く。以下この項において同じ。）の報酬等の内容として定款又は株主総会の決議による第1項各号に掲げる事項についての定めがある場合には、当該定めに基づく取締役の個人別の報酬等の内容についての決定に関する方針として法務省令で定める事項を決定しなければならない。ただし、取締役の個人別の報酬等の内容が定款又は株主総会の決議により定められているときは、この限りでない。
> 　一　監査役会設置会社（公開会社であり、かつ、大会社であるものに限る。）であって、金融商品取引法第24条第1項の規定によりその発行する株式について有価証券報告書を内閣総理大臣に提出しなければならないもの
> 　二　監査等委員会設置会社

---

[8]　改正審議の内容については、神田秀樹「『会社法制（企業統治等関係）の見直しに関する要綱案』の解説（Ⅲ）」商事2193号（平成31年）4頁。

改正法399条の13第5項7号

　前項の規定にかかわらず、監査等委員会設置会社の取締役の過半数が社外取締役である場合には、当該監査等委員会設置会社の取締役会は、その決議によって、重要な業務執行の決定を取締役に委任することができる。ただし、次に掲げる事項については、この限りでない。

　一～六　（略）

　七　第361条第7項の規定による同項の事項の決定

(1)　改正の趣旨

　Ⅱ**1**・**4**で述べたように取締役の報酬規制は、指名委員会等設置会社とその例外の会社とでは異なっており、指名委員会等設置会社では報酬委員会が、執行役等の個人別の報酬等の内容に関する方針を決定し、その方針に従って、その個人別の報酬の内容を決定する。これと同様の規制を設けようとするのが、改正法である。

　Ⅱ**2**で述べたように、指名委員会等設置会社以外の会社では、お手盛りを防止の趣旨から取締役の報酬の額等を定款または株主総会の決議によって定めることとしているため、株主総会の決議によってその全員の報酬等の総額の最高限度のみを定めてその枠内で各取締役に対する配分の決定を取締役会に委任することができ、また、株主総会の決議によって最高限度額を定めれば、その最高限度額を変更するまでは、新たな株主総会の決議を要しないと考えられてきた。しかし、近時は取締役の職務を適切に執行するインセンティブを付与するための手段として報酬を捉え、ストック・オプションといった株式や業績連動型報酬を付与しようという傾向からすると現行会社法の規制は見直すべき点があると考えられた[9]。

　そこで、改正法は、指名委員会等設置会社以外の会社の一定のものについても、同会社と同様の規制を及ぼそうとしているのである。

※9　法務省民事局参事官室「会社法制（企業統治等関係）の見直しに関する中間試案の補足説明」第二部第一の1（商事2160号（平成30年）41頁）。

(2)　改正法の概要

　改正の対象となるのは、①公開会社・大会社・有価証券報告書提出会社である監査役会設置会社と、②監査等委員会設置会社である。

　定款または株主総会の決議という決定の仕方には変わりはないが、株主総会の決議に当たっては、①取締役(監査等委員である取締役を除く。以下同じ。)の個人別の報酬等の内容を定めるか、または、②取締役会が取締役の個人別の報酬等の内容についての決定に関する方針（以下これを「報酬等の決定方針」という）を決定することが求められる。

　「報酬等の決定方針」の例として、取締役の個人別の報酬等についての報酬等の種類ごとの比率に係る決定の方針、業績連動報酬等の有無およびその内容に係る決定の方針、取締役の個人別の報酬等の内容に係る決定の方法（代表取締役に決定を再一任するかどうか等を含む）の方針等が含まれるものと考えられる[10]。定款または株主総会の決議によって定めることが前提であるから、当該決定方針はその定めによって決まり、それを受けて取締役会等に報酬の決定が一任されることになろう。

　上記対象会社の取締役が株主総会に新たに報酬議案を提出する場合や株主総会から一任を受けて報酬を決定している会社については、報酬等の決定方針を定める必要が生じることに注意すべきである。

　また、監査等委員会設置会社においては、改正法399条の13第5項7号が新設されたことにより、報酬等の決定方針の決定について、社外取締役が取締役の過半数となる会社であっても、重要な業務執行の決定であるとして取締役に委任することができないこととなったことに留意すべきである。

---

[10]　「会社法制（企業統治等関係）　部会資料28-2」1〜2頁、竹林俊憲ほか「令和元年改正会社法の解説(III)」商事2224号（令和2年）5頁。

図表3：改正後の報酬等の決定機関

①	委員会を設置しない会社の場合の取締役	定款または株主総会の決議（改正会社法361条1項）	
		公開会社・大会社・有価証券報告書提出会社である監査役会設置会社（定款または株主総会の決議により定められている場合を除く）	取締役会で取締役の「報酬等の決定方針」を決定（改正会社法361条7項1号）
②	監査等委員会設置会社の場合の取締役	定款の定めまたは株主総会の決議。取締役会で取締役（監査等委員である取締役を除く）の「報酬等の決定方針」を決定（定款または株主総会の決議により定められている場合を除く。改正会社法361条1項、2項、7項2号）	
③	指名委員会等設置会社の場合の取締役・執行役	報酬委員会の決定により「個人別の報酬等の内容」を決定（改正会社法404条3項、409条）	

❷　金銭でない報酬等に係る株主総会の決議による定め

改正法361条

　取締役の報酬、賞与その他の職務執行の対価として株式会社から受ける財産上の利益（以下この章において「報酬等」という。）についての次に掲げる事項は、定款に当該事項を定めていないときは、株主総会の決議によって定める。

　一〜二　（略）

　三　報酬等のうち当該株式会社の募集株式（第199条第1項に規定する募集株式をいう。以下この項及び第409条第3項において同じ。）については、当該募集株式の数（種類株式発行会社にあっては、募集株式の種類及び種類ごとの数）の上限その他法務省令で定める事項

　四　報酬等のうち当該株式会社の募集新株予約権（第238条第1項に規定する募集新株予約権をいう。以下この項及び第409条第3項において同じ。）

については、当該募集新株予約権の数の上限その他法務省令で定める事項

五　報酬等のうち次のイ又はロに掲げるものと引換えにする払込みに充てるための金銭については、当該イ又はロに定める事項

　　イ　当該株式会社の募集株式　取締役が引き受ける当該募集株式の数（種類株式発行会社にあっては、募集株式の種類及び種類ごとの数）の上限その他法務省令で定める事項

　　ロ　当該株式会社の募集新株予約権　取締役が引き受ける当該募集新株予約権の数の上限その他法務省令で定める事項

六　報酬等のうち金銭でないもの（当該株式会社の募集株式及び募集新株予約権を除く。）については、その具体的な内容

2〜3　（略）

4　第1項各号に掲げる事項を定め、又はこれを改定する議案を株主総会に提出した取締役は、当該株主総会において、当該事項を相当とする理由を説明しなければならない。

改正法409条3項

　報酬委員会は、次の各号に掲げるものを執行役等の個人別の報酬等とする場合には、その内容として、当該各号に定める事項について決定しなければならない。ただし、会計参与の個人別の報酬等は、第1号に掲げるものでなければならない。

一〜二　（略）

三　当該株式会社の募集株式　当該募集株式の数（種類株式発行会社にあっては、募集株式の種類及び種類ごとの数）その他法務省令で定める事項

四　当該株式会社の募集新株予約権　当該募集新株予約権の数その他法務省令で定める事項

五　次のイ又はロに掲げるものと引換えにする払込みに充てるための金銭　当該イ又はロに定める事項

　　イ　当該株式会社の募集株式　執行役等が引き受ける当該募集株式の数

（種類株式発行会社にあっては、募集株式の種類及び種類ごとの数）その他法務省令で定める事項

ロ　当該株式会社の募集新株予約権　執行役等が引き受ける当該募集新株予約権の数その他法務省令で定める事項

六　金銭でないもの（当該株式会社の募集株式及び募集新株予約権を除く。）個人別の具体的な内容

(1)　改正の趣旨

　現行法上、**II1**で述べた現行会社法361条1項3号の「金銭でないもの」について、「具体的な内容」としてどこまで財産上の利益を特定することしなければならないかについては、解釈上必ずしも明らかでない。しかし、インセンティブ付与の観点から当該株式会社の株式や新株予約権を報酬等とする場合に、既存の株主に持株比率の低下や希釈化による経済的損失が生ずる可能性があるため、その内容をより明確にする必要がある[11]。

　また、実務上募集新株予約権と報酬支払請求権を相殺させることによって新株予約権を交付する（相殺構成による交付）方法がとられているが、現行会社法361条4項により新設または改定の説明が必要されている同項3号の決議を免れようとするもので適切ではないという批判がある。そこで、報酬等として新株予約権を払込みまたは財産の給付を要しないで取締役に交付する（無償構成による交付）と同様の規律に服させることが妥当であるという指摘があった[12]。これらの問題に対処しようとするのが、改正法である。

---

[11]　法務省民事局参事官室・前掲※9・42頁、第二部第一の1(2)。
[12]　法務省民事局参事官室・前掲※9・42～43頁、第二部第一の1(2)。

(2)　改正法の概要

　改正法は、361条1項3号〜6号を改正して、規制の対象範囲を明確にしている。

　募集株式（改正法361条1項3号）や募集株式の取得資金（同項5号イ）については、当該募集株式の数の上限その他法務省令で定める事項を定めるものとしている。法務省令で定める事項は本書執筆時点ではまだ明らかになっていないが、要綱段階では、①一定の事由が生ずるまで当該株式を他人に譲り渡さないことを約した取締役に対して当該株式を交付することとするときは、その旨及び当該一定の事由の概要、②一定の事由が生ずることを条件に当該株式を株式会社に無償で譲り渡すことを約した取締役に対して当該株式を交付することとするときは、その旨及び当該一定の事由の概要並びに、③①と②に掲げる事項のほか、当該株式を交付する条件を定めるときは、その条件の概要とする等が考えられている[13]ので、それにしたがった規定が整備されるものと思われる。

　募集新株予約権（改正法361条1項4号）や募集新株予約権（同項5号ロ）の取得のための金銭について、当該募集新株予約権の数の上限その他法務省令で定める事項を定めるものとしている。法務省令で定める事項は本書執筆時点ではまだ明らかになっていが、要綱段階では、①新株予約権の発行における会社法236条1項1号から4号までに掲げる事項、②一定の資格を有する者が当該新株予約権を行使することができることとするときは、その旨及び当該一定の資格の内容の概要、③①と②に掲げる事項のほか、当該新株予約権の行使の条件を定めるときは、その条件の概要、④譲渡による新株予約権の取得について会社の承認を要する場合（同項6号）にはその事項、⑤会社が一定の事由が生じたことを条件に新株予約権を取得できるとする事項（同項7号）の概要、⑧当該新株予約権を交付する条件を定めるときは、その条件の概要とすること等が挙げられている[14]ので、それにしたがった規定が整備されるも

※13　神田・前掲※8・8頁参照。
※14　神田・前掲※8・8頁参照。

のと思われる。

　また、**Ⅱ 1** で述べたように現行会社法では報酬等について、(1)額が確定しているもの、(2)額が確定していないもの、(3)金銭以外のものという区分がある。そこでは、報酬議案が(2)または(3)の場合は、会社法361条4項により新設または改定の場合について取締役による説明が必要とされている。これについて、改正法361条4項は、その規制を**図表4①**(1)、②(1)の報酬にまで拡張した。なお、(3)についてはエクイティ報酬という区分が加わり、より詳細な開示が求められることとなった。

図表4：報酬の種別と定めるべき事項
①指名委員会等設置会社以外の会社

(1) 額が確定しているもの	その額 (改正会社法361条1項1号)
(2) 額が確定していないもの	その具体的な算定方法 (同項2号)
(3) エクイティ報酬 （募集株式・募集新株予約権）	募集株式・募集新株予約権の数の上限、払込みに充てるための金銭、等 (同項3号〜5号)
(4) (3)以外の金銭でないもの	その具体的な内容 (同項6号)

②指名委員会等設置会社

(1) 額が確定しているもの	個人別の額 (改正会社法409条3項1号)
(2) 額が確定していないもの	個人別の具体的な算定方法 (同項2号)
(3) エクイティ報酬 （募集株式・募集新株予約権）	募集株式・募集新株予約権の数、払込みに充てるための金銭、等 (同項3号〜5号)
(4) (3)以外の金銭でないもの	個人別の具体的な内容 (同項6号)

3　取締役の報酬等である株式及び新株予約権に関する特則

改正法202条の2
(取締役の報酬等に係る募集事項の決定の特則)

　金融商品取引法第2条第16項に規定する金融商品取引所に上場されている株式を発行している株式会社は、定款又は株主総会の決議による第361条第1項第3号に掲げる事項についての定めに従いその発行する株式又はその処分す

る自己株式を引き受ける者の募集をするときは、第199条第1項第2号及び第4号に掲げる事項を定めることを要しない。この場合において、当該株式会社は、募集株式について次に掲げる事項を定めなければならない。

　一　取締役の報酬等（第361条第1項に規定する報酬等をいう。　第236条第3項第1号において同じ。）として当該募集に係る株式の発行又は自己株式の処分をするものであり、募集株式と引換えにする金銭の払込み又は第百九十九条第一項第三号の財産の給付を要しない旨

　二　募集株式を割り当てる日（以下この節において「割当日」という。）

2　前項各号に掲げる事項を定めた場合における第199条第2項の規定の適用については、同項中「前項各号」とあるのは、「前項各号（第2号及び第4号を除く。）及び第202条の2第1項各号」とする。この場合においては、第200条及び前条の規定は、適用しない。

3　指名委員会等設置会社における第1項の規定の適用については、同項中「定款又は株主総会の決議による第361条第1項第3号に掲げる事項についての定め」とあるのは「報酬委員会による第409条第3項第3号に定める事項についての決定」と、「取締役」とあるのは「執行役又は取締役」とする。

改正法205条

1～2　（略）

3　第202条の2第1項後段の規定による同項各号に掲げる事項についての定めがある場合には、定款又は株主総会の決議による第361条第1項第3号に掲げる事項についての定めに係る取締役（取締役であった者を含む。）以外の者は、第203条第2項の申込みをし、又は第1項の契約を締結することができない。

4　前項に規定する場合における前条第3項並びに第206条の2第1項、第3項及び第4項の規定の適用については、前条第3項及び第206条の2第1項中「第199条第1項第4号の期日（同号の期間を定めた場合にあっては、その期間の初日）」とあり、同条第3項中「同項に規定する期日」とあり、並びに同条第4項中「第1項に規定する期日」とあるのは、「割当日」とする。

　5　指名委員会等設置会社における第3項の規定の適用については、同項中「定款又は株主総会の決議による第361条第1項第3号に掲げる事項についての定め」とあるのは「報酬委員会による第409条第3項第3号に定める事項についての決定」と、「取締役」とあるのは「執行役又は取締役」とする。

改正法209条4項

　第1項の規定にかかわらず、第202条の2第1項後段の規定による同項各号に掲げる事項についての定めがある場合には、募集株式の引受人は、割当日に、その引き受けた募集株式の株主となる。

改正法236条

1～2　（略）

　3　金融商品取引法第2条第16項に規定する金融商品取引所に上場されている株式を発行している株式会社は、定款又は株主総会の決議による第361条第1項第4号又は第5号ロに掲げる事項についての定めに従い新株予約権を発行するときは、第1項第2号に掲げる事項を当該新株予約権の内容とすることを要しない。この場合において、当該株式会社は、次に掲げる事項を当該新株予約権の内容としなければならない。

　　　一　取締役の報酬等として又は取締役の報酬等をもってする払込みと引換えに当該新株予約権を発行するものであり、当該新株予約権の行使に際してする金銭の払込み又は第1項第3号の財産の給付を要しない旨

　　　二　定款又は株主総会の決議による第361条第1項第4号又は第5号ロに掲げる事項についての定めに係る取締役（取締役であった者を含む。）以外の者は、当該新株予約権を行使することができない旨

　4　指名委員会等設置会社における前項の規定の適用については、同項中「定款又は株主総会の決議による第361条第1項第4号又は第5号ロに掲げる事項についての定め」とあるのは「報酬委員会による第409条第3項第4号又は第5号ロに定める事項についての決定」と、同項第1号中「取締役」とあ

るのは「執行役若しくは取締役」と、同項第2号中「取締役」とあるのは「執行役又は取締役」とする。

改正法445条6項

定款又は株主総会の決議による第361条第1項第3号、第4号若しくは第5号ロに掲げる事項についての定め又は報酬委員会による第409条第3項第3号、第4号若しくは第5号ロに定める事項についての決定に基づく株式の発行により資本金又は準備金として計上すべき額については、法務省令で定める。

改正法911条3項

第1項の登記においては、次に掲げる事項を登記しなければならない。

一～十一　（略）

十二　新株予約権を発行したときは、次に掲げる事項

　イ　（略）

　ロ　第236条第1項第1号から第4号まで(ハに規定する場合にあっては、第2号を除く。)に掲げる事項

　ハ　第236条第3項各号に掲げる事項を定めたときは、その定め

　ニ　ロ及びハに掲げる事項のほか、新株予約権の行使の条件を定めたときは、その条件

　ホ　第236条第1項第7号及び第238条第1項第2号に掲げる事項

(1)　改正の趣旨

Ⅲ2のような募集株式や募集新株予約権を、取締役に対する適切なインセンティブを付与するための報酬等として交付しようという場合の規制を整備しようとするものである[15]。

まず、株式報酬については、実務上、金銭を取締役の報酬等とした上で、現行会社法199条1項の募集をし、取締役に募集株式を割り当て、

※15　法務省民事局参事官室・前掲※8・44頁、第二部第一の1(4)。

引受人となった取締役をして株式会社に対する報酬支払請求権を現物出資財産として給付させることによって株式を交付するということがされているが、このような現物出資の方法によらずに、金銭の払込みを要しないで株式を報酬等として交付することを認めるものである。

　また、現行会社法では新株予約権は、その行使に際して必ず財産の出資をしなければならないため（現行会社法236条1項2号参照）、実務上、行使価額を1円として実質的に出資を要せずに新株予約権を交付することが行われているが、ストック・オプションとして新株予約権を交付するにはこの規制を緩和し、財産出資を必要とせずに発行することができるようにするものである。

⑵　改正法の概要

　Ⅲ2の改正を受けて、エクイティ報酬について規律を設けるものである。改正の審議においては、このような見直しが実質的に取締役による労務出資を認めることとなることや、不当な経営者支配を助長するおそれがあることを理由として慎重に検討すべきであるという指摘もされていたが、インセンティブ報酬としてストック・オプションの規律を整備することにしたものである。

　改正法は、適用対象を上場会社とした上で、改正法202条の2は株式を、改正法236条3項・4項は新株予約権をそれぞれ活用したエクイティ報酬に関する規制を明確にする。エクイティ報酬として募集株式を受け取るとき、募集株式の引受人は割当日にその引き受けた募集株式の株主となる（改正法209条4項）。新株予約権について、新株予約権の行使の条件を定めたときは、その条件は登記事項となる（改正法911条3項12号ニ）。

　この株式報酬については、会計上どのように計上するかについては法務省令で定められることとなる（改正法445条6項）。特に、株式を事前交付する場合は付与時に株式が発行されるが、事後交付の場合は所定の条件成就時に株式が交付されるため、資本金・資本準備金の計上につ

いては法務省令において所要の規定の整備が行われることとなる[16]。

４　情報開示の充実

　　会社役員の報酬等に関する次に掲げる事項について、公開会社における事業報告による情報開示に関する規定の充実を図るものとする。

　①　報酬等の決定方針に関する事項

　②　報酬等についての株主総会の決議に関する事項

　③　取締役会の決議による報酬等の決定の委任に関する事項

　④　業績連動報酬等に関する事項

　⑤　職務執行の対価として株式会社が交付した株式又は新株予約権等に関する事項

　⑥　報酬等の種類ごとの総額

(1)　改正の趣旨

　　現行会社法では、公開会社は、株式会社の会社役員（取締役・執行役等）に関する事項を事業報告の内容としなければならず、その中で、会社役員の報酬等に関する事項を事業報告に記載することになる（現行会社法施行規則2条3項4号、119条2号、121条4号）。しかしこの内容はインセンティブ付与という観点からみた情報開示の内容として不十分であるため、事業報告の内容を充実化しようというのが改正の趣旨である。

(2)　改正法の概要

　　現行会社法と同様に規制の対象は公開会社である。役員の報酬等に関して事業報告に6つの事項の記載を求めることでその内容を充実させる

※16　「会社法制（企業統治等関係）　部会資料23」10〜13頁。法務省令の規定として検討される事項については神田・前掲※8・11頁、竹林ほか・前掲※10・9〜10頁参照。

ものである※17。法務省令で定める事項は本書執筆時点ではまだ明らかになっていないが、要綱で示された方向で法務省令が整備されることになるので、ここでは要綱で示された事項を示しておく。

① 「報酬等の決定方針に関する事項」について、要綱の補足説明では、報酬等の決定方針を定めている場合の記載事項として、⑴報酬等の決定方針の決定の方法、⑵報酬等の決定方針の内容の概要、⑶当該事業年度に係る取締役の報酬等の内容が当該方針に沿うものであると取締役会（指名委員会等設置会社にあっては、報酬委員会）が判断した理由等が挙げられている。

② 「報酬等についての株主総会の決議に関する事項」について、要綱では、⑴会社法361条1項の株主総会の決議の日、⑵当該決議の内容、⑶当該決議が二以上の取締役についての定めであるときは、当該定めに係る取締役の員数等が事業報告の内容にすべき事項として想定されている。

Ⅱ2で述べたように指名委員会等設置会社以外の会社※18では、株主総会で取締役全員に支給する総額等のみを定めて各取締役に対する具体的配分を取締役会に一任することや、取締役会からさらに代表取締役へと再一任することもある。そこで、

③ 「取締役会の決議による報酬等の決定の委任に関する事項」については、⑴委任している旨、⑵委任した相手方、⑶委任している旨等の事項の開示を記載することが考えられる。

④ 「業績連動報酬等に関する事項」については、業績連動報酬等（株式会社の業績を示す指標を基礎として算定される額又は数の金銭そ

※17 「会社法制（企業統治等関係）部会資料26」11頁。改正審議の概要については、神田・前掲※8・12～13頁、竹林ほか・前掲※10・10～11頁も参照。
※18 もっとも、改正法361条7項が新設されることにより、公開会社・大会社・有価証券報告書提出会社である監査役会設置会社（定款または株主総会の決議により定められている場合を除く）と監査等委員会設置会社では報酬等の決定方針を取締役会で決定するため、これらの会社では実務の対応を変える必要性があると思われる。

の他の財産による報酬等をいう）を受けている場合においては、(1)当該業績連動報酬等が金銭でないときは、その内容、(2)当該業績連動報酬等の額または数の算定の基礎として選定した株式会社の業績を示す指標の内容および当該指標を選定した理由、(3)当該業績連動報酬等の額または数の算定方法、(4)当該業績連動報酬等の額または数の算定の基礎となる指標の数値等の開示が想定される。

⑤　「職務執行の対価として株式会社が交付した株式又は新株予約権等に関する事項」は、Ⅲ 3 で述べたような規定を整備することとの関連から、当該株式または新株予約権等の内容の概要や保有状況等の開示が求められよう。

⑥　「報酬等の種類ごとの総額」については、基本報酬、業績連動報酬等を記載することになろう。

Ⅳ　改正法の対象と課題

　取締役の報酬規制については社会的な関心が高い。日本版コーポレートガバナンス・コード[19]の【原則3‐1】「(ⅲ)取締役会が経営陣幹部・取締役の報酬を決定するにあたっての方針と手続」が示されているように、上場会社の開示が強化されている状況にある。また改正の審議の最中に、平成30年11月19日に逮捕された日産の元会長カルロス・ゴーン氏が取締役報酬を1人で決定していたという問題も生じていた。そのような中であるから、Ⅲ 4 で述べたように改正法では報酬開示の充実が強く求められることになる。

　もっとも、改正法は公開会社・上場会社を主な改正の対象としている。

※19　最新版は、東京証券取引所「コーポレートガバナンス・コード－会社の持続的な成長と中長期的な企業価値の向上のために－（平成30年6月1日）」である（https://www.jpx.co.jp/news/1020/nlsgeu000000xbfx-att/20180601.pdf）。東京証券取引所の上場規則の改正によって、同取引所の上場会社に対して平成27年6月1日から適用されている。

これに対し、日本の多くの企業は中小規模の非公開会社である。中小企業もさまざまであるが、ベンチャー企業を中心に業績連動型報酬の報酬体系を設けるところもあろう。改正法の改正対象は断片的であるという評価もされているところである[20]から、今後は中小企業を含めて適切な報酬規制のあり方を検討することも必要になろう。

〔大久保　拓也〕

---

[20]　松嶋隆弘「会社法改正をめぐる論点(1)　会社法改正の過去・現在・未来－中小企業の観点から－」税理62巻1号（平成30年）196頁。

2 補償契約

　株式会社の業務が高度に複雑化している状況等に鑑み、役員として優秀な人材を確保するとともに、役員が過度にリスクを回避することがないように役員に対し適切なインセンティブを付与するための手段として、いわゆる「会社補償」と「会社役員賠償責任保険（D＆O保険＝Directors' and Officers' Liability Insurance）」の利用が考えられる[21]。現行法下でおいても、会社補償を行うこともできるし、D＆O保険の利用もなされている[22]。しかしながら、会社法上、どちらに関しても規定が存在しない。そこで、今回の会社法改正では、これらに関する規定を新設することとなった。改正内容を簡潔に述べると、①会社補償と役員等賠償責任保険契約（D＆O保険）の定義を行ったこと、②契約内容の決定機関を明確にしたこと、③通常の利益相反取引規制を除外したこと、である。

　令和元年改正では、会社法第二編第四章に「第十二節　補償契約及び役員等のために締結される保険契約」という一節を加えることとなった。ここでは、会社補償に関する改正会社法430条の2について述べることとし、D＆O保険に関する同法430条の3については、③で後述する。なお、記述の順序としては、まず、現行法について確認してから、改正法の内容を概観することにする[23]。

※21　部会資料(1)3-4頁。

※22　上場企業及び上場企業に匹敵する非上場企業（資本金5億円以上かつ従業員500人以上）を対象とした調査(2018年)では、D＆O保険の「加入あり」が74％、株主代表訴訟で敗訴した場合の補償特約を付保している割合は81.7％であった（労務行政研究所「2018年役員報酬・賞与等の最新実態」労政時報3964号〔2018年〕37頁以下）。

※23　要綱案の解説として、神田秀樹「『会社法制（企業統治等関係）の見直しに関する要綱案』の解説〔Ⅳ〕」商事2194号（2019年）4頁以下がある。なお、会社補償・役員等賠償責任保険に関する改正法の規律は、要綱案とさほど変わらない（文言の変更があったのは、会社補償の対象となる費用に関してである。要綱案では、「責任の追及に係る請求を受けたことにより要する費用」（改正法430条の2第1項1号関連）、「費用のうち相当と認められる額」（同条2項1号関連）とされていた。）。

I　現行法下

　現行会社法上、会社補償に関する規定はない。しかし、例えば、役員等が第三者から責任の追及に係る請求を受けた場合において、当該役員等に過失がないときは、当該役員等が要した費用について、会社法330条・民法650条に基づき補償が認められるという解釈がある[24]。また、経済産業省の解釈指針は、会社補償を適法に行う手続例として、次のものを示している[25]。

> **ア　事前の補償契約の締結**
> 　○　事前に会社と役員との間で補償契約を締結し、その内容に従って補償する。
> **イ　補償契約締結の手続**
> 　(ア)　**利益相反の観点からの取締役会決議**
> 　(イ)　**社外取締役の関与**（以下のいずれか）
> 　　①　社外取締役が過半数の構成員である任意の委員会の同意を得ること
> 　　②　社外取締役全員の同意を得ること
> **ウ　補償の要件**
> 　○　職務を行うについて悪意又は重過失がないことを補償の要件とする
> **エ　補償の対象**
> 　○　職務の執行に関する以下のものを対象とすること

---

[24]　中間試案の補足説明31頁。委任事務の処理に必要な費用については、職務執行における必要性が認められる場合には、特段の補償契約がなくても、また過失要件等を問うことなく、当然に会社が前払い（民法649条）又は償還をすること（同法650条1項）とされていると考えられている（会社補償実務研究会〔編〕『会社補償の実務』〔商事法務、2018年〕10頁）。

[25]　経済産業省コーポレート・ガバナンス・システムの在り方に関する研究会「法的論点に関する解釈指針」（2015年7月24日）9頁以下。

① 第三者に対する損害賠償金

② 争訟費用（民事上、行政上又は刑事上の手続において当事者等となったことにより負担する費用）

オ　補償の実行について

以下のいずれかの方法による。

● 義務的補償：補償契約で定めた要件を満たした場合には、補償しなければならない。

● 任意的補償：補償契約で定めた要件を満たした場合には、補償契約の締結と同様の手続で、別途補償するか否かの判断を行う。

　現行法上、取締役又は執行役との間の補償契約の締結及び当該補償契約に基づく補償は、取締役・執行役と株式会社との間の取引であり、現行会社法356条1項2号の利益相反取引に該当するという考え方がある。このように考えると、取締役会の承認及び当該取引後の重要事実の報告が必要となるほか（現行会社法356条1項、365条、419条2項）、当該取引に関与した取締役・執行役の任務懈怠が推定され（同法423条3項）、当該補償契約を締結した取締役・執行役は過失がないことによって423条1項の責任を免れることができず（同法428条1項）、同責任については425条〜427条による減免は認められないことになる（同法428条2項）※26。これでは、補償契約を締結することに萎縮する懸念もある。そこで、今回の改正では、会社補償に関し、通常の利益相反取引規制よりも緩和した規制を行うこととなった。

※26　中間試案の補足説明35頁。

Ⅱ　改正法の内容

(1)　概要

　改正会社法は、会社補償に関して、430条の2（補償契約）を追加するとともに、監査等委員会設置会社及び指名委員会等設置会社の取締役会の権限について定める399条の13及び416条に、「補償契約の内容の決定」を追加した。

　改正会社法430条の2は、①補償契約の内容の決定機関、②補償契約の内容規制、③株式会社による防御費用返還請求権、④取締役会への報告義務、⑤利益相反取引規制との調整について定めている条文である。なお、本条は、改正法施行後に締結される補償契約に適用される（改正法附則6条）。

【図1：改正法430条の2の構造】

```
第430条の2
第1項：補償契約の定義・補償契約の内容の決定機関
　　　　1号……防御費用　←2項1号の制限、返還請求権（3項）
　　　　2号……賠償金(イ)・和解金(ロ)　←2項2号・3号の制限
第4項・第5項：補償に関する重要な事実の報告
第6項・第7項：関連条文の適用除外
```

【図2：会社補償のイメージ】

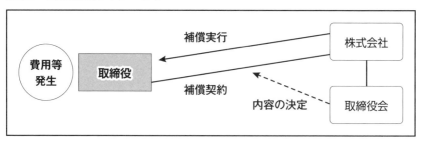

(2)　補償契約の定義およびその内容

ア　規律の内容

　補償契約とは、「株式会社が、役員等に対して次に掲げる費用等の全部又は一部を当該株式会社が補償することを約する契約」である（改正法430条の2第1項柱書）。そして、補償の対象となる費用等を次のように定める（同条第1項各号：【表1】）。もっとも、株式会社は、補償契約を締結している場合であっても、当該補償契約に基づき、一定の費用等を補償することができないこととされている（同条第2項各号：【表2】）※27。また、補償契約に基づき同条第1項1号に掲げる費用を補償した株式会社が、当該役員等が❶自己若しくは第三者の不正な利益を図り、または、❷当該株式会社に損害を加える目的で同号の職務を執行したことを知ったときは、当該役員等に対し、補償した金額に相当する金銭を返還することを請求することができるものとされる（同条第3項）。

【表1：補償対象となる費用等（改正法430条の2第1項）】

一	当該役員等が、その職務の執行に関し、法令の規定に違反したことが疑われ、又は責任の追及に係る請求を受けたことに対処するために支出する費用（※返還請求の対象〔第3項〕）	
二	当該役員等が、その職務の執行に関し、第三者に生じた損害を賠償する責任を負う場合における次に掲げる損失	
	イ	当該損害を当該役員等が賠償することにより生ずる損失
	ロ	当該損害の賠償に関する紛争について当事者間に和解が成立したときは、当該役員等が当該和解に基づく金銭を支払うことにより生ずる損失

※27　なお、改正法430条の2第2項各号の立証責任については、補償ができなくなるということを主張する側に立証責任を負わせるのが基本的に妥当ではないかとの意見がある（第16回議事録34頁〔沖委員〕参照）。

【表2：補償対象から除外される費用等（改正法430条の2第2項）】

一	【表1】一に掲げる費用のうち通常要する費用の額を超える部分
二	当該株式会社が【表1】二の損害を賠償するとすれば当該役員等が当該株式会社に対して会社法423条第1項の責任を負う場合には、【表1】二に掲げる損失のうち当該責任に係る部分
三	役員等がその職務を行うにつき悪意又は重大な過失があったことにより【表1】二の責任を負う場合には、【表1】二に掲げる損失の全部

イ　個別的な内容

①　補償対象となる「費用」

　費用とは、具体的には、役員に生じる弁護士その他の専門家に対する報酬、訴訟費用、移動費、印刷・複製費用、通信費、送料、届出費用、その他のあらゆる費用又は支出であって、請求等に関し、調査、防御、証言若しくは参加し、又はその準備をすることに関連して負担するものをいう[28]。もっとも、同条第2項1号において「通常要する費用」という制限が課されているから、この規律の下では、費用額について争いが生じうる[29]。

　また、同条第3項に定める金銭の返還請求に関しては、その要件である「自己若しくは第三者の不正な利益を図」ったこと、または、「当該株式会社に損害を加える目的」があったことという主観的要件について、会社側が主張・立証責任を負うことになろう。

②　補償の対象外：対会社責任・罰金・課徴金

　株式会社に対して損害を賠償する責任を負う場合は、補償の対象外である。これを補償の対象とすると、実質的に株式会社に対する責任免除となるが、株式会社に対する責任の免除の手続によらずに、このような

---

[28]　会社補償実務研究会（編）・前掲[24]・3頁。

[29]　なお、要綱案段階では、「相当と認められる額」とされていた。なお、第12回会議において、竹林幹事は「会社法852条1項の責任追及等の訴えに係る訴訟の場合の相当と認められる額と同じように解釈していただきたいということでございます」と述べている（第12回議事録30頁）。

損失を補償することを認めるべきではないからである。また、役員が納付しなければならない罰金や課徴金についても、それらを定めている規定の趣旨を損なう可能性があるため、補償の対象としていない[※30]。

③　補償の対象外：第2項2号

株式会社が損害を賠償するとなれば役員等が会社に対して会社法423条1項の責任を負う場合における役員の責任の部分は補償の対象外とされる（改正会社法430条の2第2項第2号）。これは、会社と役員が第三者に対して連帯して損害賠償責任を負うような場合に、会社が第三者に対して損害賠償を支払ったうえで、役員に求償する場面である[※31]。

④　補償の対象外：第2項3号

役員等がその職務を行うにつき悪意又は重大な過失があった場合は除外されている（同条第2項3号）。これは、補償の対象としてしまうと、職務の適正性を害するおそれが高く、他方で、補償の対象としない場合であっても、役員の職務の執行が萎縮することはないと考えられるからである。また、ここでの重大な過失の内容については、会社法425条〜427条における重大な過失の内容と同様に解すべきであるとされる[※32]。

(3)　手続関連

ア　規律の内容

株式会社が、補償契約の内容を決定するには、株主総会（取締役会設置会社：取締役会）の決議によらなければならないものとされる（改正

※31　松本絢子「『コーポレート・ガバナンスの実践』を踏まえた会社補償とD＆O保険の在り方」損保研究78巻1号（2016年）145頁。岩原紳作（編）『会社法コンメンタール9－機関（3）』（商事法務、2014年）407頁〔吉原和志〕、小林俊明「取締役の責任に関する会社補償制度：「会社法制（企業統治等関係）の見直しに関する要綱案」における会社補償について」税理62巻10号（2019年）178頁も参照。
※32　中間試案の補足説明34頁。

法430条の2第1項柱書）。また、取締役会設置会社においては、補償契約に基づく補償をした取締役及び当該補償を受けた取締役は、当該補償についての重要な事実を取締役会に報告しなければならないものとされる（同条第4項。執行役についても同様〔同条第5項〕）。

　このように、補償契約内容の決定手続についての規定を設けることから、現行会社法356条1項・365条2項（419条2項〔執行役への準用〕）の適用が除外される（改正法430条の2第6項）。また、会社補償の意義に鑑みると、通常の利益相反取引と同様に厳格な規制を適用することは相当でないと考えられることから、関与取締役の任務懈怠推定規定（現行会社法423条3項）および自己のために直接取引をした取締役の無過失責任規定（同428条1項）も、会社補償に関しては、適用が除外されることとなった（改正会社法430条の2第6項）。さらに、現行会社法356条1項が適用除外されると、民法108条の適用を除外する同法356条2項（同419条2項）も適用されないことになるが、同条第1項の手続を経た補償契約については、同法356条1項の承認を得た取引と同様に取り扱うものとすることが相当であるから、民法108条の適用も除外することとした（改正会社法430条の2第7項）。

　なお、要綱案では、注として、事業報告に関する事項が定められていた。改正法成立段階では決定していない事項であるが、今後注目される点であるから、要綱案ベースで記述しておく。対象となるのは、株式会社が事業年度の末日において、❶公開会社である場合において、当該株式会社の役員（取締役又は監査役に限る。）と当該株式会社との間で補償契約を締結しているとき、❷会計参与設置会社である場合において、会計参与と当該株式会社との間で補償契約を締結しているとき、そして、❸会計監査人設置会社である場合において、会計監査人と当該株式会社との間で補償契約を締結しているとき、である。そして、事業報告の内容に含めなければならないのは、【表3】の事項である。

【表3：事業報告に含めなければならない事項】

ア	当該役員の氏名
イ	当該補償契約の内容の概要（当該補償契約によって当該役員の職務の適正性が損なわれないようにするための措置を講じているときは、その措置の内容を含む。）
ウ	当該役員に対して【表1】一に掲げる費用を補償した株式会社が、当該事業年度において、【表1】一の職務の執行に関し、当該役員に責任があること又は当該役員が法令に違反したことが認められたことを知ったときは、その旨
エ	当該事業年度において、株式会社が当該役員に対して【表1】二の損失を補償したときは、その旨及び補償した金額

イ　個別的な内容

①　補償契約の内容決定

　補償契約の内容に関して、中間試案の補足説明においては、次のような内容とすることはいずれも認められると考えられている[33]。

i	役員等が430条の2第1項各号に定める費用等を支払うべき事情が生じた場合において、株式会社が当該役員等に代わり立替払をすることをその内容とすること
ii	一定の事由が生じた場合に、430条の2第1項各号に定める費用等を補償しなければならない義務を株式会社が負うことをその内容とすること
iii	430条の2第1項各号に定める費用等を補償するかどうかは、株式会社がその都度判断するものとすること

　また、補償契約の内容の決定手続に関して、経済産業省の解釈指針では、「社外取締役の関与」が挙げられていたが、改正法では規定されていない。このような任意の手続に関しては、事業報告の中の「当該補償契約によって当該役員の職務の適正性が損なわれないようにするための措置」として整理されることとなろう。事業報告内容に含めなければならない事項として、このような措置が挙げられていたとしても、これは

※33　中間試案の補足説明32頁。

任意であり、このような措置が講じられなかったからといって、直ちに任務懈怠になるわけではないと考えるべきであろう。

　なお、本改正は、役員等が職務の執行のために過失なく受けた損害については、特別な契約の締結を要しないで、会社法330条・民法650条に基づいて補償が認められるという解釈を否定する趣旨ではなく、役員等との間で補償契約を締結した場合には、役員等に過失があるときであっても補償できるものとする一方で、補償契約を締結した場合であっても一定の損害については補償できないことを明確にするための規律であると説明されている[34]。

②　補償契約に基づく補償の実行

　改正法では、補償の実行については、規定を設けていない。もっとも、補償契約に基づき補償をする旨の決定が「重要な業務執行の決定」(362条4項)に該当することがあり得るものと解されている[35]。

〔松田　真治〕

---

[34]　中間試案の補足説明32頁。また、神田秀樹ほか「鼎談　会社法制見直しの展望－中間試案取りまとめを振り返って－」商事2166号(2018年)15頁〔竹林俊憲〕も参照。
[35]　部会資料(25)12頁。

3 役員等のために締結される保険契約 （Ｄ＆Ｏ保険）

I　現行法下

　現行会社法上、Ｄ＆Ｏ保険に関する規定はない。現行法上、Ｄ＆Ｏ保険の保険料のうち、取締役が会社に対して負う賠償責任に関する部分を会社が支払うことの可否に関しては、学説が分かれている状態にある（もっとも、後述するように、実務はある程度固まっている。）※36。また、現行法上、会社が保険会社との間で、取締役を被保険者とする損害保険契約を締結することが、会社の債務負担行為や会社の出捐を伴う取引によって、取締役に直接的に利益が生じるものとして、356条1項3号〔間接取引〕の適用があると解されている※37。間接取引に該当すると、取締役会の承認及び当該取引後の重要事実の報告が必要となるほか（現行法356条1項、365条、419条2項）、当該取引に関与した取締役・執行役の任務懈怠が推定されることとなる（同423条3項）。

　Ｄ＆Ｏ保険に関しても、経済産業省が解釈指針を出しており、株主代表訴訟担保特約（代表訴訟に敗訴した場合における損害賠償金と争訟費用を担当する特約）の保険料を適法に会社が負担する手続の例が示されている。

　○　まず、利益相反の観点からの取締役会の承認が必要となる。
　○　また、Ｄ＆Ｏ保険はインセンティブとしての機能を有することや、決定手続における利益相反も踏まえて、以下のいずれかの方法により、社外取締役が監督①や監督②を行い、適法性や合理性

※36　江頭憲治郎『株式会社法』（有斐閣、第7版、2017年）491頁。
※37　落合誠一（編）『会社法コンメンタール8−機関（2）』（商事法務、2009年）82頁〔北村雅史〕。

を確保する。

① 　社外取締役が過半数の構成員である任意の委員会の同意を得ること

② 　社外取締役全員の同意を得ること

　このような状況であったが、今回の改正では、株式会社がD＆O保険を締結するための手続等を明確にして、D＆O保険が適切に運用されるように必要な規律を整備することとなった[38]。

Ⅱ　改正法の内容

(1)　概要

　改正会社法は、D＆O保険に関して、430条の3（役員等のために締結される保険契約）を追加するとともに、監査等委員会設置会社及び指名委員会等設置会社の取締役会の権限について定める399条の13及び416条に、「役員等賠償責任保険契約の内容の決定」を追加した。

　改正会社法430条の3は、①役員等賠償責任保険契約の定義、②役員等賠償責任保険契約の内容の決定機関、③利益相反取引規制との調整について定めている条文である。なお、本条は、改正法施行前に締結された契約には適用されない（改正法附則7条）[39]。

---

[38] 　中間試案の補足説明37頁。D＆O保険の中身については、嶋寺基＝澤井俊之『D＆O保険の実務』（商事法務、2017年）、D＆O保険実務研究会（編）『D＆O保険の先端Ⅰ』（商事法務、2017年）や山越誠司『先端的D＆O保険：会社役員賠償責任保険の有効活用術』（保険毎日新聞社、2019）を参照されたい。なお、解釈指針については、経済産業省コーポレート・ガバナンス・システムの在り方に関する研究会・前掲[25]・12頁参照。

[39] 　D＆O保険の更新についても契約の締結に該当する可能性があるため、改正法の施行後にD＆O保険を更新する際には、改正法の規律を前提とする必要があるとの指摘がある（小林雄介「会社補償・役員等賠償責任保険」ビジネス法務2020.2 149頁）。

【D＆O保険：例】

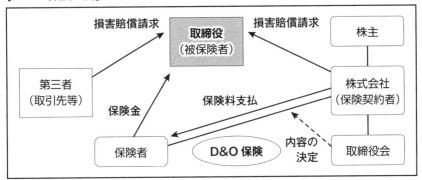

(2) 規律の対象となる保険契約

ア 役員等賠償責任保険契約

　役員等賠償責任保険契約とは、「株式会社が、保険者との間で締結する保険契約のうち役員等がその職務の執行に関し責任を負うこと又は当該責任の追及に係る請求を受けることによって生ずることのある損害を保険者が塡補することを約するものであって、役員等を被保険者とするもの」をいう（改正会社法430条の3第1項）。

　なお、役員等が受けた損害を株式会社が補償することによって生ずることのある損害を塡補することを約する保険契約であって、株式会社を被保険者とする保険契約については、株式会社による補償について適切な規律が適用されるとすれば、あえて重ねて役員等賠償責任保険契約に関する規律を適用する必要性は大きくないものと考えられることから、規律の対象には含めないこととされている[40]。

イ 法務省令

　改正会社法430条の3第1項は、規律の対象外となる保険契約について、法務省令で定めることとしている。現時点では、法務省令が存在しな

---

[40]　部会資料（26）14頁。

いので、参考として、要綱案について説明する。

　いわゆる生産物賠償責任保険（PL保険）・企業総合賠償責任保険（CGL保険）・自動車賠償責任保険・海外旅行保険等に係る保険契約は、法務省令で定めるものとして、要綱案の規律から除外される。要綱案の定義に該当する保険契約のうち、被保険者である役員等の職務の執行の適正性を損なうおそれのないものとして、これらの保険は除外されている。その類型は以下の2つである[41]。

A	被保険者に役員等のみならず株式会社を含む保険契約であって、株式会社が、その業務を行うに当たり、第三者に生じた損害を賠償する責任を負うこと又は当該責任の追及に係る請求を受けることによって株式会社に生ずることのある損害を塡補することを主たる目的として締結される保険契約	PL保険、CGL保険、使用者賠償責任保険、個人情報漏洩保険など。
B	第三者に生じた損害を賠償する責任を負うこと又は当該責任の追及に係る請求を受けることによって役員等に生ずることのある損害（役員等が、その職務上の義務に違反し、又は職務を怠ったことによって第三者に生じた損害を賠償する責任を負うこと又は当該責任の追及に係る請求を受けることによって役員等に生ずることのある損害を除く。）を塡補することを目的として締結される保険契約	自動車賠償責任保険、通常の任意の自動車保険、海外旅行保険など。

　Aのタイプの保険が規制対象から除外されているのは、①この保険が、通常は、株式会社に生ずることのある損害を塡補することを主たる目的として株式会社が締結するものであり、役員等は株式会社とともに被告とされることが多いため付随的に被保険者に追加されているという関係にあり、役員等の職務の適正性が損なわれるおそれは、役員等自身の責任に起因する損害を塡補することを主たる目的とする保険に比べて相対的に小さく、②これらの保険は、販売されている保険の種類や数が膨大

※41　以下については、部会資料(24) 1-4頁参照。

であることから、仮に、契約締結に係る手続や開示に関する規律を適用すると実務上甚大な影響が想定されるという指摘があったためである。

　Ｂのタイプの保険が規制対象から除外されているのは、①たしかに役員等自身に生じた損害を塡補することを目的とする保険ではあるものの、役員等の職務上の義務の違反や職務の懈怠以外の行為に関するものであるから、役員等の職務の適正性が損なわれるおそれは大きくないと考えられ、また、②これらの保険については、塡補対象がある程度限定され、その内容も定型的であること、及び、③Ａのタイプの保険に関する②の理由付けが指摘されたためである。

　役員等賠償責任保険契約に関する手続規制が適用されるか否かは、上記類型を参考に、「被保険者である役員等の職務の執行の適正性を損なうおそれ」の程度をもって決することとなろうが、それとは別に、保険の内容等によっては、契約の締結が重要な業務執行の決定（会社法362条４項等）に該当し、取締役会決議が必要とされる場合もありうる点に留意しなければならない。

(3)　手続関連
ア　規律の内容
　株式会社が、役員等賠償責任保険契約の内容を決定するには、株主総会（取締役会設置会社：取締役会）の決議によらなければならないものとされる（改正会社法430条の３第１項）。

　このように、役員等賠償責任保険契約の内容の決定手続についての規定を設けることから、356条１項・365条２項（419条２項〔執行役への準用〕）の適用が除外される（改正会社法430条の３第２項）。また、役員等賠償責任保険契約の意義に鑑みると、通常の利益相反取引と同様に厳格な規制を適用することは相当でないと考えられることから、関与取締役の任務懈怠推定規定（423条３項）はその適用が除外されることとなった（改正会社法430条の３第２項）。さらに、356条１項が適用除外されると、民法108条の適用を除外する356条２項（419条２項）も適

用されないことになる。平成29年法律第44号による改正後の民法108条は間接取引にも適用されるため、同条が適用されると、損害保険契約の締結が無権代理行為と解されてしまう可能性があるため、上記決議で内容が定められた役員等賠償責任保険契約については、民法108条の適用も除外することとした（改正会社法430条の3第3項）[※42]。

　なお、要綱案では、注として、事業報告に関する事項が定められている【表4】。対象となるのは、株式会社が事業年度の末日において公開会社である場合において、役員等賠償責任保険契約を締結しているときである。

【表4：事業報告に含めなければならない事項】

ア	当該役員等賠償責任保険契約の被保険者
イ	当該役員等賠償責任保険契約の内容の概要（役員等による保険料の負担割合、填補の対象とされる保険事故の概要及び当該役員等賠償責任保険契約によって当該役員等の職務の適正性が損なわれないようにするための措置を講じているときは、その措置の内容を含む。）

イ　その他

　ここで、D＆O保険の保険料と税の関係について付言する。かつては、株主代表訴訟担保特約部分の保険料を会社が負担した場合には、税務上は、会社から役員に対して経済的利益の供与があったものとして給与課税の対象とされてきた[※43]。そのため、こうした特約部分の保険料については、役員自身が一定負担することがなされていた（主流は「人数で均等割り」であった。）[※44]。2016年（平成28年）、経済産業省は、D＆O保険の保険料に関する課税関係について国税庁に照会した[※45]。国税庁

[※42]　中間試案の補足説明39頁。

[※43]　国税庁長官「会社役員賠償責任保険の保険料の税務上の取扱いについて」（平成6年1月20日）。山内克巳「Q＆Aタックス質問箱」税理2017年2月号188頁以下参照。

[※44]　労務行政研究所編集部「2014年役員報酬・賞与等の最新実態」労政時報3880号（2014年）103頁。

[※45]　国税庁個人課税課・法人課税課「新たな会社役員賠償責任保険の保険料の税務上の取扱いについて（情報）」（平成28年2月24日）、経済産業省「会社役員

の回答の概要は、次のとおりである。「会社が、取締役会の承認及び社外取締役を活用した一定の手続を経ることにより、当該保険料を会社法上適法に負担した場合には、役員に対する経済的利益の供与はなく、役員個人に対する給与課税を行う必要はない」。「上記の取扱いの対象となる会社役員賠償責任保険については、普通保険約款等において株主代表訴訟敗訴時担保部分を免責する旨の条項を設けていないものが想定されます。もっとも、損害保険会社各社において、普通保険約款等の変更に時間を要する等の事情があることも考慮し、普通保険約款等を変更するまでの暫定的な取扱いとして、一定の特約を追加で付帯したものについても対象に含まれるものと考えられます」。2018年（平成30年）の調査では、特約の保険料は会社負担が主流となっている(81.0%)[46]。なお、すでに、国税庁の見解を踏まえ、株主代表訴訟敗訴時担保部分を免責する旨の条項を設けない新しい普通保険約款での引受けが行われ始めている。

〔松田　真治〕

賠償責任保険の保険料に関する税務上の取扱いが公表されました」（平成28年2月24日）。

[46]　労務行政研究所・前掲[22]・39頁。

4 社外取締役の活用

Ⅰ　はじめに

　令和元年12月4日に「会社法の一部を改正する法律」※47（以下、「改正会社法」とする）および「会社法の一部を改正する法律の施行に伴う関係法律の整備等に関する法律」※48（以下、「整備法」とする）が、成立した（以下、「本改正」とする）※49。

　本改正の理由は、「会社をめぐる社会経済情勢の変化に鑑み、株主総会の運営及び取締役の職務の執行の一層の適正化等を図るため、株主総会資料の電子提供制度の創設、株主提案権の濫用的な行使を制限するための規定の整備、取締役に対する報酬の付与や費用の補償等に関する規定の整備、監査役会設置会社における社外取締役の設置の義務付け等の措置を講じようとするもの」である※50。

　同改正理由の「取締役の職務執行の一層の適正化等」については、企業のガバナンスをめぐる問題が平成26年会社法改正以後も生じてきたことが要因であるだろう。コーポレートガバナンスに対する社会的関心が高まったことがあげられる。

　近年のコーポレートガバナンスの議論では、その中核として、社外取締役の役割が注目されてきている※51。改正会社法においても、その主

※47　令和元年法律第70号、なお、社外取締役の義務付けについては、附則5条の経過措置があり、改正会社法施行後に最初に終了する事業年度に関する定時株主総会の終了時までは適用しないとする。
※48　令和元年法律第71号。
※49　「改正会社法が成立　社外取締役を義務化」日本経済新聞2019年12月4日夕刊3頁参照。
※50　会社法改正法案（第200回国会閣法第10号）提出法律案理由参照。
※51　会社法上の監査等委員会等設置会社、指名委員会等設置会社における委員としての社外取締役の法定（会社法331条6項、400条3項、2条15号参照）に加えて、東京証券取引所『コーポレートガバナンス・コード～会社の持続可能的な成長と中長期的な企業価値の向上のために～』（2018年）（以下、「CGコード」

要な争点として検討された。本稿では、「会社法制（企業統治等関係）の見直しに関する要綱」を手懸りに[52]、社外取締役とその活用等に関する本改正について検討する。あわせて、社外取締役のわが国への導入経緯やその役割、およびその活用をめぐる課題を、CGコードとの関連性についてもふれながら、整理する。

II　社外取締役に関する本改正の概要

　本改正の経緯は、平成31年2月14日、社外取締役制度の規律の見直しを含む「会社法制（企業統治等関係）の見直しに関する要綱」が、法制審議会による承認および法務大臣への答申後、令和元年10月18日改正会社法案および整備法案が国会に提出され、衆議院で修正の後[53]、参議院で可決成立した。

　平成26年会社法改正時に[54]、「政府は、この法律の施行後二年を経過した場合において、社外取締役の選任状況その他の社会経済情勢の変化等を勘案し、企業統治に係る制度の在り方について検討を加え、必要があると認めるときは、その結果に基づいて、社外取締役を置くことの義務付け等所要の措置を講ずるものとする」と規定されていた。これを受け、今回の見直しがなされることになり、法務大臣の諮問に基づき、同要綱が法制審議会により答申された。

とする。）は、その【原則4-8】において、「独立社外取締役は会社の持続的な成長と中長期的な企業価値向上に寄与するように役割・責務を果たすべきであり、上場会社はそのような資質を十分に備えた独立社外取締役を少なくとも2名以上選任すべきである」としている。また、「業種・規模・事業特性・機関設計・会社をとりまく環境等総合的に勘案して、少なくとも3分の1以上の独立社外取締役を選任することが必要と考える上場会社は、上記にかかわらず、十分な人数の独立社外取締役を選任すべきである。」としている。

[52]　法制審議会「会社法制（企業統治等関係）の見直しに関する要綱」について、法制審議会会社法制（企業統治等関係）部会「会社法制（企業統治等関係）の見直しに関する要綱案」（平成31年）、商事法務2189号8頁（2019年）参照。

[53]　株主提案権の制限について、削除修正されている。

[54]　会社法の一部を改正する法律（平成26年法律第90号）附則25条参照。

　社外取締役に関しての概要は、同要綱の「第二部　取締役等に関する規律の見直し」のうち、「第二　社外取締役の活用等」として、「業務執行の社外取締役への委託」、「社外取締役を置くことの義務付け」が提案され、改正された。

1.　社外取締役設置の義務付け

●社外取締役を置くことの義務付け

> **改正法327条の2**
>
> 　監査役会設置会社（公開会社であり、かつ、大会社であるものに限る。）であって金融商品取引法第24条第1項の規定によりその発行する株式について有価証券報告書を内閣総理大臣に提出しなければならないものは、社外取締役を置かなければならない。

　これは、公開会社であり、かつ、大会社であって、有価証券報告書の提出義務のある監査役会設置会社は、社外取締役を置かなければならないものとするものである。

　これは、現行の会社法327条の2が、社外取締役を置いていない会社は、「社外取締役を置くことが相当でない理由」を事業報告および株主総会参考書類の内容として、株主に開示するという規律（現行法124条2項、会社法施行規則74条の2第1項）を置いているが、社外取締役を置くことの義務付けに進展させたものである。

　法制審議会における議論によると、「上場会社等が社外取締役を一人も置かない場合には、経営が独善に陥り、経営陣が保身に走るといった危険に対して何らかの予防や矯正のメカニズムを備えているのかについて、株主が疑念を抱くことも理解することができる面があると考えられる。上記のような疑念を払拭し、我が国の資本市場が信頼されるようにするためには、業務執行者から独立した客観的な立場からの監督機能が

期待される社外取締役を活用することを、法的規律により一律に強制する」ことが必要であるとされた[55]。

　義務付けと関連して、社外取締役に欠員が生じた場合であっても、遅滞なく社外取締役が選任されるときは、その間にされた取締役会の決議は無効とはならず、直ちに過料の制裁が課されることにはならないと解釈できるとされている[56]。

■ 2．業務執行の社外取締役への委託

●業務執行の社外取締役への委託

> **改正法第348条の2**
> ①　株式会社（指名委員会等設置会社を除く。）が社外取締役を置いている場合において、当該株式会社と取締役との利益が相反する状況にあるとき、その他取締役が当該株式会社の業務を執行することにより株主の利益を損なうおそれがあるときは、当該株式会社は、その都度、取締役の決定（取締役会設置会社にあっては、取締役会の決議）によって、当該株式会社の業務を執行することを社外取締役に委託することができるものとする。
> ②　指名委員会等設置会社と執行役との利益が相反する状況にあるとき、その他執行役が指名委員会等設置会社の業務を執行することにより株主の利益を損なうおそれがあるときは、当該指名委員会等設置会社は、その都度、取締役会の決議によって、当該指名委員会等設置会社の業務を執行することを社外取締役に委託することができる。

※55　法制審議会会社法制（企業統治等関係）部会資料25第2部第2の2（補足説明）、神田秀樹「会社法制（企業統治等関係）の見直しに関する要綱案」の解説〔Ⅴ〕」商事法務2195号10頁以下（2019年）参照。
※56　同部会資料27第2部第2の2（補足説明）、神田・前掲※55・10頁参照。

> ③　前二項の規定により委託された業務の執行は、第2条第15号
> イに規定する株式会社の業務の執行に該当しないものとする。た
> だし、社外取締役が業務執行取締役の指揮命令の下に当該委託さ
> れた業務を執行したときは、この限りでないものとする。

「業務執行の社外取締役への委託」とは、株式会社が社外取締役を置
いている場合において、株式会社と取締役との利益が相反する状況、そ
の他取締役が会社の業務をすることにより株主の利益を損なうおそれが
あるときに、取締役会の決議によって、当該株式会社の業務を執行する
ことを社外取締役に委託するものである[57]。指名委員会等設置会社で
は、取締役ではなく執行役の利益が相反し、他の執行役が会社の業務を
することにより株主の利益を損なう場合である。また、取締役会を置か
ない会社では、取締役の決定が必要とされる。

　次に、「取締役会が社外取締役に業務の執行を委託することができる」
とは、いわゆるセーフ・ハーバー・ルールの整備を目的としたものである。
具体的にはMBO（マネジメント・バイアウト）などにおいては、買収者
である取締役、執行役と会社との利益が相反する関係になる。取引の公
正さを担保するために、買収対象会社の社外取締役によって構成される
特別委員会によって、交渉等を行っていくことが考えられる。このよう
な交渉等も「業務の執行」にあたり、社外取締役の要件（会社法2条15
号イ参照）を欠くということになるのではないかとの見解もある。その
結果、社外取締役の活動が過度に制限されてしまわないように、このよ
うな本来、社外取締役の役割として期待されるべき活動により[58]、社外
性を失うことはないとするため、規定の整備を目指すものである[59]。

※57　神田・前掲※55・5頁以下参照。
※58　例えば、CGコード【原則4-7】は、「(iii)　会社と経営陣・支配株主等と
　　の利益相反を監督すること、(iv) 経営陣・支配株主から独立した立場で、少数
　　株主をはじめとするステークホルダーの意見を取締役会に適切に反映させるこ
　　と」と独立社外取締役の役割・責務を示している。
※59　神田・前掲※55・4頁以下参照。さらに、田中亘『会社法　第2版』219頁（東

　先に述べたように、「株式会社と取締役との利益が相反する状況にある場合」とは、会社が取引の当事者とはならないものの、取引の構造上取締役と株主との間に利益相反関係が認められると評価されるMBOの場合などがこれにあたるとされる[60]。利益相反に対する社外取締役の監督機能が期待される場面である[61]。

　また、「その他取締役が株式会社の業務を執行することにより株主の利益を損なうおそれがある場合」とは、取締役自身が買収者またはこれと同視することができる者にあたらないが、経営者が支配株主の利益を優先し、少数株主の利益をないがしろにするおそれがある場合をいう。具体的には、現金を対価とする少数株主の締出し（キャッシュ・アウト）や会社と親会社との間の取引といった少数株主と支配株主との間の利害が対立し得る場合がこれにあたるだろう。これも、社外取締役の独立した判断により、経営者に対する監督機能が求められる場面である。

　これらの規定の整備により、手続を経ることで、独立性への疑義なく、会社は独立した判断を求められる場面での社外取締役の活用をすることができることになる。

Ⅲ　社外取締役の制度の導入の経緯と役割

　社外取締役制度は、わが国においては、平成13年商法改正により、商法上はじめて規定されたものである[62]。社外取締役は、平成5年改正により導入された社外監査役制度の背景となった日米構造協議により

京大学出版会2018年）は、社外性の要件に関して、「業務執行をした取締役は社外取締役になれないものとする規制の趣旨は、経営陣からの独立性が疑われる者を排除することにあることから」、「経営陣に従属した立場で会社の事業活動を遂行することのみが、業務執行に該当すると解すべきである」として、MBO等の公正さを担保する措置の一つとして、対象会社の独立委員会の委員としての審査、交渉は、経営陣の指揮監督を受けなければ、社外性は否定されないとする。
※60　神田・前掲※55・7頁参照。
※61　神田・前掲※55・7頁参照。
※62　平成13年法律第149号により、当時の商法188条2項7号ノ2に規定された。

導入が求められていた[63]。

　社外取締役は、取締役会という株式会社の運営の中枢機構のメンバーでありながら、もっぱら経営者の職務の執行を監督する役割が期待されているといわれる[64]。社外取締役の監督者としての役割を果たすため、社外性の要件（会社法2条15号）が定められている[65]。

　平成14年改正（平成14年法律44号）によって、現在の指名委員会等設置会社である委員会等設置会社が定められた。委員会の過半数は、社外取締役でなければならないとされた。これにより社外取締役の役割は、会社法上重要なものと位置づけられた。

　所有と経営の分離した大規模な公開会社、とりわけ上場会社において、会社の経営に対する株主による監督は、実際には、十分ではないという議論もされてきた。株主の関心が市場における株価であり、会社の経営に問題がある場合には、株主は監督権を行使するよりも株式を売却してしまうためである。このような状況に対して、安定して株式を保有する機関投資家である株主に企業統治の監督を期待する必要があった。

　会社における経営の決定機関である取締役会の意思決定を、いかに合理的なものとしていくかということが、重要な課題となってきた。このように、社外取締役制度は、代表取締役を頂点とする経営陣である業務執行者に対する監督と取締役会における意思決定の透明性確保の観点から必要とされてきたといえる。加えて、企業不祥事なども重なり、企業経営に外部の中立で公正な監督・監査が必要とされた。さらに、客観的・合理的な意思決定を担保するために、経営者の経営戦略などに対して、専門的知見を活かし、独立した判断をしていくことが求められる。この

[63]　前田庸「平成5年商法改正要綱について」商事法務1315号40頁（1993年）参照、永井和之「戦後株式会社法改正の概略」戸田修三先生古稀記念図書刊行委員会編『戦後会社法改正の動向』11頁（青林書院　1993年）参照。
[64]　江頭憲治郎編『会社法コンメンタール1－総則・設立（1）』40頁〔江頭憲治郎〕（商事法務　2008年）参照。
[65]　社外性の要件は、平成26年会社法改正（平成26年法律90号）により、現在および就任の前10年以内に株式会社またはその子会社の業務執行取締役等であったことがない者等の改正がされている。

ような機能の担い手として、社外取締役制度は、会社法上ガバナンスの強化の柱※66となっている。

社外取締役には、経営者である業務執行者を取締役会において監督することが求められる。具体的には業務執行者にその経営内容について説明を求めることで、経営情報を取締役会で判断し、経営の見通し、財務会計、リスク管理、コンプライアンスなどの観点が適正になされているかを監督し、業務執行者とともに取締役会の合理的な意思決定をはかる必要があるとされる※67。

さらに、社外取締役には、判断の客観性が求められるため、中立的な判断ができるように、独立性が求められる。社外性の要件は独立性をたもつための担保である※68。さらに、独立社外取締役には、経営者と株主などの調整役として、機関投資家などとの調整役、企業買収などにおいての意見表明、MBO時などの交渉役なども求められてきている※69。本改正は、このような状況を踏まえたものといえるだろう。

これらのガバナンス問題に加え、今後は、社外取締役の役割として、多様な価値を取締役会の意思決定に反映させ、取締役会の決定が合理的

※66　このような動きは、わが国だけの問題ではなく、諸外国共通の問題意識であり、例えば、英国においては、比較的早くからソフト・ローであるコードとして策定され、その要として独立した非業務執行取締役が重要視されてきた。近時の英国のガバナンス改革の動きとして、拙稿「英国におけるコーポレートガバナンス改革とCGコードの改訂－わが国の今後の会社法制改革への示唆を求めて－」西南学院大学法学論集51巻3＝4号327頁以下（2019年）など参照。

※67　CGコード【原則4-7】は、独立社外取締役の役割・責務として、(ⅰ)経営の方針や経営改善について、自らの知見に基づき、会社の持続的な成長を促し中長期的な企業価値の向上を図る、との観点からの助言を行うこと、(ⅱ)経営陣幹部の選解任その他の取締役会の重要な意思決定を通じ、経営の監督を行うこと、(ⅲ)会社と支配株主から独立した立場で、少数株主をはじめとするステークホルダーの意見を取締役会に適切に反映されること、とする。その上で、同【原則4-8】は、独立社外取締役は会社の持続的な成長と中長期的な企業価値の向上に寄与するように役割・責務を果たすべきである、とする。

※68　CGコード【原則4-9】参照。

※69　さらに、CGコード【原則2-5】による内部通報制度の整備ついて、その補充原則において、社外取締役と監査役による合議体を窓口とすることなども例示しており、その役割は広がってきている。

なものとなるようにすることが求められてきている※70。具体的には、持続可能な社会の発展のため、そして企業の持続的な成長が可能となるように、多様な価値観を反映した経営が求められはじめている※71。すなわち、ジェンダーバランスの問題として経営への女性参加※72、また企業内部のステークホルダーとしての従業員との協働、さらに地域社会や環境問題の経営への反映など公益的な課題についても、会社はその意思決定段階で取り組んでいく必要が生じてきている※73。このような会社に求められる多様な価値に対応し、社外取締役には、取締役会がこれらの課題に対して、多様な価値を尊重し、合理的な判断ができるように寄与する役割が求められるだろう※74。

　そうであるならば、このような役割を期待される社外取締役の適格性は、会社法の社外性の要件だけで担保されるわけではない。これらの課題に対応するための資質が必要とされ、その選任のプロセス、専門的知見、取締役会としてこれらが十分に担保されるような仕組みを必要としてくることは明らかである※75。

※70　CGコード【基本原則2】において、株主以外のステークホルダーとの適切な協働として、これらの課題を扱っている。取締役会は、これらに関する行動準則の策定・改訂の責務を担い、レビューを行うべきであるとする。

※71　CGコード【原則2-3】は、社会・環境問題をはじめとするサステナビリティーを巡る課題として、取締役会は、社会・環境問題をはじめとした持続可能性の問題を重要なリスク管理の一部であると認識し、積極的・能動的取り組みを促している。

※72　CGコード【原則2-4】は女性の活躍促進を含む社内の多様性確保として、【原則4-11】は取締役の実効性確保の前提条件として、取締役会は、ジェンダーや国際性の面を含む多様性と適正規模を両立させる形で構成されるべきである、とする。

※73　CGコード【基本原則2】および（考え方）8頁参照。

※74　CGコード【原則4-8】、【原則4-11】参照。

※75　CGコード【原則4-11】は、例えば、特に監査役には、適切な経験・能力及び必要な財務・会計・法務に関する知識を有する者が選任されるべきであり、特に、財務・会計に関する十分な知見を有している者が1名以上選任されるべきであるとするが、CGコード【基本原則4】を前提とすると、指名委員会等設置会社、監査等委員会設置会社では、監査委員であり、独立社外取締役がその中心となるだろう。

Ⅳ　令和元年会社法改正後の社外取締役の活用をめぐる課題〜若干の考察

　以上のように、社外取締役についての本改正の内容及びこれまでの経緯と役割の展開をみてきた。以下では、そこから今回の改正の特徴と今後の課題について、若干考えてみたい。

　まず、新327条の2は、有価証券報告書の提出義務のある監査役会設置会社である公開・大会社に社外取締役を義務付けるものである。会社法は、監査等委員会設置会社、指名委員会等設置会社については、機関の構成として、社外取締役を義務付けてきた[76]。多くの場合は、これらの機関設計をとる会社は、大会社であると考えられる。

　この結果、会社法は、いずれの機関設計であっても、少なくとも有価証券報告書提出義務のある会社（上場会社に加えて、いわゆる外形基準〔株主1000名以上でかつ資本金5億円以上〕）については、（員数の明示はないが、少なくとも1名以上の）社外取締役の設置が義務付けられることになる。これに対して、上場会社に適用されるCGコードは、少なくとも2名以上の独立社外取締役の設置が求められている[77]。

　会社法は社外取締役の設置の義務付けを上場会社に限定していない。すなわち、社外取締役の設置をどのような会社に求めるのかについて、会社法は有価証券報告書の提出義務という概念は使っているものの、上

---

[76]　法制審議会会社法制（企業統治等関係）部会「会社法制（企業統治等関係）の見直しに関する中間試案」（2018年）では、取締役の過半数が社外取締役であることなどを要件として、監査役設置会社の取締役会による重要な業務執行の決定の委任についての提案がなされていたが、要綱の段階では盛り込まれずに、改正されなかった。

[77]　CGコード【原則4-9】によると、独立社外取締役となる者の独立性は、金融商品取引所が定める独立性基準を踏まえて、取締役会が独立性判断基準を策定する。東京証券取引所の「独立役員の確保に係る実務上の留意事項（2015年6月改訂版）」2頁参照によると、独立役員の確保に係る行動規範として、独立役員を一般株主と利益相反が生じるおそれのない社外取締役又は監査役とする。さらに、「上場管理等に関するガイドライン」において、一般株主と利益相反の生じるおそれがある場合を類型化している。例えば、会社を主要な取引先とする者や

　場会社に限定していない。このことは、社外取締役の設置、活用を考え
るべき会社の範囲は、必ずしも一義的でないといえる。
　そうであるとすると、会社の規模による会社の影響を考え、英国の例
にみられるように、大規模な非公開会社に社外取締役制度の導入を考え
る余地もあることになるだろう[78・79]。
　次に、社外取締役の員数について、会社法は、委員会における構成比
率は規定するが、取締役会全体での構成比率などについては、規定して
いない。またCGコードは、会社の判断において、少なくとも3分の1
以上の独立社外取締役の選任を推奨している[80]。
　全体の構成比率については、代表取締役やCEOなどの業務執行者の
監督を考えるならば、CGコードの補充原則などにおいて、取締役会の過
半数などの要件も指標の一つとして必要になってくると考えられるが[81]、
法的規律とすることには、議論の余地があるように考えられる[82・83]。さ
らに、改正法348条の2の社外取締役の活用に関して、同3項が、いわ
ゆるセーフ・ハーバー・ルールとして、同条1、2項の事項について、

その業務執行者や会社の主要な取引先やその業務執行者、役員報酬以外に多額
の金銭その他の財産を得ているコンサルタント、会計専門家、法律専門家、会社
の親会社、子会社、兄弟会社の業務執行者、加えてこれらの者と一定の近親者が
定められている。

[78]　FRC, The Wates Corporate Governance Principles for Large Private Companies,
(December 2018) は、apply or explain原則によって、取締役会の規模や構成にお
いて、大規模な私会社は、独立の非業務執行取締役の価値を考慮するべきであ
るとする。「大規模な」については、DBEIS, Corporate Governance: The Companies
(Miscellaneous Reporting) Regulations 2018 Q&A (November 2018) , 4頁参照、取
締役報告による開示の関係で、以下のいずれかの条件を満たす場合であるとされ
ている。・従業員が2000名を超える場合、売上高が2億ポンド、および貸借対照
表の総資産が20億ポンドを超える場合とされている。これらの開示は、ステーク
ホルダーの利益などに配慮した経営の視点があるといえるだろう。

[79]　大規模私会社に関する英国の改革の詳細について、上田亮子「英国における
非公開会社に対するコーポレート・ガバナンスの強化」Disclosure & IR 9号146
頁（2019年）参照。

[80]　CGコード【原則4-8】参照。

[81]　CGコードによる規律の影響として、例えば、東京証券取引所「東証上場会社
における独立社外取締役の選任状況及び指名委員会・報酬委員会の設置状況」
（2019年8月）の統計資料によると、2名以上の独立社外取締役を選任する上場
会社の比率は、2014年の調査では21.5%であったものが、2019年の調査では、

社外取締役が委託を受けて、業務を行ったとしても、同2条15号イに定める「社外性」の要件に抵触しないとされる。

しかし、ただし書きにおいて、「業務執行取締役の指揮命令の下に当該委託された業務を執行したときは」除外されている。このことから、業務執行者からの独立性が前提になっていると考えられる。

そうであるとすると、例えば、社外取締役の委託や委託業務の分担などを、業務執行者である代表取締役やCEOが行ったのでは、同項に抵触するおそれがあるのではないだろうか。

さらに、複数の社外取締役が会社にいる場合には、委託業務の調整などが必要になるだろう。社外取締役の互選などにより具体的委託業務の分担などは決められていくことになると考える。そして、このような委託業務や監督の効率性を考えるならば、CGコードが定める「筆頭独立社外取締役」[84]、あるいは、（代表取締役やCEOとは同一人物でない）取締役会議長などの業務執行者から分離した調整役をさだめることで[85]、

市場第一部で93.4%であり、JPX日経400では99.0%に増加している。また、独立社外取締役が、全取締役の3分の1以上を占める上場会社の比率は、2014年調査では、6.4%であったものが、市場第一部で43.6%、JPX日経400では55.7%と増加している。さらに、独立社外取締役が全取締役の過半数を占めるのは、市場第一部で4.3%、JPX日経400では7.1%であり、社外取締役では、前者が6.3%、後者が9.1%となっている。

[82]　社外取締役の増員による効用の有無について、田中亘「コーポレートガバナンス改革の本質を問い直す〔上〕－社外取締役の意義と職責」商事法務2215号5頁以下参照（2019年）。

[83]　取締役会の構成において重要なことは、意思決定や監督が適正になされるためのバランスであり、業務執行者の情報が取締役会に適切に反映され、非業務執行者である独立社外取締役がそれを監督にできるものになるべきであろう。そうすると、業務執行者が余りに少数であるような場合も英国の議論を参考にすると、バランスを欠くことになる。さらに、会社において取締役会の構成の適切なバランスは、会社の現状によって異なるものであることから、構成比率を法的規律として一律に定めるよりも、コードや指針による指標として、導入していくべきことになるだろう。

[84]　CGコード【補充原則4-8②】は、筆頭独立社外取締役を定めることで、経営陣との連絡・調整や監査役または監査役会との連携に係る体制整備を図るべきであるとするが、独立社外取締役の職務分担等についての規定はない（監査役会の場合、会社法390条2項3号参照）。

[85]　尾形祥「スウェーデン上場会社における会社支配と企業統治（3・完）」高崎

これらはより効果的に実施することができるのではないだろうか、さらに、取締役会の運営を公正に保つため、取締役会議長は、経営者である代表取締役、CEOではなく、選任時独立社外取締役が務めることなどをCGコードの補充原則にしていくことが検討されるべきだろう[86・87]。

委託業務としては、経営者である業務執行者と株主などの利益が相反するものとして、MBOや企業買収などの場面が想定され、ガイドライン等が策定されてきている[88]。

また、このような場面では、それぞれの委託業務によって、社外取締役の判断の中立性を担保するために、一般的な「独立性」とは別に、委託業務を行うために必要とされる「独立性」が議論されることになると考えられている[89]。このように個別の委託業務の内容からの実質的に「独立性」が問われることになるだろう[90]。そして、実質的な「独立性」

経済大学論集57巻3号55頁参照（2015年）は、同国における取締役会議長の取締役と支配株主の「窓口」という役割を指摘する。

[86]　例えば、英国2018年CGコード Provision 9 は、「取締役会議長は、その選任時に、Provision 10で定めるところにより、独立していなければならない。取締役会議長と最高経営責任者は同一人物であってはならない。最高経営責任者は、同一会社の取締役会議長になることはできない。取締役会が、例外的に最高経営責任者と同一人物を取締役会議長に選任する提案をする場合には、事前に主要な株主と協議しなければならない。取締役会は、その選任時に、株主全員に選任の理由を開示し、かつ、会社のWebページにて開示しなければならない。」

[87]　最近のOECDの調査公表：一層型取締役会における最高経営責任者（CEO）と取締役会議長の分離を要件ないし推奨する国・地域は70％まで増加している（See, OECD, Corporate Governance Factbook 2019, 119頁）

[88]　経済産業省「公正なM&Aの在り方に関する指針－企業価値の向上と株主利益の確保に向けて－」23頁（2019年6月28日）は、独立社外取締役などを主体する特別委員会の設置が、あげられている。また、その主体として、「社外監査役」が挙げられているが、社外監査役の職務に関して、職務包含説と別途委託説が指摘される。例えば別途委託であるとすると、特別委員会などの職務などだけでなく、社外監査役の職務をコード等の規律により、個別に拡張でき、社外監査役が社外取締役に近い経営に関する内容の判断も、できるようになりうるのか、検討の余地があるのではないだろうか。

[89]　同上・前掲[88]・22頁脚注35参照は、社外役員については、一般的・抽象的な基準である会社法上の社外性要件や金融商品取引所が定める独立性基準を満たすことのみをもって、特別委員会の委員として必要な独立性を有するということにはならないとする。

[90]　山田剛志「委員会等設置会社における企業統治の確立－独立取締役制度の必

を問うことは、独立社外取締役の一定の員数を前提として[91]、さらに、「独立性」がどの程度ならば、影響を排除できて、一般の株主の利益保護となるのかなどの要件の問題になるだろう。そして、そのような「独立性」をもった判断である場合に、その判断に一定の司法上の尊重を認めるべきかについても課題になるだろう[92・93]。

　例えば、グループ・ガバナンスにおける一般株主の保護の視点からは、上場子会社の独立社外取締役の独立性も一層議論の対象になってくるだろう。グループガイドラインによれば、上場子会社の社外取締役には、「一般株主である親会社からの独立性」が求められ、「上場子会社の独立社外取締役については、10年以内に親会社に所属していた者を選任しないこととするべきである」とする[94]。しかし、支配株主からの一般株主を保護する場合にこのような基準で充分であるかは、議論の余地があるだろう[95]。

　加えて、本改正では触れられていないことも、今後課題になってくる

要性−」神田秀樹編『コーポレート・ガバナンスにおける商法の役割』127頁参照（中央経済社　2005年）。

[91]　例えば、経済産業省「グループ・ガバナンス・システムに関する実務指針」（2019年6月28日）131頁参照、独立社外取締役の比率を高めることとして、3分の1以上や過半数等を明示する。

[92]　山田・前掲[90]・130頁以下参照、米国における判例法上の経営判断と独立性について。

[93]　最一小決平成28年7月1日民集70巻6号1445頁（ジュピターテレコム事件）では、「独立した第三者委員会や専門家の意見を聴くなど多数株主等と少数株主との間の利益相反関係の存在により意思決定過程が恣意的になることを排除するための措置」が、公正な手続きにより決定された価格であるのかの判断要素であるとしている。社外取締役の語は含まれていないものの、社外取締役による特別委員会も判断の合理性を担保する要素の一つであり、それがない場合に裁判所が価格決定に介入する要素であるといえるだろう。

[94]　経済産業省、前掲[91]・128頁以下参照。

[95]　尾形祥「スウェーデンにおける家族保有の下での会社支配」『企業法の現代的課題　正井章筰先生生稀祝賀』125頁以下（2015年）が指摘するように支配株主の概念が、スウェーデンの場合には10パーセントとしてとらえている。独立社外取締役の「独立性」も20パーセントから10パーセントとしてとらえるならば、わが国の親会社の業務執行者が社外取締役となれる会社法の規律の仕方や、東証の独立性の判断基準として定める兄弟会社の業務執行者などがこの「独立性」を満たしてしまうことは、基準として緩やかすぎるともいえないだろうか。

だろう。これらには、例えば、社外取締役の活用を考えるならば、その権限なども考える必要があるように思われる[※96]。例えば、社外取締役の職務の適正化のために、時間の確保、兼任数の制限などの規律をCGコードなどにもうけるべきか、さらに、業務執行者への監督のための調査権限などを、どのように根拠付けるのかなどが問題になるだろう（監査等委員や監査委員の調査権限が一つの根拠になるだろうが、監査役会設置会社の社外取締役の場合はどうであるのか、問題になるだろう）[※97]。

　また現行の規制の対象ではない点では、社外取締役の在職があまりに長期に渡れば、経営者との馴れ合いのおそれがあること、その弊害を防ぐには、その任期について一定の制限を整備していくことも必要ではないだろうか[※98]。

[※96]　監査等委員や監査委員はその調査権限があるが、他の独立社外取締役については、CGコード【原則4-13】、補充原則4-13①は、会社に追加の情報の提供を求めるべきであるとするが、調査権限などについての規定はない。田中・前掲[※82]・8頁は、監査役（会）設置会社の社外取締役に関しては、情報を提供する仕組みの構築が必要と指摘する。

[※97]　会社法399条の3、405条があるが、監査役（会）設置会社の場合は、監査役の権限（381条2、3項）はあるが、社外取締役の調査権限は定められていない。

[※98]　CGコード【原則4-6】は、経営の監督と執行として、取締役会による独立かつ経営の監督の実効性を確保すべく、業務執行には携わらない、業務の執行と一定の距離を置く取締役の活用について検討すべきである、とする。しかしながら、これらの規律を会社法改正などで、現時点で導入することは、望ましいけれども、法制審議会の議論などを参考にすると、実務的にはむずかしいのではないだろうか。例えば、平成26年改正会社法が示した社外取締役の選任しない場合の「相当な理由」の説明という説明責任によって（会社法327条の2）、ガバナンスの体制を整備していくことが一つの方法論ではないかと考える。平成26年改正が、一定の監査役会設置会社についても社外取締役の制度を促進し、経済社会への「定着」を目安として、本改正が前述の社外取締役の義務付けを行ったとみるならば、説明責任を通じた制度の定着と法の形成を会社法自体が採用した例であるといえるだろう。ただ、法律によって行動規範を示し、説明責任によって促し、定着させることを、個々の課題に対して細則的に法改正を行っていくことには、法的安定性などの課題があるのではないかと考える。先行する制度の導入を主に強行法である会社法自体で行うのではなく、ソフト・ローであるコーポレートガバナンス・コードや指針によって導入し、それを事業報告などで会社法上の開示義務として定着を図ることも一つのアプローチではないかと考えられないだろうか。その場合に、コードなどの策定を誰がすべきか、規制機関の問題が生じるだろう。スチュワードシップ・コード

V　社外取締役制度の中小企業への影響

　最後に、大会社ではない会社、とくに中小企業の観点からも以下整理しなおしてみたいと思う[99]。

　会社法が社外取締役を置くことを義務付けているのは、会社の規模にかかわらず、指名委員会等設置会社、監査等委員会設置会社である（会社法326条2項、2条12号、同11号）。これらの会社は、その委員会の構成として、社外取締役が必須とされる（会社法331条6項、400条3項）。これらの機関設計を選択しているのは、規模の大きい上場会社が多いが、非公開会社であっても、中小企業であっても、これらの機関設計を選択した場合には、社外取締役が法的に義務付けられる。今回の要綱が、これらの機関設計にあたらないが、大会社であって公開会社である監査役会設置会社とするのは、このような理由による（会社法327条の2参照）。

　一般的に、中小企業で指名委員会等設置会社、監査等委員会設置会社を、選択する場合は、現状では少ないと考える。これは、株式の分散所有によって、所有と経営が分離した会社の場合に、取締役会によるガバナンスの監督を機能させるために、社外取締役が重要な機能を担い、加えて取締役会に各種の委員会をもうけることで、取締役会の実効性が確保されるためである。これに対して中小企業の場合、所有と経営の分離は比較的進んでおらず、株主の支配権による監督が働きやすいため、経営者に対する社外取締役を核とする委員会制度は、必ずしも適したものとはいえないだろう。

に関連して、担い手に関する指摘として、坂東洋行「投資運用業等の受託者責任とスチュワードシップ」名古屋学院大学論集56巻2号26頁（2019年）参照。

[99]　例えば、ジャスダック市場やマザーズ市場においては、大会社の要件の一つである資本金の額5億円に満たない会社もありえ（https://www.jpx.co.jp/equities/listing/criteria/listing/01.html 参照）、一般に非公開会社である大会社でない中規模の会社との規模による区分けはむずかしいのではないか。なお、中小企業とは、中小企業庁による定義として、資本金額が3億円以下などの場合をいう（業種により異なる）https://www.chusho.meti.go.jp/soshiki/teigi.html 参照。

　さらに、中小企業では、大株主が取締役として経営にあたる場合が多いと考える。そうすると、ガバナンスの要請も、経営者の監督というよりも、むしろ会社のステークホルダー、とりわけ債権者のために、客観的で正確な企業情報を開示させることが課題の中心になるだろう。

　会社法は、この点から客観的で正確な企業情報の開示のため、経営者である取締役と共同して、会社の計算書類並びに連結計算書類を作成する役員としての会計参与の制度を置いている（会社法374条）[100]。会計参与は、会計の専門的知見のある公認会計士、税理士と法人である監査法人、税理士法人を資格としているのはこれを理由とする（会社法333条）[101]。中小企業にあっては、まずは、経営の透明性確保のために会計参与の利用・拡充が今後の課題であると考えられるだろう[102]。

　さらに、経営者の専断的行為の抑止としては、取締役会の活性化が中小企業にも求められるだろう。会計情報だけでなく[103]、企業経営のあり方などについて、非財務情報としての開示が求められていくべきではないだろうか。

　既に述べたように、中小企業においては、指名委員会等設置会社、監査等委員会設置会社の形態を採用しなければ、社外取締役ないし非業務執行取締役は法的には必須ではない。そして、それ以外の機関設計の場合にも社外取締役を任意にもうけることも可能である。その意味では、会社法上の社外性の要件にも、厳格に縛られる必要もないだろう。それ

---

[100]　会計参与の導入経緯について、落合誠一編『会社法コンメンタール8－機関（2）』359頁以下〔浜田道代〕（商事法務　2009年）参照。

[101]　松嶋隆弘「会社法改正の過去・現在・未来～中小企業の観点から～」税理62巻1号194頁（2019年）、同・本書2頁（ぎょうせい2020年）参照。

[102]　中小企業庁『中小企業白書（2008年版）～生産性向上と地域活性化への挑戦～』183頁以下（2008年）によると、中小企業の正確で信頼性の高い情報開示の必要性が指摘されている。さらに最近では、中小企業庁『中小企業白書2018年版　人手不足を乗り越える力　生産性向上のカギ』81頁以下（2018年）は、上場会社におけるコーポレートガバナンス・コードの浸透と比較した分析がなされ、企業統治機構としての取締役会などの整備や開示制度の充実を促している。

[103]　会社は貸借対照表の公告が必要とされる（会社法440条参照）。

ゆえ、会社は、経営に外部の専門的な知見を取り入れることができる者、経営者である者に対し助言・監督をできる者も任意に取締役として選任できるともいえる。このように選任された者は、いわゆる会社顧問とは異なり、取締役として会社の経営に直接的に法的責務を負うことから、積極的な関与が期待できるのではないだろうか。

　企業の国際化の進展のため、さらに持続可能な成長のための課題への取り組みのため、中小企業に組織的にも何らかの対応が迫られる段階が将来的にはくるのかもしれない[104]。

〔一ノ澤　直人〕

---

[104]　例えば、中小企業の会計処理に関しては、中小指針が日本税理士会連合会などの各団体により策定されているが（中小企業庁、https://www.chusho.meti.go.jp/zaimu/youryou/sisin/index.htm 参照）、同じように、将来的には中小企業のためのコーポレートガバナンス・コードを行動規範として、何らかのコード、準則、指針等が策定されるような場合に、それを「適用するかあるいは説明」（apply or explain）の原則によって、企業情報の開示をさせていくことも可能ではないだろうか。それによって、中小企業のガバナンス体制の整備や新たな課題への対応を促していくことも一つの方法であるかもしれない。そのような場合には、中小企業のガバナンスのためのコード等が将来的に整備され、一名ないし数名の外部の専門的な知見を有する非業務執行者（社外取締役）の選任を推奨し、会社はこれを適用するか、他の準則基準等によって会社経営を行っているのかを会社の非財務情報として、事業報告に記載し、開示する制度などの検討が俟たれることになるだろう。

第4章

社債の管理

社債管理補助者制度の新設と社債権者集会制度の効率化

Ⅰ　はじめに

　本章では、2019年（令和元年）12月4日に成立した、会社法の一部を改正する法律（令和元年法律第70号、同月11日公布、以下「改正会社法」という。）のうち、社債に関する改正部分の検討を行う。

　2005年会社法制定によって、社債は、「会社」が行う割当てにより発生する当該会社を債務者とする金銭債権であって、募集社債に関する事項の決定に従い償還されるものとする定義規定が新設された（会社法2条23号）。これはつまり、会社法は社債の発行主体を単に「会社」（会社法2条1号）とのみ規定することで、株式会社だけでなく、持分会社（合名会社・合資会社・合同会社）も社債を発行することができることを意味する。

　このように、社債の利用を促進すべく、各種社債法制の整備がなされてきたにもかかわらず、わが国の社債市場、とりわけ中低格付社債市場は発行額ベースでみると欧米に比べて未発達である。

　今回の会社法改正の内容も、基本的には社債の利用を促進させるためのものであるといってよいであろう。今回の会社法改正における社債部分の内容は、大きく①社債管理補助者制度の新設、②社債権者集会制度の効率化の二つである。

　以下では、社債管理補助者制度（Ⅱ）と社債権者集会（Ⅲ）に関する内容に分けたうえで、それぞれ検討したい。

Ⅱ 社債管理補助者制度

1. 2019年改正前の会社法を取り巻く状況と改正経緯

　担保付社債を発行する場合には、受託会社を定めなければならないと されており（担保付社債信託法2条）、また、会社が無担保社債を発行 する場合には、原則として、社債管理者を定め、社債権者の保護のため に、社債の管理を行うことを委託しなければならないこととされている （会社法702条本文）。

　これは、公募によって社債を発行する場合、個人投資家も含めた多数 の一般投資家に対して社債が発行されることになるところ、個人である 多数の小口社債権者は社債発行会社のデフォルト時などに自ら権利を保 全あるいは実行することが困難であるため、かかる多数の社債権者のた めに社債を管理する者が必要であることを理由に規定されている。

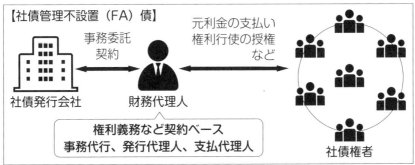

※社債デフォルト時における社債管理者・財務代理人の対応・役割に差異

　しかし、わが国の実務においては、会社が社債を発行する場合には、例外規定（同条ただし書、会社法施行規則169条）に基づき、社債管理者を定めていないことが多い。その理由として、同法上、社債管理者の権限が広範であり（会社法705条）、また、その義務、責任及び資格要件が厳格であるため（同法704条、703条、会社法施行規則170条）、社債管理者の設置に要するコスト（社債管理委託手数料など）が高くなることや、社債管理者となる者の確保が難しいことが挙げられる。

　もっとも、社債発行時に社債管理者を定めない社債（いわゆるFA債[※1]）を発行する場合、社債管理者に代わって社債発行事務や支払事務を担う財務代理人が設置される。また、財務代理人の権利義務は法定されていないため、その内容は社債発行者と財務代理人との間の個別の契約によることとなる。さらに、財務代理人は、社債管理者と異なり、社債権者の保護のために行動する立場にあるわけではなく、あくまで社債発行者のためにサービスを提供するものと位置づけられている[※2]。したがって、FA債がデフォルトした場合、社債権者は自らの利益を自ら守らなければならず、社債権者の保護に欠ける状況が発生する可能性を有している。FA債がデフォルトした際に、財務代理人を社債管理者と同様に取り扱うことができるのか、具体的には、裁判上、財務代理人が各社債権者から訴訟追行権を授与された任意的訴訟担当であるとして社債権者のために権利保全を行うことができるのかどうかについては、議論を要するところである。

　近年、FA債について、デフォルトが発生し、社債権者に損失や混乱が生ずるという事例が見られたことを契機として、このような社債について、社債の管理に関する最低限の事務を第三者に委託することを望む声が出てきた[※3]。

※1　FA（Fiscal Agent）債とは、会社法702条ただし書及び会社法施行規則169条に基づき社債管理者を置かずに財務代理人（FA）のみを置いたうえで発行される債券である。

※2　江頭憲治郎編著『会社法コンメンタール16　社債』（2010年）130頁〔藤田友敬〕。

※3　神作裕之「社債管理者非設置債における社債の管理（上）」法曹時報68巻8号（2016

　実務上、社債管理者又は受託会社を定めることを要しない社債を対象として、社債管理者よりも限定された権限及び機能を有する社債権者補佐人という名称の社債管理機関を契約に基づいて設置する取組みも進められていた[4]。

　ただ、このような契約のみによる方法によっては、全ての社債権者の代理人として破産手続等において債権の届出をする場合であっても、個別の社債権者を表示することが必要となり、煩雑であるほか、社債権者集会の招集を請求した社債権者の委託を受けて会社法718条3項の規定による裁判所の許可の申立てをすることや裁判所に対して社債権者集会の決議の認可の申立てをすることなどの業務を社債権者補佐人が行うことが難しいとされ、立法による措置を講ずる必要性が指摘されていた[5]。

　会社法上の社債（会社法2条23号）ではないがFA債のデフォルト時の対応を検討するにあたり適当な事例として、ソブリン債（各国の政府又は政府関係機関が発行し又は保証している債券）がデフォルトした事例（最判平成28年6月2日民集70巻5号1157頁。以下、「平成28年最判」という。）がある。平成28年最判は社債管理補助者制度の新設の契機ともなった事案であるため、以下取り上げたうえで検討する。同事案では、管理委託契約にもとづき債券を管理していた会社（銀行）らは任意的訴訟担当の要件を満たすものとして原告適格を有するのか否かが争われた。

年）2頁は、社債管理者が設置されていない社債について社債権者保護の問題が生じていないとは必ずしも言い切れない実態が存在するようであると指摘する。
[4]　日本証券業協会・社債市場の活性化に向けたインフラ整備に関するワーキング・グループ「社債権者保護の在り方について」(2015年)、同「社債権者補佐人制度に係る社債要項及び業務委託契約について」(2016年)。
[5]　公益社団法人商事法務研究会・会社法研究会第10回（2016年10月11日開催）研究会資料14、3頁。

【平成28年最判の事案の概要】

1　Y（アルゼンチン共和国）は、平成8年から12年にかけて、4回にわたり、円建債券（以下、「本件債券」という）を発行した。本件債券の発行に際し、Yは債券の内容等をそれぞれ債券の要項（以下、「本件要項」という）で定めたうえ、Xら（日本の銀行）との間で、Xらを債券の管理会社として、Yが、本件債券の債権者であるZらのために、弁済の受領、債権の保全その他の本件債券の管理を行うことをXらに委託する旨の管理委託契約（以下、「本件管理委託契約」という）が締結された。

2　本件管理委託契約は、日本法を準拠法とし、平成17年改正前の商法309条1項（現行会社法705条1項）の規定の文言に倣い、「債券の管理会社は、本件債権者のために本件債券に基づく弁済を受け、又は債権の実現を保全するために必要な一切の裁判上または裁判外の行為をする権限及び義務を有するものとする」という授権条項（以下、「本件授権条項」という）を定めていた。さらに、本件管理委託契約では、Xらが本件債権者のために公平誠実義務および善管注意義務を負うことが定められていた。

3　Yが、平成14年3月以降、本件債券につき、順次到来した各利息支払日に利息を支払わず、あるいは償還日に元金の支払をしなかったため、Xらは債券の管理会社として期限の利益を喪失させた。

4　その後Xらは平成21年6月、Yに対し、Zらのために X自らを原告としYを被告として、債券の償還ならびに約定利息および遅延損害金の支払を求める訴えを提起した。

　まず、平成28年最判の事案においてXらは本件要項に基づきYを訴えている。これは、上記のとおりXらが本件管理委託契約によるとZらに対して公平誠実義務及び善管注意義務を負っているところ、本件訴訟を提起せずにZらのYに対する請求権が消滅時効にかかった場合、

逆に**Z**らによって債券管理会社である**X**らが責任を追及される事態に発展する可能性が生じるからである。そこで**X**らは**Y**に対して、任意的訴訟担当として原告適格を有していると主張し、本件訴訟を提起した。

　原判決（東京高判平成26年1月30日民集70巻5号1244頁）及び原々判決（東京地判平成25年1月28日民集70巻5号1203頁）は**X**らを任意的訴訟担当であるとは認めなかったのに対して、平成28年最判ではそれを認めている。任意的訴訟担当の許否を検討するにあたっては、まずその前提として、**Z**らから**X**らに訴訟追行権の授与が存在したのか否かが問題となる。平成28年最判の事案では、発行体である**Y**を委託者、**X**らを管理者として、本件債券につき本件管理委託契約が締結されているところ、裁判所は一貫して、当該契約は**Y**を要約者、**X**らを諾約者、**Z**らを第三者とする第三者のためにする契約であるとの法的構成をとっている。原々判決・原判決と平成28年最判とで結論が異なった理由は、**Z**らが受益の意思表示をしたか否かという点の評価が分かれたことによる。すなわち、本件要項記載内容などに明示の意思表示が存在しないため、**Z**らから**X**らに対して、黙示の意思表示に基づく授権の有無が問題となり、それがなされていないとするのが原々判決・原判決であり、それがなされていたとするのが平成28年最判である。

　原々判決は、判決効が本来の権利主体である**Z**らに及ぶため、**X**らが敗訴した場合には**Z**らが権利を失うことなどを理由に、また、原判決は、本件授権条項の文言が抽象的であるなどと指摘して、**Z**らが具体的な訴訟追行の可能性を理解したうえで本件債券を譲り受けたとは推認し難いことなどを理由に、いずれにしても受益の意思表示を認めることに慎重な態度をとってこれを否定した。

　一方、平成28年最判は、多数の公衆に販売されるという本件債券と会社法上の社債の類似性に着目し、**Z**らの合理的意思を推認したうえ、本件授権条項の記載が目論見書等にも記載されていることから、**Z**らが本件債券を購入した際にこれを受け入れたものと認めることが相当であるとして黙示の受益の意思表示を認めた。

　次に、かかる授権を前提とする任意的訴訟担当の許否につき、本件訴訟において裁判所は一貫して、最大判昭和45年11月11日（民集24巻12号1854号）を判断基準に据えたうえで判断している。すなわち、任意的訴訟担当については、本来の権利主体からの訴訟追行権の授与があることを前提として（前提要件）、弁護士代理の原則を回避し、または訴訟信託の禁止を潜脱するおそれがなく（第1要件）、かつ、これを認める合理的必要性がある（第2要件）場合には許容することができるとした。

　原々判決は、Ｚら自身が訴訟等を通じて権利行使することは困難であるともいえないことや、会社法上の社債と本件債券とでは、債権者保護の規定の有無等において異なる面が存在することなどを理由に、原判決は、ＸらがＺらを具体的に特定し得ず、個別の債券の帰属について把握していないことや、Ｙらの訴訟提起を容易にする方策をＸらが講ずることも可能であること、ＸらとＺらとの間の利益相反のおそれは否定し難いことなどを理由に、任意的訴訟担当を認める合理的必要性は認められないとした（原々判決・原判決はいずれも、ＺらからＸらへの訴訟追行権の授与を認めていないが、仮にそれが認められるとして任意的訴訟担当の許容要件につき検討を加えている）。

　一方、平成28年最判は、本件債券が多数の一般公衆に対して発行されるものであるから、発行体が元利金の支払いを怠った場合にＺらが自ら適切に権利行使することは合理的に期待できないこと、ソブリン債には社債に関する法令の規定が適用されないが、本件債券は多数の一般公衆に対して発行される点で社債に類似し、社債では社債権者を保護する目的で社債権者のために弁済を受け、または債権の実現を保全するために必要な一切の裁判上または裁判外の行為をする権限を有する社債管理者の設置が原則として強制されていること、本件要項に社債管理者の規定に倣った本件授権条項を設けるなどしてＸらに訴訟追行権を認める仕組みが構築されていたこと、Ｘらはいずれも銀行であって銀行法に基づく規制や監督に服するとともに、本件管理委託契約上、Ｚらに対して公平誠実義務や善管注意義務を負うものとされていることなどを理由

に、任意的訴訟担当を認める合理的必要性を認めた。

原々判決および原判決に対しては、現行の実務慣行との齟齬などを理由にその結論に対して批判的な見解が多く述べられている※6。

裁判所は任意的訴訟担当の許否について、事案の内容に即してケースバイケースで判断してはいるものの、原々判決や原判決がそうであったように、任意的訴訟担当を認めることには慎重な傾向を示している。その理由として、①これを無制限に認めると権利義務主体以外の第三者による訴訟追行を制限する規律が潜脱されるおそれがあること、②権利義務主体による授権があるだけで、担当者の受けた判決の効力を被担当者に及ぼしてよいか自明ではないこと、③相手方当事者としても、当事者が権利義務主体ではなく担当者だということになれば、訴訟費用の負担者などの点で、不利益を受ける可能性があること、などが指摘される※7。

任意的訴訟担当が許されなかった裁判例として、広島高判平成29年3月9日判時2338号20頁、福岡高判平成29年2月16日判タ1437号105頁などが存在する。一方、任意的訴訟担当が許された裁判例も存在する。たとえば、東京地判平成3年8月27日金判908号22頁は、英国のロイズ保険シンジケートの構成員である筆頭保険者が、支払われた保険金を回収するため、他の保険者全員から当事者として訴訟を提起し追行する権限を授与されたものであり、他の保険者との関係においては、日本法上の任意的訴訟担当に該当するとされた事案である。同事案において裁判所は、「任意的訴訟担当については、弁護士代理の原則及び信託法11条（現行信託法10条：筆者注）の趣旨に反しない限り、当事者適格を肯定すべきであるところ、英国では、多数の保険者が当事者として

※6　たとえば、青山善充ほか「《座談会》サムライ債の債券管理会社による訴訟追行の可否」金法1981号（2013年）6頁、米田靖晴「サムライ債（円建外債）の債券の管理会社は訴訟追行権を有するか」信州大学法学論集23号1頁、山本和彦「ソブリン・サムライ債における債券管理会社の任意的訴訟担当」NBL1080号（2016年）59頁。
※7　三木浩一ほか『リーガルクエスト民事訴訟法（第3版）』（有斐閣、2018年）130頁。

関与する事案について、筆頭保険者の名において訴訟を追行することが一般的な慣習となっており、これよって弁護士代理の原則等を潜脱するおそれはないから、本件においても、保険者リスト上の筆頭保険者である原告に当事者適格を認めるべきである」とする（そのほか、東京地判昭和60年12月27日判タ622号217頁がある。）。裁判例で任意的訴訟担当が認められた事例は、団体などの構成員の1名（1社）が担当者となった場合がほとんどであり、外部の者に対する授権については、慎重な態度がとられている。

　平成28年最判の事案についてみてみると、確かに、**X**らと**Z**らとの間で利益相反の可能性は存在するものの、それを回避するための仕組みが設けられておらず、また、**X**らと**Z**らとの間に両者一体といえるほどの実体的利益は存在しない。したがって、裁判例などによって任意的訴訟担当を認めることに慎重であったこれまでの判断基準からすると、**X**らを任意的訴訟担当として訴訟の追行を認める合理的必要性を肯定できないとする原々判決・原判決も形式論としては理解できる。また、発行されている債券が社債（管理者不設置債）に類似しているからといって無条件に任意的訴訟担当を認める合理的必要性が認められるわけではない。

　しかし、まず一般論として、（原々判決・原判決では否定しているが）金融商品を購入した一般投資家が自らデフォルトを起こした発行体に対して訴訟を提起することは、訴訟コストや時間的コストから極めて高いハードルが存在する（なお、本件債券はソブリン債であるため、外国国家を提訴することとなる）。また、本件債券は会社法上の社債と類似しているものの、社債に該当しないとの理由から保護すべき債権者の水準（各額面金額）を社債権者よりも引き下げてよいとする原々判決・原判決の結論に合理性は乏しいものと思われる（会社法では、FA債が認められる要件として、各社債の金額を1億円以上と設定しているのに対して、本件債券は100万円・1000万円であった）。原々判決・原判決が指摘する債権管理会社の利益相反性についても、そもそも**Z**らは本件要項に基づき**X**らに授権していることに加え、銀行法に基づく規制・監

督の存在や本件要項に基づく公平誠実義務・善管注意義務の設定などからすると、**X**らによる適切な訴訟追行権を適切に行使することを期待することができる。本件債券の制度運用状況と本件要項に基づく本件管理委託契約からすると、平成28年最判の結論は結論は妥当なものと評価できよう。

　社債管理者を設置せずに社債を発行した会社が倒産した場合、債券を管理する会社にどのような法的義務が課されるのかについては、結局、当該債券管理会社がどのような債券管理委託契約を締結したのかによることとなる。すなわち、債券管理委託契約の内容次第で、本件のように、債券管理会社は会社法上の社債管理者と同等の権利を有し、義務が課される場合もあれば、原々判決・原判決がいうように、社債権者が自らの利益を自ら守らなければならない場合も発生する可能性があることとなる。

　そこで会社法改正において、社債管理者が設置されていない社債（FA債）についても第三者による最低限の社債管理が必要であるとして、新たに社債管理補助者制度が創設されることとなった。これは契約のみによる社債管理では総社債権者の代理人として破産手続等において債権の届出をすることや、社債権者集会の招集を請求した社債権者の委託を受けて会社法718条3項に基づく裁判所の許可の申立てをすることなどの業務を社債管理補助者が行うことが難しいとの指摘に対応するため立法による措置を講ずるものである。すなわち、社債権者において自ら社債を管理することを期待することができる社債については、新たに、社債管理者よりも裁量の余地の限定された権限のみを有する法定の社債管理補助者に社債の管理の補助を委託することができるものとしている[8]。

　次に、社債権者のために社債の管理の補助を行うことを第三者に委託することができるようにする制度である、社債管理補助者制度を解説する。

※8　法務省民事局参事官室「会社法制（企業統治等関係）の見直しに関する中間試案の補足説明」（2018年）46頁。

2．改正会社法の内容※9　〜社債管理補助者制度の新設〜

(1)　社債管理補助者の設置

　会社は、会社法702条ただし書に規定する社債管理者の設置が強制されない場合には、社債管理補助者を定め、社債権者のために、社債の管理の補助を行うことを委託することができる。ただし、当該社債が担保付社債である場合は、この限りでない（改正会社法714条の2）。

　社債管理補助者と社債管理者は、共に社債発行会社が第三者に対して一定の事務を行うことを委託することによって設置されることにおいて共通する。もっとも、社債管理者制度は、第三者である社債管理者が社債権者のために社債の管理を行う制度であり、社債管理者は、社債の管理に必要な権限を包括的に有し、広い裁量をもってそれを行使することが求められている。

　これに対して、社債管理補助者制度は、社債権者において自ら社債を管理することを期待することができる社債を念頭に、第三者である社債管理補助者が、社債権者の破産債権の届出をしたり、社債権者からの請求を受けて社債権者集会の招集をすることなどにより、社債権者による社債権者集会の決議等を通じた社債の管理が円滑に行われるように補助する制度である。つまり、社債管理補助者は、社債管理者よりも裁量の余地の限定された権限のみを有するものとされている。

　また、社債管理補助者を設置することができる場合を社債管理者の設置が強制されない場合に限定している理由は、社債管理補助者制度は、社債権者において自ら社債を管理することを前提とする制度であるため、社債管理補助者を設置することができる場合は、各社債権者において自ら社債を管理することを期待することができる場合に限定すべきであると考えられるからである※10。

※9　会社法改正における社債部分の内容は、要綱案段階の議論・内容から大きな変更がなされていないため、要綱案段階の議論や内容をもとに解説・検討する。
※10　法務省民事局参事官室・前掲※8・47頁。

(2) 社債管理補助者の資格

　社債管理補助者は、会社法703条各号に掲げる者その他法務省令で定める者でなければならない（改正会社法714条の3）。

会社法703条　社債管理者は、次に掲げる者でなければならない。
　一　銀行
　二　信託銀行
　三　前二号に掲げるもののほか、これらに準ずるものとして法務
　　省令で定める者

　社債管理者の資格要件については、上記のとおり、銀行、信託会社及びこれらに準ずるものとして会社法施行規則170条で定める者とされている（会社法703条）。社債管理補助者が、委託契約に定める範囲内において、償還金を受領する権限や訴訟行為をする権限等を有することがあることに照らせば、社債権者のために、受領した償還金等の管理や訴訟行為等を適切にすることができる者である必要があり、社債管理補助者についても、社債管理者と同様に資格要件を設けるものとしている。

　もっとも、社債管理補助者は、社債管理者に比べて、社債管理者よりも裁量の余地の限定された権限のみを有する者であるため、社債管理補助者の資格要件については、社債管理者の資格要件よりも緩やかなものとしてよいという考え方もある。

　中間試案（1(2)注）では、弁護士や弁護士法人その他の者に社債管理補助者の資格を付与するものとするかどうかにつき議論がなされ、なお検討するとしていた。その後の議論も含め、弁護士及び弁護士法人に社債管理補助者の資格を付与することに目立った反対意見は見受けられない[11]。ただ、社債管理補助者が自然人（弁護士）である場合、社債の償

※11　竹林俊憲ほか「『会社法制（企業統治等関係）の見直しに関する中間試案』に対する各界意見の分析（下）」商事法務2171号（2018年）21頁。

還期間が長期に設定された、又は当該社債管理補助者が死亡した際の取り扱いや、弁護士及び弁護士法人による利益相反行為への対応を懸念する意見があった。これら懸念に対し会社法制（企業統治等関係）部会会議では、弁護士会の会則等による適切な実務対応のルール作りによる対応が必要であるとしている[12]。なお、要綱案に明記されていたわけではないが、その他法務省令で定める者に弁護士及び弁護士法人を含める考え方は引き継がれているとされる[13]。

　弁護士及び弁護士法人を社債管理補助者の資格要件に加えることについては、個々の弁護士・弁護士法人の専門性や能力に大きなばらつきが存在するため、一概に社債管理補助者を担当する能力が備わっているのか疑わしく、社債を管理するに適さない者が社債管理補助者となる可能性や社債権者と社債管理補助者との間で利益相反が発生する可能性は否定できない。また、社債管理補助者制度については、その後の利用勧奨策などとパッケージで制度構築をしないと、現状の会計参与制度のように、結局特定の資格業に向けた地位を創設したところで利用されないおそれも発生し得る。

(3)　社債管理補助者の義務

　社債管理者に関する規定を準用したうえで、社債管理補助者は、社債権者のために、公平かつ誠実に社債の管理の補助を行わなければならず、また、社債管理補助者は、社債権者に対し、善良な管理者の注意をもって社債の管理の補助を行わなければならない（改正会社法714条の7、704条）。

　これは、社債管理補助者の公平義務、誠実義務及び善管注意義務を定めたものである。社債管理補助者に誠実義務や善管注意義務を負わせることで、社債管理者と同様に、社債管理補助者の設置に要するコストの

---

[12]　法制審議会会社法制（企業統治等関係）部会資料21、1頁。
[13]　神田秀樹「『会社法制（企業統治等関係）の見直しに関する要綱案』の解説〔Ⅵ〕」商事法務2196号（2019年）8頁。

増加や、社債管理補助者となる者の確保が難しくなる可能性はある。しかし、社債管理補助者は、裁量の余地の限定された権限のみを有する者として制度設計がなされており、また、委託契約の定めにより裁量の範囲を更に限定することもできることから、社債管理者と比べて義務違反が問われ得る場合は限定的となる。こうしたことから、社債管理補助者は、社債の管理の補助について委託を受ける以上は、委託者の信頼を裏切ることがないように、これらの義務を負うことが相当であるとされた[14]。

社債管理補助者の負う誠実義務の具体的内容は、委託の趣旨に照らして決定される。ただ、社債管理補助者について、社債管理者よりも裁量の余地の限定された権限のみを有し、社債権者による社債権者集会の決議等を通じた社債の管理が円滑に行われるように補助する者と位置付ける場合には、社債管理者と社債管理補助者に対する委託の趣旨は異なるものとなると考えられる。したがって、社債管理者であれば誠実義務違反とされる行為であっても、社債管理補助者が同じ行為をした場合に当然に誠実義務違反になるわけではないと解される[15]。

なお、社債管理補助者は、社債管理者と同様に、善意・無重過失の善管注意義務違反に関して事前に免責することなどは認められない。これは、社債管理補助者は、社債管理者のように社債の管理を適切に行うインセンティブを当然に有しているものでなく、また、社債発行会社及び社債管理補助者となろうとする第三者が社債権者のために契約をするという構造上、社債発行会社及び当該第三者の双方が当該第三者の義務は軽ければ軽いほど良いと考えるおそれもあるからとされる[16]。

※14　法務省民事局参事官室・前掲※8・48頁。
※15　同上。
※16　同上。

⑷　社債管理補助者の権限等

社債管理補助者の権限等は以下のとおりである（改正会社法714条の4）。

1項　社債管理補助者は、社債権者のために次に掲げる行為をする権限を有する。

一　破産手続参加、再生手続参加又は更生手続参加

二　強制執行又は担保権の実行の手続における配当要求

三　第499条第1項の期間内に債権の申出をすること。

2項　社債管理補助者は、第714条の2の規定による委託に係る契約に定める範囲内において、社債権者のために次に掲げる行為をする権限を有する。

一　社債に係る債権の弁済を受けること。

二　第705条第1項の行為（前項各号及び前号に掲げる行為を除く。）

三　第706条第1項各号に掲げる行為

四　社債発行会社が社債の総額について期限の利益を喪失することとなる行為

3項　前項の場合において、社債管理補助者は、社債権者集会の決議によらなければ、次に掲げる行為をしてはならない。

一　前項第2号に掲げる行為であって、次に掲げるもの

　イ　当該社債の全部についてするその支払の請求

　ロ　当該社債の全部に係る債権に基づく強制執行、仮差押え又は仮処分

　ハ　当該社債の全部についてする訴訟行為又は破産手続、再生手続、更生手続若しくは特別清算に関する手続に属する行為（イ及びロに掲げる行為を除く。）

二　前項第3号及び第4号に掲げる行為

4項　社債管理補助者は、第714条の2の規定による委託に係る契約に従い、社債の管理に関する事項を社債権者に報告し、又は社債権者がこれを知る

ことができるようにする措置をとらなければならない。

5項　第705条第2項及び第3項の規定は、第2項第1号に掲げる行為をする
権限を有する社債管理補助者について準用する。

　上記のとおり改正会社法は、社債管理補助者が必ず有する権限とし
て、破産手続参加等をする権限を挙げている。「破産手続参加」、「再生
手続参加」及び「更生手続参加」とは、他人の申立てによって開始され
た破産手続等において破産債権者等として債権の届出をすることをい
う。なお、破産手続参加等をする権限に加えて、社債に係る債権の弁済
を受ける権限も、社債管理補助者が必ず有するものとすることも考えら
れる。しかし、仮に、社債管理補助者が社債に係る債権の弁済を受ける
権限を有するものとする場合には、社債発行会社が社債管理補助者に支
払をする時点で社債に係る債権の弁済があったものとなるため、この権
限を社債管理補助者に対して付与せずに、社債権者に対して実際に支払
をする時点までは社債に係る債権の弁済はないものとする方が、社債権
者にとって有利な場合があるという考え方もあり得る。そこで、社債に
係る債権の弁済を受ける権限については、社債管理補助者が必ず有する
権限とするのではなく、委託契約の定める範囲内において有するものと
している（改正会社法714条の4第2項1号参照）[17]。

　改正会社法714条の2第3項は、社債権者集会の決議によらなければ
ならない行為を挙げている。社債管理者において社債権者集会の決議に
より行わなければならないこととされている会社法706条1項各号に掲
げる行為（改正会社法714条の2第2項3号の行為）については社債管理
補助者においても同様とする（改正会社法714条の2第3項2号）ほか、
社債管理者であれば社債権者集会の決議によらずにすることができる行
為であっても性質上裁量の余地が限定されているとはいえない行為、具

※17　法務省民事局参事官室・前掲※8・48頁。

体的には、同法705条1項の行為（改正会社法714条の2第2項2号の行為）のうち、改正会社法714条の2第3項1号イからハまでに掲げる行為と、社債発行会社が社債の総額について期限の利益を喪失することとなる行為（改正会社法714条の2第2項4号の行為）については、社債管理補助者については社債権者集会の決議によらなければならないものとしている。

⑸　特別代理人の選任

　社債権者と社債管理者との利益相反の場合と同様に、社債権者と社債管理補助者との利益が相反する場合において、社債権者のために裁判上又は裁判外の行為をする必要があるときは、裁判所は、社債権者集会の申立てにより、特別代理人を選任しなければならない（改正会社法714条の7、707条）。

⑹　社債管理補助者等の行為の方式

　社債管理補助者又は特別代理人が社債権者のために裁判上又は裁判外の行為をするときは、社債権者が多数で常に変動する可能性があることや、無記名社債の場合には、社債権者を確知することが困難であり、記名社債の場合にも、多数の社債権者をすべて表示することが困難であることから、個別の社債権者を表示することを要しない（改正会社法714条の7、708条）。

⑺　二以上の社債管理補助者がある場合の特則

　二以上の社債管理補助者があるときは、社債管理補助者は、各自、その権限に属する行為をしなければならない（改正会社法714条の5第1項）。これは、社債管理補助者は社債管理者と異なり、その権限が裁量の余地の限定されたものであり、その行使を他の社債管理補助者と共同して行うことの実益に乏しいことを理由とする。なお、改正会社法714条の4第2項の権限以外の権限については、委託契約の定めにより、一

部の社債管理補助者についてのみ一定の権限を付与することができるから、その限りにおいて事務の分掌をすることが認められる[18]。

　社債管理補助者はその権限を共同して行使するものではないが、社債権者保護の観点から、社債管理補助者が社債権者に生じた損害を賠償する責任を負う場合において、他の社債管理補助者も当該損害を賠償する責任を負うときは、これらの者は、連帯債務者とする（改正会社法714条の5第2項）。

(8) 社債管理補助者の責任

　社債管理者と同様に、社債管理補助者は、会社法又は社債権者集会の決議に違反する行為をしたときは、社債権者に対し、これによって生じた損害を賠償する責任を負う（改正会社法714条の7、会社法710条1項）。

　なお、社債管理者については、一定の利益相反行為の類型に限り誠実義務違反及び因果関係の証明責任を転換し、利益相反行為に基づく損害賠償責任の要件の定型化を図るとともに、社債管理者に誠実義務違反又は因果関係の不存在の証明責任が課されている（会社法710条2項）が、社債管理補助者は、社債管理者を設置することを要しない場合においてのみ設置されることや、社債管理者よりも裁量の余地の限定された権限のみを有し、社債権者による社債権者集会の決議等を通じた社債の管理が円滑に行われるように補助する者であることを理由に、社債管理補助者については、このような規定を設けるものとしていない[19]。

※18　法務省民事局参事官室・前掲※8・51頁。
※19　法務省民事局参事官室・前掲※8・51頁。

⑼　社債管理者等との関係

　会社法702条の規定による委託に係る契約又は担保付社債信託法2条
1項に規定する信託契約の効力が生じた場合には、会社法714条の2の
規定による委託に係る契約は、終了する（改正会社法714条の6）。

⑽　社債管理補助者の辞任

　社債管理補助者は、社債発行会社及び社債権者集会の同意を得て辞任
することができる。この場合、当該社債管理補助者は、あらかじめ事務
を承継する社債管理補助者を定めなければならない（改正会社法714条
の7、711条1項）。また、社債管理補助者は、委託に係る契約に定め
た事由があるときは、辞任することができる（改正会社法714条の7、
711条2項）。ただし、当該契約に事務を承継する社債管理補助者に関
する定めがないときは、この限りでない（同項但書）。さらに、社債管
理補助者は、やむを得ない事由があるときは、裁判所の許可を得て、辞
任することができる（改正会社法714条の7、711条3項）。

⑾　社債管理補助者の解任

　裁判所は、社債管理補助者がその義務に違反したとき、その事務処理
に不適任であるとき、その他正当な理由があるときは、社債発行会社又
は社債権者集会の申立てにより、当該社債管理補助者を解任することが
できる（改正会社法714条の7、713条）。

⑿　社債管理補助者の事務の承継

　社債管理補助者が次のいずれかに該当することとなった場合には、社
債発行会社は、事務を承継する社債管理補助者を定め、社債権者のため
に、社債の管理の補助を行うことを委託しなければならない（改正会社
法714条の7、714条）。

ア	社債管理補助者の資格に規定する者でなくなったとき。
イ	やむを得ない事由があり裁判所の許可を得て辞任したとき。
ウ	解任されたとき。
エ	死亡し、又は解散したとき。

　この場合においては、社債発行会社は、社債権者集会の同意を得るため、遅滞なく、これを招集し、かつ、その同意を得ることができなかったときは、その同意に代わる裁判所の許可の申立てをしなければならない（改正会社法714条の7、714条）。

⒀　社債権者集会

　社債管理補助者は、社債権者が会社法718条1項に基づき社債権者集会の招集を請求したときは社債権者集会を招集することができる（改正会社法717条3項1号）。また、社債管理補助者は辞任の同意を得るため必要がある場合にも社債権者集会を招集することができる（同項2号）。

　ある種類の社債の総額（償還済みの額を除く。）の10分の1以上に当たる社債を有する社債権者（改正会社法718条1項）は、社債管理者又は社債管理補助者に対し、社債権者集会の目的である事項及び招集の理由を示して、社債権者集会の招集を請求することができる（改正会社法718条1項）。

　社債権者集会の決議は、社債管理補助者がある場合において社債管理補助者の権限に属する行為を可決する旨の社債権者集会の決議があったときは、社債管理補助者が執行する（改正会社法737条2号）。ただし、社債権者集会の決議によって別に社債権者集会の決議を執行する者を定めたときは、この限りでない（同条但書）。

⒁　募集事項

　以下に掲げる事項を募集事項（改正会社法676条各号）に含める。

7号の2	社債管理者を定めないこととするときは、その旨
8号の2	社債管理補助者を定めることとするときは、その旨

　社債管理補助者を設置する旨や、社債管理補助者の権限、社債権者に対する報告義務等に関する委託契約の定めの内容等は重要であるということができることから、これらは募集事項に含めるものとしている[20]。

Ⅲ　社債権者集会

1．改正前会社法における運用と改正経緯

　改正前の現行会社法上、社債権者集会の決議による社債の元本および利息の全部または一部の免除については、会社法706条1項1号の「和解」として、社債権者集会の特別決議（同法724条2項）によりすることができるという解釈[21]が有力であったが、法的安定性の観点から、明文の規定を設けた方が良いという指摘がされていた[22]。

　また、現行会社法上、社債権者の全員の同意がある場合には、社債権者集会の決議によらずに、社債契約の内容を変更することができると一般に解釈されていた[23]が、会社法706条など、一定の事項について社債権者集会の決議によらなければならないものと規定する会社法の規定の多くは強行法規であり、強行法規として要求されている社債権者集会の決議については、社債権者の全員の同意をもってこれに代えることはできないという解釈[24]も存在していた。

　さらに、現行会社法上、社債権者集会の決議は支払の猶予及び債権の

※20　法務省民事局参事官室・前掲※8・53頁。
※21　江頭憲治郎『株式会社法（第7版）』（有斐閣、2017年）823頁。
※22　法制審議会会社法制（企業統治等関係）部会第4回会議議事録25頁〔神作委員発言〕参照。
※23　法制審議会会社法制（企業統治等関係）部会第4回会議議事録29頁〔藤田委員発言〕参照。
※24　橋本円『社債法』（商事法務、2015年）330頁。

一部放棄など、社債権者に譲歩を強いる内容であることが多いため、裁判所の強い後見的機能により社債権者を保護することが期待され、社債権者集会の決議は裁判所の認可によってその効力を生ずることとされている（現行会社法734条）が、社債権者の全員が社債権者集会の目的である事項に同意している場合には、社債権者の保護に欠けることはないので、裁判所による認可を不要としてもよいと考えられていた[25]。

　そこで、改正会社法では上記各点を明確にすべく、社債権者集会への元利金減免権限の付与、社債権者集会決議省略規定を新たに設けるものとしている。

2．改正会社法の内容[26]　〜社債権者集会の効率化〜

(1)　元利金減免権限の付与

　会社法706条1項1号に、当該社債の全部についてするその債務の免除を追加する。

　また、当該社債の全部についてするその債務の全部又は一部の免除を加えることにより、社債権者集会が、当該社債の全部についてするその債務の全部又は一部の免除について決議をすることができるものとするとともに（改正会社法724条2項1号参照）、社債管理者が、社債権者集会の決議によって、当該社債の全部についてするその債務の全部又は一部の免除をすることができるものとする（同項2号参照）。

　なお、会社法制（企業統治等関係）部会会議においては、常に社債権者集会の決議という集団的な意思決定により、反対する社債権者の社債についても、その元本及び利息の全部又は一部の免除をすることができるものとすることは相当でないという理由から、社債発行契約に定めた場合にのみ、社債権者集会の特別決議により、社債の元本及び利息の全

※25　法務省民事局参事官室・前掲※8・55頁。
※26　前掲※9・参照。

143

部又は一部の免除をすることができるものとすべきであるという指摘もされていた※27。

　しかし、改正会社法のような見直しをしたとしても、社債権者集会の決議は裁判所の認可を受けなければその効力が生じないこととされており（会社法734条1項）、裁判所は、決議が著しく不公正であるときや、社債権者の一般の利益に反するときなどについては、社債権者集会の決議の認可をすることができないこととされている（同法733条）。

　したがって、改正会社法のような見直しをしたとしても、社債権者集会の決議が著しく不公正であるときや社債権者の一般の利益に反するときは、社債権者集会の決議により社債の元本及び利息の全部又は一部の免除をすることができないと考えられる。改正前会社法上、償還期限の延長など、他の行為について社債発行契約の内容にその可否を委ねるものとはしていないこととの平仄や改正前会社法上の解釈との整合性も考慮し、改正会社法では社債発行契約に定めた場合であることを要件とはしていない※28。

(2)　社債権者集会決議省略規定の新設

　社債発行会社、社債管理者、社債管理補助者又は社債権者が社債権者集会の目的である事項について（社債管理補助者にあっては、改正会社法714条の7において準用する711条1項の社債権者集会の同意をすることについて）提案をした場合において、当該提案につき議決権者（改正会社法724条1項参照）の全員が書面又は電磁的記録により同意の意思表示をしたときは、当該提案を可決する旨の社債権者集会の決議があったものとみなす（改正会社法735条の2第1項）。また、上記決議があったものとみなされる場合には、同法732条から735条まで（同法734条2項を除く。）の規定は、適用しない（改正会社法735条の2第4

※27　法制審議会会社法制（企業統治等関係）部会第4回会議議事録25頁〔神作委員発言〕参照。
※28　法務省民事局参事官室・前掲※8・54頁。

144

項）。社債発行会社は、会社法735条の2第1項の規定により社債権者集会の決議があったものとみなされた日から10年間、同項の書面又は電磁的記録をその本店に備え置かなければならず（同条2項）、社債管理者、社債管理補助者及び社債権者は、社債発行会社の営業時間内は、いつでも、閲覧又は謄写の請求をすることができる（同条3項）。

これは、社債権者の全員が書面により同意をした場合には、当該提案を可決する旨の社債権者集会の決議があったものとみなし、かつ、同法734条1項を適用せず、裁判所の認可を受けることも要しないものとすることにより、仮に、強行法規として要求されている社債権者集会の決議については社債権者の全員の同意をもってこれに代えることはできないという解釈を採るとしても、社債権者の全員の同意をもって社債権者集会の決議に代えることができるものとする規定である。また、同法734条2項を適用するものとしている理由は、議決権を行使することができない社債権者（同法723条2項参照）がいる場合であっても、全ての社債権者に対してみなし決議の効力を有するものとするからである。なお、社債権者の同意等に瑕疵がある場合には、社債権者集会の決議があったものとはみなされず、訴えの利益を有する者は、いつでもそのことを主張することができるものと解される[29]。

Ⅳ　おわりに

以上でみたとおり、社債については、社債管理補助者制度の新設と社債権者集会への元利金減免権限の付与・社債権者集会決議省略規定の新設の2つが改正によって盛り込まれた。

社債に関する会社法改正項目のうち、社債権者集会制度の効率化（元利金減免権限の付与・社債権者集会決議省略規定の新設）については、解釈によって既に実務対応がなされているものであるため、明文化に

※29　法務省民事局参事官室・前掲※8・56頁。

よって現行実務に支障をきたさないように留意する必要がある。

　一方、社債管理補助者制度の新設については、社債管理者不設置債（FA債）における社債権者をどのように保護するのかという問題への対応である。ただ、これは本来「私募債」をどのように規律づけるべきかという問題、すなわち会社法上どのような社債を管理の対象とすべきかをまず明らかにしたうえで、かかる社債への規律の必要性につき検討すべき問題であるようにも見える。いずれにせよ、社債管理補助者制度については **2**(2)で指摘した問題点が存在するため、同制度の利用状況を継続的に注視する必要がある。

〔鬼頭　俊泰〕

第5章

株式交付

株式交付制度の新設

I　はじめに

　武田薬品工業株式会社が英国のロンドン証券取引所に上場するシェイアー社を約7兆円で買収した[1]。当該買収は、その規模のみならず、現金との混合ではあったが株式を対価とした買収、すなわち株対価M＆Aであった点にも注目がなされている。株対価M＆Aは、現金対価M＆Aに比して、資金調達の負担が軽いことから、大規模な買収を行う場合や手元資金に余裕がない新興企業が買収を行う場合などに利用するニーズがあるとされている。

　令和元年12月4日に成立し、同月11日に公布された「会社法の一部を改正する法律」（以下「改正法」という）[2]においては、株対価のM＆Aを可能とする株式交付という制度を新設されている。株式交付は、上場会社のみならず、非上場会社をも適用対象としている。そのため、株式交付は、上場会社における大規模な企業買収のみならず、中小企業における他社の子会社化や事業承継にも活用されることが期待されている[3]。株式交付制度の新設は、上場会社のみならず、中小企業にとっても、重要な法改正となる。

　そこで、本稿においては、改正法で新設された株式交付について、**II**で株式交付制度創設の経緯、**III**で改正法の概要を解説した上で、**IV**のおわりにで、改正法における株式交付制度のまとめを行うこととする。

※1　日本経済新聞社「日本経済新聞縮刷版」70巻12号（2019年）239頁。
※2　令和元年法律70号。
※3　植松勉「会社法改正の方向性と中小企業に与える影響」税理61巻12号（2018年）6頁。

Ⅱ　株式交付制度創設の経緯

　ある会社（以下「買収会社」という）が他の会社（以下「対象会社」という）を買収する際に、買収会社が発行する株式を対価とするときは、金銭を対価とするときと異なり、資金調達の負担軽減により、大規模な買収が行いやすくなったり、手元資金に余裕のない新興企業等が買収を行いやすくなったりするメリットがあるとされている[※4]。また、対象会社の株主は、買収後も買収会社の株式を保有でき、シナジーを含めた買収後の買収会社及び対象会社の成長や業績向上からもたらされる利益を享受することが可能になる[※5]。

　現行会社法において、買収会社が自社の株式を対価として対象会社の買収を行う場合には、①株式交換（会社法2条31号。以下、特に記載のない限り、会社法上の条文を示す。）と、②対象会社の株式の現物出資（199条1項3号）という手段がある。もっとも、①株式交換は、対象会社の発行済株式の全てを取得することとなるため、一部の対象会社株式を取得したい場合には、利用できない。また、②対象会社の株式を現物出資して、買収会社が募集株式の発行等を行う場合、原則として検査役の調査が必要となり（207条1項）、一定の時間や費用を要し、株主及び取締役が財産価額塡補責任を負う可能性もある（212条、213条）。

　しかしながら、買収会社が対象会社を買収して子会社にしようとする際に、株式交換の場合（対象会社の完全子会社化）と、そうでない場合（対象会社の子会社化）とにおいて規律に大きな違いを設ける理由はなく、対象会社の子会社化の場合においても、株式を対価とした子会社化を現物出資規制の適用なく行うニーズがある[※6]。

※4　越智晋平「産業競争力強化法における会社法特例の改正の解説」商事2173号（2018年）4頁。
※5　法務省民事局参事官室「会社法制（企業統治等関係）の見直しに関する中間試案の補足説明」商事2160号（2018年）66頁。
※6　法務省民事局参事官室・前掲※5・67頁。

　そのようなニーズを背景に、産業活力の再生及び産業活動の革新に関する特別措置法において、買収会社が株式を対価とした対象会社に対するTOBに際して、一定の要件を満たした場合に、会社法上の現物出資規制及び有利発行規制を不適用とする会社法特例が創設された（同法21条の2）。そして、同法廃止後、産業競争力強化法（以下「産強法」という）においても、現物出資規制及び有利発行規制を不適用とする会社法の特例が引き継がれていた（改正前産強法34条）。もっとも、平成30年改正前の産強法においては、会社法特例の適用に対して「公開買付け」の方法による買収であることが要件とされており、非上場会社の買収等には利用できず、また、外国法人の買収の場合、「外国における公開買付けの方法に相当するもの」による買収が要件とされていたが、要件の該当性が明確でないという問題点があった[7]。そこで、産強法の平成30年改正[8]により、「公開買付け」の方法による買収であることという要件は削除され、譲渡による対象会社の株式の取得にも適用が可能となっている（産強法32条1項）。改正法で新設された株式交付は、組織再編における対価の柔軟化と同様に、既に産強法という特則で認められていた制度を、本則である会社法に導入するものといえよう。

Ⅲ　改正法の概要

1．株式交付の内容

　株式交付は、株式会社が他の株式会社をその子会社とするために当該他の株式会社の株式を譲り受け、当該株式の譲渡人に対して当該株式の対価として当該株式会社の株式を交付することと定義付けられている（2条32号の2）。株式交付によって親会社となる会社が株式交付親会社であり、株式交付によって子会社となる会社が株式交付子会社であ

---

[7]　越智・前掲※4・5頁。
[8]　産業競争力強化法等の一部を改正する法律（平成30年法律第26号）。

る。また、株式交付における「子会社」とは、会社法２条３号に規定する会社が他の会社等の財務及び事業の方針の決定を支配している場合（会社法施行規則３条３項１号に掲げる場合に限る）における当該他の会社等とされる予定である（要綱案第３部第２の１（注２））。

　まず、株式交付は、株式交換と同様に、親子会社関係が創設されるという点で組織法上の行為とされている※9。そのため、株式交付は、株式交付子会社の株式を現物出資するものではあるが、検査役の調査や財産価額塡補責任は課されないこととなる。

　次に、株式交付は、株式交換と異なり、株式交付子会社の子会社化を行えば足り、株式交付子会社の完全子会社化までは必要とされておらず、部分的な株式交換となっている※10。株式交付は、株式交換と異なり、株式交付親会社が株式交付子会社の株主が保有する株式を強制的に取得するのではなく、株式交付親会社と株式交付子会社の株主との個別の合意に基づき取得する制度となっている。

　さらに、株式交付における株式交付子会社の対象から、持分会社※11、既に株式会社の子会社となっている株式会社※12、会社法施行規則３条３項２号及び３号に掲げる子会社とする場合※13及び外国会社※14は除外される予定である（要綱案・第３部第２の１）。これに対して、産強法

※9　法務省民事局参事官室・前掲※5・67頁。
※10　法務省民事局参事官室・前掲※5・67頁。
※11　法制審議会会社法制（企業統治等関係）部会資料21、5頁（法務省ウェブサイト：http://www.moj.go.jp/content/001261626.pdf）においては、対象とできない理由として、株式交付の利用の可否を株式交付の実行前に明確に判断できない旨が指摘されている。
※12　法制審議会会社法制（企業統治等関係）部会資料21、5頁においては、対象とできない理由として、親子会社関係が創設される要素がない旨が指摘されている。
※13　法制審議会会社法制（企業統治等関係）部会資料21、5頁においては、対象とできない理由として、株式交付の実行前に存否が確認できない事情を考慮し、実質的な判断が必要となる旨が指摘されている。
※14　法制審議会会社法制（企業統治等関係）部会「会社法制（企業統治等関係）の見直しに関する中間試案」商事2160号（2018年）18頁においては、株式交付子会社の対象として、株式会社と同種の外国会社が含まれていたが、要綱案においては、株式交付子会社の対象として、株式会社と同種の外国会社が含まれていない。法制審議会会社法制（企業統治等関係）部会資料27、18頁（法務省ウェ

においては、対象会社の範囲は、株式会社や外国法人のみならず、既に買収会社の関係事業者（産強法2条8項、産強法施行規則3条）又は外国関係法人（産強法2条9項、産強法施行規則4条）である対象会社の株式を追加で取得する場合も、適用対象となっている（産強法32条1項）※15。

　以上のように、株式交付は、その実質は株式の現物出資であるが、部分的な株式交換として組織法上の行為とすることによって、現物出資規制が不適用となっているが、対象会社の範囲については産強法と差異が生じている。

2．株式交付の手続

　株式交付は、部分的な株式交換であるため、基本的には、株式交換と同様の手続規制が課されている。もっとも、株式交付は、株式交換と異なり、株式交付親会社が株式交付子会社株主から株式を譲り受ける制度であるため、株式交付子会社には手続規制が課されず、株式交付親会社のみに手続規制が課され、また、株式交付子会社株主から株式交付親会社への株式の譲渡手続が設けられている。

(1)　株式交付計画の作成

　株式交付をする場合には、株式交付の具体的な内容を決定しなければならない。株式交付計画において定める事項は、以下の〔表1　株式交付計画決定事項〕のとおりである（改正会社法774条の3第1項）。

ブサイト：http://www.moj.go.jp/content/001277293.pdf）においては、対象とできない理由として、外国会社が株式会社と同種かについて客観的かつ形式的に判断できない旨が指摘されている。
※15　越智・前掲※4・6頁。

〔表1　株式交付計画決定事項〕

①	株式交付子会社の商号及び住所
②	株式交付により譲り受ける株式交付子会社の株式の数の下限
③	株式交付の対価に関する定め
④	株式交付子会社の株式と併せて取得する新株予約権等に関する定め
⑤	譲渡しの申込みの期日
⑥	効力発生日

　②株式交付により譲り受ける株式交付子会社の株式の数の下限は、株式交付が子会社化を行う制度であるため、効力発生日において、株式交付子会社が子会社となるだけの数が必要とされている（同774条の3第2項）。

(2)　事前開示手続

　株式交付親会社の株主や債権者の保護の観点から、株式交付親会社は、株式交付計画備置開始日から効力発生日後6か月を経過する日までの間、株式交付計画の内容その他法務省令で定める事項を記載し、又は記録した書面又は電磁的記録の本店への備置が求められ、また、株式交付親会社の株主及び債権者には、当該書面等の閲覧請求等が認められることになる（改正会社法816条の2第1項・3項）。

　もっとも、株式交付子会社の株主には、事前開示手続が認められていないことから、対価の相当性に関する判断材料がないことになる。この点について、パブリックコメントにおいては、株式交付子会社の保護のための手続の必要性が指摘され[16]、法制審でも、株式交付子会社の株

---

[16]　竹林俊憲ほか「『会社法制（企業統治等関係）の見直しに関する中間試案』に対する各界意見の分析（下）」商事2171号（2018年）30頁。なお、筆者が所属する企業法実務研究会においても、パブリックコメントにおいて意見を述べている（企業法実務研究会「『会社法制（企業統治等関係）の見直しに関する中間試案』に対する意見」税務事例50巻6号（2018年）27頁）。

主に、対価の相当性に関する情報開示をすべきかが議論されている※17。株式交付制度における対価の相当性の開示に対しては、株式交付親会社と株式交付子会社は株式交付が行われる以前は独立当事者間であり、とりわけ、非公開会社をも対象とした株式交付において、買い手側に売り手側の株主に対する対価の相当性に関する開示義務を課すことは、正当化しにくい規制であるとの指摘がなされている※18。改正法には、株式交付子会社株主に対する対価の相当性の開示に関する規定が設けられなかった。

　その一方で、株式交付親会社が正確でない情報を株式交付子会社株主に提供して株式を譲り受けた場合の株式交付子会社株主の保護と法的安定性の観点から、募集株式の発行等における意思表示の瑕疵に関する会社法211条と同様の規定が設けられることになっている（同774条の8第1項・2項）※19。

(3)　株式交付子会社の株式の譲渡しの申込み等

　株式交付親会社の株式の譲渡しの申込み等は、以下の〔表2　株式譲渡の手続〕のとおりである（改正会社法774条の4～774条の10）。

〔表2　株式譲渡の手続〕

①　株式交付子会社の株主に対して、株式交付親会社の商号、株式交付計画の内容及びその他法務省令に定める事項の通知
②　株式交付子会社の株主は、株式交付親会社に対し、申込期日までに、氏名等及び住所、並びに譲り渡そうとする株式の内容及び数を記載した書面の交付

※17　法制審議会会社法制（企業統治等関係）部会第13回会議議事録5−10頁（法務省ウェブサイト：http://www.moj.go.jp/content/001269250.pdf）。

※18　法制審議会会社法制（企業統治等関係）部会第13回会議議事録7頁〔田中亘幹事発言〕。

※19　法制審議会会社法制（企業統治等関係）部会第16回会議議事録45−46〔沖隆一委員発言〕（法務省ウェブサイト：http://www.moj.go.jp/content/001274584.pdf）。

③	株式交付親会社は、②の申込者の中から株式交付子会社株式を譲り受ける者及びその者から譲り受ける株式の数の決定
④	株式交付親会社は、効力発生日の前日までに、申込者に対し、譲り受ける株式の数の通知
⑤	申込者は、効力発生日に、株式交付親会社が④により通知した数の株式を給付

　申込期日までに株式交付の申込みがなされた株式交付子会社株式の数の総数が下限に満たない場合には、株式交付親会社は、株式交付をしない旨を通知することになる（同774条の10）。

　なお、株式交付による株式交付子会社の株式の譲受けは、有償の譲受けに該当することから、公開買付規制の対象となることがあり、株式交付子会社の株式が譲渡制限株式である場合には、株式交付子会社の譲渡承認が必要となる[20]。

(4) 株主総会の特別決議による承認

　株式交付は株式交換と同様の組織法上の行為と位置付けられているため、株式交付親会社においては、効力発生日の前日までに、株主総会の特別決議による株式交付計画の承認が必要となる（改正会社法816条の3第1項）。なお、株式交付において交付する対価の額が一定の水準に満たない場合等には、株主総会の特別決議が不要となる簡易手続が設けられることになる（同816条の4）。

(5) 株式交付の効力の発生

　株式交付親会社による株式交付子会社の株式の譲受けは、効力発生日に効力が発生し、給付をした譲渡人は、効力発生日に、株式交付親会社の株主となる（改正会社法774条の11第2項）。

---

[20]　法務省民事局参事官室・前掲※5・67頁。

　もっとも、効力発生日において株式交付親会社が給付を受けた株式交付子会社の株式の総数が株式交付計画で定めた下限に満たない場合、株式交付親会社は、給付を受けた株式について、当該株式を譲渡人に返還しなければならない（同774条の11第6項2文）。

　また、株式交付親会社は、効力発生日を変更できることとされている（同816条の9第1項）。これは、株式交付に公開買付規制が適用される場合に、公開買付期間が延長された際には、株式交付の効力発生日を延長する必要性があるためとされている[21]。

(6)　事後開示手続

　株式交付親会社は、効力発生日後遅滞なく、株式交付に際して株式交付親会社が譲り受けた株式交付子会社の株式の数その他の株式交付に関する事項として法務省令で定める事項を記載し、又は記録した書面又は電磁的記録を作成して、備置をし、また、株式交付親会社の株主及び債権者には、当該書面等の閲覧請求等が認められている（改正会社法816条の10）。

▎3.　株主及び債権者の救済手段

　株式交付親会社においては、株式交換における株式交換完全親会社と同様に、株主や債権者保護のための救済手段が設けられている。これに対して、株式交付は、株式交換の場合と異なり、株式交付親会社が株式交付子会社から株式を譲り受ける制度であるため、株式交付子会社の株主には、差止請求権や株式買取請求権が認められていない。

(1)　債権者異議手続

　株式交付に際して、株式交付子会社の株式及び新株予約権等の譲渡人

---

[21]　法制審議会会社法制（企業統治等関係）部会第17回会議議事録3頁〔竹林俊憲幹事発言〕（法務省ウェブサイト：http://www.moj.go.jp/content/001277876.pdf）。

に対して交付する金銭等（株式交付親会社の株式を除く。）が株式交付親会社の株式に準ずるものとして法務省令で定めるもののみである場合以外の場合には、株式交付親会社の債権者は、株式交付親会社に対し株式交付について異議を述べることができる（改正会社法816条の8）。かかる場合には、株式交付親会社の株式以外の財産が流出し、株式交付親会社の債権者を害するおそれがあるため、債権者保護手続が必要とされている。

(2)　差止請求権

株式交付が法令又は定款に違反する場合において、株式交付親会社の株主が不利益を受けるおそれがあるときは、株式交付親会社の株主は、株式交付親会社に対し、株式交付をやめることを請求することができる旨が規定され、株式交付親会社の株主に事前の差止請求権が認められている（改正会社法816条の5）。

(3)　株式買取請求権

株式交付親会社の株主は、株式交付に反対の場合、株式交付親会社に対し、自己の有する株式を公正な価格で買い取ることを請求することができる旨が規定され、反対株主の株式買取請求権が認められている（改正会社法816条の7）。

株式交付は、株式交付子会社の株主が株式交付親会社に株式交付子会社の株式を現物出資して、株式交付親会社の株式を取得する制度であるが、組織再編と位置付けることによって、反対株主の株式買取請求権が認められる。会社法は、募集株式の発行等における有利発行の場合に、株式買取請求権を認めていない。法制審においては、株式交付において株式交付親会社の株主に株式買取請求権を認めることについて、過剰規制ではないかとの指摘もなされている[22]。

※22　法制審議会会社法制（企業統治等関係）部会第13回会議議事録〔加藤貴仁幹事発言〕10頁、〔藤田友敬委員発言〕7頁参照。

⑷　株式交付無効の訴え

　株式会社の株式交付無効の訴えは、組織再編に関する訴えとされ、株式交付の効力が生じた日から6か月以内に訴えをもってのみ主張することができる（改正会社法828条1項13号・2項13号）。原告適格は、株式交付の効力が生じた日において株式交付親会社の株主等（同828条2項1号参照）であった者、株式交付に際して株式交付親会社に株式交付子会社の株式若しくは新株予約権等を譲り渡した者又は株式交付親会社の株主等、破産管財人若しくは株式交付について承認をしなかった債権者に限り認められている（同828条2項13号）。被告適格は株式交付親会社に認められている（同834条12号の2）。

　株式交付子会社の株式を株式取得親会社に譲り渡した者にも、株式交付無効の訴えの原告適格が認められている。株式交付子会社の株主に、意思表示の瑕疵があった場合については、株式交付親会社と株式交付子会社の株主の任意の譲渡であり、会社法211条と同様の規定である改正会社法774条の8第1項・2項が改正法に設けられることから、株式交付無効の訴えによらずとも、意思表示の瑕疵を主張することができよう[23]。これに対して、株式交付自体の無効を主張するためには、株式交付無効の訴えによることが必要であろう。

　株式交付について、株式交付子会社の株主に意思表示の瑕疵があり、その結果、株式交付により株式交付親会社が取得する株式交付子会社の下限を下回った場合には、無効事由になるとの解釈も示されている[24]。

---

[23]　法制審議会会社法制（企業統治等関係）部会第16回会議議事録46頁〔沖委員発言〕（法務省ウェブサイト：http://www.moj.go.jp/content/001274584.pdf）。
[24]　法制審議会会社法制（企業統治等関係）部会第16回会議議事録46頁〔邉英基関係官発言〕。

Ⅳ　おわりに

　以上でみたとおり、株式交付制度は、実質的には株式の現物出資であ
るが、部分的な株式交付として組織法上の行為とすることによって、現
物出資に関する規制が課されない制度となっている[25]。そして、株式
交付は、特則である産強法で認められていた制度を本則である会社法に
導入するものである。

　もっとも、改正法においては、株式交付子会社の対象について、外国
会社や既に子会社である株式会社が除外されている。したがって、株対
価M＆Aを行う際には、本則である会社法において株式交付制度が導入
されたとしても、依然として、外国会社や既に子会社となっている株式
会社を対象会社とすることが可能な場合な産強法についても併せて検討
が必要となろう。

〔金澤　大祐〕

---

[25]　株式交付について、組織再編と構成することで、現物出資規制を回避した点
について懸念し、そもそも、現物出資規制のあり方について検討すべきとする見
解もある（松嶋隆弘「衆議院法務委員会における参考意見」税務事例52巻１号
〔2020年〕43頁）。

第6章

その他
規律等の見直し

1 責任追及等の訴えに係る訴訟における和解

（和解）

第849条の2

　株式会社が、当該株式会社の取締役（監査役等委員及び監査委員を除く。）、執行役及び清算人並びにこれらの者であった者(以下「取締役等」という。)の責任を追及する訴えに係る訴訟における和解をするには、次の各号に掲げる株式会社の区分に応じ、当該各号に定める者の同意を得なければならない。

　　一　監査役設置会社　監査役（監査役が二人以上ある場合にあっては、各監査役）

　　二　監査等委員会設置会社　各監査等委員

　　三　指名委員会等設置会社　各監査委員

　監査役設置会社、監査等委員会設置会社又は指名委員会等設置会社（以下「監査役設置会社等」という。）が、取締役等の責任を追及する訴えに係る訴訟における和解（ここでいう和解とは「訴訟上の和解」である[※1]。）をする場合に関する規律を整備する視点から提案され、このたび新設された条文である。

　取締役等の責任を追及する訴えに係る訴訟における和解に関する条文としては、850条があるが、これは、株式会社が和解の当事者ではない

[※1]　訴訟上の和解とは、訴訟係属中に当事者双方が互いに譲歩（互譲）することによって、訴訟を終了させる旨の期日（口頭弁論期日、弁論準備手続期日又は和解期日）における合意をいう（民事訴訟法講義案（三訂版）250頁）。

　　責任追及等の訴えに係る訴訟は給付訴訟であり、和解をする際には給付条項が定められることとなるが、和解を調書に記載したときは、その記載は、確定判決と同一の効力を有するので（民事訴訟法267条）、和解調書は、『確定判決と同一の効力を有するもの』(民事執行法22条7号)の債務名義に該当する。

場合の規律であって、株式会社が和解をする場合の規律は整備されていなかった。

　法制審議会会社法制（企業統治等関係）部会第5回会議（平成29年（2017年）9月6日開催事録44頁〜）において、部会資料7に基づき、その他の規律の見直しに関する論点の検討として、『監査役設置会社等が取締役等の責任を追及する訴えに係る訴訟における和解をするには、監査役（監査役が二人以上あるときは、各監査役）、各監査等委員又は各監査委員の同意を得なければならないものとすることで、どうか。』と提案されたのが最初であった。

　その後、第9回会議（平成30年（2018年）1月10日開催）で、会社法制（企業統治等関係）の見直しに関する中間試案のたたき台(2)（部会資料15）の15頁〜16頁において提案されたが、本条項に関しては、会社法制（企業統治等関係）の見直しに関する中間試案、会社法制（企業統治等関係）の見直しに関する要綱案、会社法の一部を改正する法律案と、いずれの段階でも修正されることはなく、第849条の2として成立した。

I　会社法制（企業統治等関係）での議論・検討の概要

1　会社法制（企業統治等関係）では、第5回会議において、部会資料7に基づいて、議論がなされた。

(1)　補助参加に関する規律や責任の一部免除に関する規律との均衡を考慮して、監査役設置会社等が取締役等の責任を追及する訴えに係る訴訟における和解をする場合には、各監査役、各監査等委員又は各監査委員の同意を得なければならないものとすることが提案された。

(2)　当該訴訟上の和解が、自己取引（356条1項2号）に該当し、利益相反取引規制の適用を受けると考えるべきかどうかと関連し、誰が、当該監査役設置会社等を代表する者であると考えるかについて検討された。

(3)　株主による責任追及等の訴えの提起に新たな制限を設けることについて議論、検討された。

2　監査役設置会社等が取締役等の責任を追及する訴えに係る訴訟における和解をする場合には、

①　監査役設置会社等が当該訴えを提起しており、原告として当該和解をするとき。

②　監査役設置会社等は当該訴えを提起していないものの、利害関係人又は補助参加人として当該和解をするときがあり得る。

という前提で、議論をしている。

Ⅱ　原告として和解をするとき

1　条文に合わせて、監査役設置会社、監査等委員会設置会社、指名委員会等設置会社ごとに代表する者をみれば、次のとおりである。

(1)　監査役設置会社が原告となり、取締役（取締役であった者を含む）に対し訴えを提起する場合には、監査役が、監査役設置会社を代表する（会社法386条1項1号）。

(2)　監査等委員会設置会社が原告となり、取締役（取締役であった者を含む）に対し訴えを提起する場合には、原則として、監査等委員会が選定する監査等委員が、監査等委員会設置会社を代表する（会社法399条の7第1項2号）。

(3)　指名委員会等設置会社が原告となり、執行役（執行役であった者を含む）、取締役（取締役であった者を含む）に対し、訴えを提起する場合には、原則として、監査委員会が選定する監査委員が、指名委員会等設置会社を代表する（会社法408条1項2号）。

2　ただ、当該訴訟を代表する監査役、監査等委員会が選定する監査等委員又は監査委員会が選定する監査委員（以下「監査役等」という。）が、単独で（他の監査役等の同意、承諾なしに）和解をする権限まで与えられているのかどうかについては、必ずしも明らかでは

なかった。

3　この点、監査役、監査等委員又は監査委員の全員が、裁判所から
の和解案を受け入れるなど、当該訴訟で和解をするという意見が一
致している状態であれば良いのであるが、全員の意見が一致してい
ない状態の場合は、代理人として、これまでは、どのように対処さ
れていただろうか。

⑴　たとえば、当該訴訟を代表する監査役等は和解をする考えであ
るが、他の監査役、監査等委員又は監査委員は和解に賛成をする
者と反対をする者がいる場合は、どのように対処されていただろ
うか。馴れ合い防止、善管注意義務の問題も考慮しなければなら
ないので、悩む場面であると思われる。

①　当該訴訟を代表する監査役等は、訴えを提起するにあたり、
選ばれて代表になった（民事訴訟法133条2項1号）という経
緯もあるのだから、監査役等の意見に従って和解をする。

②　850条2項の異議を述べる場面では、誰か1人でも異議を述
べれば和解ができないと解し、そのこととのバランスから考え
て、意見調整の結果、和解をするという考えで一致に至らない
以上は、和解は断念する。

⑵　上記とは逆のケース、即ち、当該訴訟を代表する監査役等は和
解をしないという意見だが、他の監査役、監査等委員又は監査委
員は和解に反対する者と和解をすべきという意見の者がいる場合
はどうだろうか。

この場合は、和解はしないという方針になったと思われるが、
たとえば、当該訴訟を代表する監査役等だけが和解に反対してい
た場合は、和解をするために、代表となる監査役等を変えること
まで、したのであろうか。

4　第5回会議において、各監査役、各監査等委員又は各監査委員の
同意よりも、要件を緩めるという意見は、次のとおりであった。

⑴　古本省三委員発言部分　49頁

　監査等委員会設置会社、指名委員会等設置会社では、基本的には委員会で決議するか、委員会で選定した委員に権限行使を委ねるという立て付けになっていると思いますので、和解についても同様の形で、「監査役会等の決議とする」というのが適当ではないかと思います。

　それから、監査役会設置会社におきましては、和解に対する同意をするか否かを検討する上では、当然ながら監査役会で議論することは有効であるということに加えまして、和解する場合は、提訴の時のような違法性に関する判断をするわけではありませんので、手続的に若干軽くしていただいて、「監査役会の決議で足りる」としてよろしいのではないかと思っております。

⑵　田中亘幹事発言部分　58頁

　ただ、和解に監査役等全員の同意が必要であるかという点については、私も古本委員と同じような考えを持っておりまして、この場合には監査役等は、取締役に対して訴訟をするかどうか判断する機会は既に与えられているわけですので、そのような判断を経ずに取締役会の決議によって責任を一部免除する場合とは状況が異なっていると思います。ですから、和解についての同意は、必ずしも各監査役、各監査等委員の同意でなくてもいいのではないかと。監査役の多数決、又は監査等委員会若しくは監査委員会の決議でもいいのではないかという気がしております。

⑶　加藤貴仁幹事発言部分　61頁

　次に、代表者と各監査役などの同意の件についてですが、代表者の件については第3の考え方で私もよいように思うのですけれども、各監査役などの同意を要求するかどうかということにつきましては、結局、責任の一部免除と和解をどれほど同視すべきなのかという問題だと思います。私が思いますのは、やはり和解の場合には裁判所の監督の下でなされるわけでありまして、そういった場合に、どこまで裁判

所が関与していただけるのか、和解の実質的な内容ということまでいろいろと監督していただけるのかということに依存すると思います。

　さらに、責任の一部免除と違いまして、和解の場合には、単に責任を免除するということだけではなくて、特に非上場会社の事件では、責任の免除以外に様々なものが和解の内容に組み込まれている場合があります。こういったことも考えると、各監査役の同意などを要求するよりも、裁判所にもう少し後見的な監督をしていただくとした上で、各監査役の同意よりも少し要件を緩めるという方向もあり得るのではないかという気がいたします。

5　第５回会議において、各監査役、各監査等委員又は各監査委員の同意を得なければならないとすることに賛成する意見は、次のとおりであった。

(1)　梅野晴一郎幹事発言部分　52頁

　それでは、簡単に述べさせていただきますが、まず、第１の１の(1)各監査役等の同意につきましては、これは賛成いたします。実際、会社が代表訴訟の当事者ではない場合に、850条２項に基づいて会社に通知が来たときに誰が判断するかが問われる場面もあって、こういう形で明文化していただくことは望ましいと思います。また、事案の適切な解決に資すると思いますので、こういう形が望ましいと考えます。

(2)　沖隆一委員発言部分　55頁

　最初に、「取締役等の責任を追及する訴えに係る訴訟における和解に関する規律の整備」ですけれども、まず、(1)の方の「各監査役等の同意」ですが、和解をする場合には役員等に一定の責任が認められることを前提に、責任の一部免除を含みますので、一部免除の制度の要件とされている監査役等の同意が必要と、これは理論的に正しいということだと思いますので賛成いたします。

(3)　神作裕之委員発言部分　56頁〜57頁

　第１の「責任追及等の訴えに関する規律の見直し」について発言させていただきます。

　第1の和解に関する規律の整備ですけれども、現行法上、それに関する解釈が分かれていてルールが明確でないというのは確かですから、この点についてルールを明確にするというのは非常に望ましいことであると思います。また、1の(1)の論点と(2)の論点は密接に関連していると考えておりまして、まず、(2)の方から述べさせていただきますと、先ほど梅野幹事から御指摘がございましたように、和解の内容として非常に多様なものが含まれるということからすると、代表取締役等が和解について会社を代表するということは十分に考えられるわけでございます。

　他方、代表訴訟をめぐる和解については、従来大きく二つの問題点が指摘されていたと思います。第1は、株主についての手続保障とか透明性の確保が不十分な面がある。第2に、代表訴訟をめぐる和解には免責的な要素があるという御指摘もございましたけれども、そのように免責的な要素があるのにもかかわらず、会社法の役員の免責に係る手続規定に比べると非常に緩やかな規律しか置かれていないという問題がございます。したがって、和解に係る代表者を代表取締役等とする場合であっても、(1)の方はちょっと厳しくと申しますか、古本委員の御意見とは違ってくるかと思いますが、(1)の方は各監査役等の同意を必要とすることによって、その点をカバーすると申しますか、手続保障を厳格化することにより公正さを確保するという考え方を採ることが適切なのではないかと思います。その意味では、正にこの御提案のとおり、(1)を前提として、(2)については第3の考え方を採ることが適切ではないかと考えております。

6　会社法制（企業統治等関係）の見直しに関する中間試案の補足説明（以下「中間試案の補足説明」という。）64頁では、次のようにまとめ、各監査役、各監査等委員又は各監査委員の同意を得なければならないという立場で条項を整備し、中間試案として発表した。

(1)　監査役設置会社等が取締役等を補助するために当該取締役等の責任を追及する訴えに係る訴訟に（補助参加人として）参加する

場合（849条3項）や、取締役（監査等委員又は監査委員であるものを除く。）及び執行役の責任の一部免除に関する議案を提出する場合（425条3項、426条2項）には、各監査役、各監査等委員又は各監査委員の同意を得なければならないこととされていることとの平仄から、監査役設置会社等が取締役等の責任を追及する訴えに係る訴訟における和解をする場合にも、これらと同様に、各監査役、各監査等委員又は各監査委員の同意を得なければならないものとすることが相当であると考えられる。

⑵　部会においては、監査役会設置会社については監査役会の同意を、監査等委員会設置会社については監査等委員会の同意を、指名委員会等設置会社については監査委員会の同意を、それぞれ得ることで足りると考えるべきである旨の指摘もされているが、上記平仄という観点からすると、この指摘のような規律とすることは困難であると考えられる。

7　最決平成13・1・30（民集55巻1号30頁）、商法及び株式会社の監査等に関する商法の特例に関する法律の一部を改正する法律（平成13年法律第149号）が平成13年12月12日に公布された経緯から、平成17年（2005年）会社法が成立し（平成17年法律第86号）、現在に至るまでを振り返って考えてみても、和解をするにあたっては、監査役会、監査等委員会又は監査委員会の同意では足りず、監査役、監査等委員又は監査委員全員の同意を要求するのが、法整備の経緯とも整合した考え方ではないだろうか。

⑴　最決平成13・1・30（民集55巻1号30頁）は、『取締役会の意思決定が違法であるとして取締役に対し提起された株主代表訴訟において、株式会社は、特段の事情がない限り、取締役を補助するため訴訟に参加することが許されると解するのが相当である。』と判示した決定であるが、当時の商法には、現行の会社法849条3項に相当する規定はなかった。

⑵　現行会社法の425条3項、426条2項、849条3項、850条に相

当する規定が整備されたのは、平成13年12月12日公布の商法及び株式会社の監査等に関する商法の特例に関する法律の一部を改正する法律（平成13年法律第149号）であった。

(3)　即ち、コーポレート・ガバナンスの実効性を確保するため、①取締役の責任を追及する訴訟で会社が和解をする場合、総株主の同意を得なかったとしても免除することができること、②取締役を補助するために会社が株主代表訴訟に参加する旨の申出をする場合には監査役全員の同意を得なければならないこと、③取締役の責任の一部免除ができる場合を定めたこと、④取締役の責任の一部免除の議案を株主総会に提出するには監査役全員の同意が必要であることといった規定が整備されたのであった。

旧商法第266条

5　第1項ノ取締役ノ責任ハ総株主ノ同意アルニ非ザレバ之ヲ免除スルコトヲ得ズ

旧商法第268条

5　第1項ノ訴訟ニ付会社ガ和解ヲ為ス場合ニ付テハ第266条第5項ノ規定ハ之ヲ適用セズ

第424条

　前条第1項の責任は、総株主の同意がなければ、免除することができない。

第850条（筆者注：関係する部分だけ抜粋した）

4　～第424条（第486条第4項において準用する場合を含む。）　～の規定は、責任追及等の訴えに係る訴訟における和解をする場合には、適用しない。

旧商法第268条

8　第266条第9項ノ規定ハ会社ガ取締役ヲ補助スル為前条第3項又ハ第4項ノ訴訟ニ参加スル旨ノ申出ヲ為ス場合ニ之ヲ準用ス

第849条

3　株式会社等、株式交換等完全親会社又は最終完全親会社等が、当該株式会社等、当該株式交換等完全親会社の株式交換等完全子会社又は当該最終完全親会社等の完全子会社等である株式会社の取締役（監査等委員及び監査委員を除く。）、執行役及び清算人並びにこれらの者であった者を補助するため、責任追及等の訴えに係る訴訟に参加するには、次の各号に掲げる株式会社の区分に応じ、当該各号に定める者の同意を得なければならない。

　一　監査役設置会社　監査役（監査役が二人以上ある場合にあっては、各監査役）

　二　監査等委員会設置会社　各監査等委員

　三　指名委員会等設置会社　各監査委員

旧商法第266条

9　取締役ハ第7項ノ規定ニ依ル責任ノ免除ニ関スル議案ヲ株主総会ニ提出スルニハ監査役ノ同意ヲ得ルコトヲ要ス此ノ場合ニ於テ監査役数人アルトキハ各監査役ノ同意ヲ得ルコトヲ要ス

第425条

3　監査役設置会社、監査等委員会設置会社又は指名委員会等設置会社においては、取締役（これらの会社に最終完全親会社等がある場合において、第一項の規定により免除しようとする責任が特定責任であるときにあっては、当該会社及び当該最終完全親会社等の取締役）は、第423条第1項の責任の免除（取締役（監査等委員又は監査委員であるものを除く。）及び執行役の責任の免除に限る。）に関する議案を株主総会に提出するには、次の各号に掲げる株式会社の区分に応じ、当該各号に定める者の同意を得なければならない。

　一　監査役設置会社　監査役（監査役が二人以上ある場合にあっては、各監査役）

　二　監査等委員会設置会社　各監査等委員

　三　指名委員会等設置会社　各監査委員

⑷　株式会社の監査等に関する商法の特例に関する法律（商法特例法）
19条1項、18条の3第1項により、商法特例法の大会社は、商法
266条9項（268条8項で準用する場合を含む。）の同意の決議は、
監査役会での監査役全員一致をもって行う、とされたが、現在では
この扱いは廃止され、機関としての監査役会の同意ではなく、監査
役1人1人の同意が必要となる扱いに統一されている。

　　以上のような経緯は、各監査役、各監査等委員又は各監査委員、
即ち、監査役、監査等委員又は監査委員の全員の同意が必要であ
るという点は堅持すべきという考え方に結び付きやすいだろう。

8　今回の改正により、

---

①　監査役設置会社は、監査役（監査役が二人以上ある場合に
あっては、各監査役）の同意。
②　監査等委員会設置会社は、各監査等委員の同意。
③　指名委員会等設置会社は、各監査委員の同意。

以上が必要であり、1人でも同意がない場合には、訴訟上の和解がで
きないことが明確になった。

III　利害関係人又は補助参加人として和解する場合

1　監査役設置会社等は当該訴えを提起していないものの、利害関係
人又は補助参加人として当該和解をするときについては、誰が会社
を代表するかについて、3つの考え方を議論の対象としていた。

⑴　第一の考え方は、訴えを提起する場合と同様に、監査役等が当
該監査役設置会社等を代表すると解する考え方である。

　　この考え方では、取締役は和解の内容について判断する権限を
全く有しないので、利益相反取引規制の適用は問題にならないこ

とになろう。

(2)　第二の考え方は、原告又は利害関係人として当該和解をする場合については第一の考え方と同様に監査役等が監査役設置会社等を代表する。監査役設置会社等が補助参加人として和解をする場合に限って、代表取締役等が当該監査役設置会社等を代表すると解する考え方である。

　　この考え方では、補助参加人として参加する場合については、利益相反取引規制の適用があるものと考えるべきかどうかの検討が必要となる。

(3)　第三の考え方は、中間試案で採用された考え方である。即ち、

①　原告として当該和解をする場合については、監査役等が監査役設置会社等を代表すると考える。

②　利害関係人又は補助参加人として当該和解をする場合には、監査役等は一度当該訴えを提起しないことが相当である旨の判断をしているのであるから、取締役と当該監査役設置会社等との利益相反の程度は原告として当該和解をする場合ほどには類型的に強くないとして、各監査役、各監査等委員又は各監査委員の同意を必要とすることを条件として、通常の業務執行と同様に代表取締役、代表執行役又は代表清算人（以下「代表取締役等」という。）が当該監査役設置会社等を代表するという考え方である。

　　この考え方では、監査役設置会社等が利害関係人又は補助参加人として和解をする場合に当該和解が自己取引（会社法356条1項2号）に該当し利益相反取引規制の適用があるものと考えるべきかどうかについても検討する必要があると示されていたものの、中間試案の補足説明65頁では、『各監査役、各監査等委員又は各監査委員の同意が必要とされている以上、利益相反取引規制を適用する必要性は大きくないのではないかという指摘もされているが、これについては、引き続き、解釈に委ねられる。』とまとめられた。

2　利害関係人の参加を規律した規定は、会社法にも民事訴訟法にもないが、実務上認められている。

　　監査役設置会社等が利害関係人として和解に参加するということは、即ち、次の(1)～(3)の事情を前提としている。

　　(1)　株主からの提訴請求を受けた（会社法847条1項）が、訴訟提起はしないと意思決定をしたこと。

　　(2)　責任追及等の訴えを提起しない旨の理由書（不提訴理由通知書、同847条4項）を送付し、訴訟提起はしていないこと。

　　(3)　株主が株主代表訴訟を提起し（同847条3項）、訴訟告知を受けた（同849条4項）が、訴訟参加していない（共同訴訟参加もしていないし、補助参加もしていない）。

3　監査役設置会社等が補助参加人として和解に参加する場合には、原告の側に補助参加する場合[※2]と、被告の側に補助参加する場合があり、次の(1)～(3)の事情を前提としている。

　　(1)　株主からの提訴請求を受けた（会社法847条1項）が、訴訟提起はしないと意思決定をしたこと。

　　(2)　責任追及等の訴えを提起しない旨の理由書（不提訴理由通知書、同847条4項）を送付し、訴訟提起はしていないこと。

　　(3)　株主が株主代表訴訟を提起した（同847条3項）後になってから、原告の補助参加人、又は、被告の補助参加人として参加した。

4　中間試案の『取締役と当該監査役設置会社等との利益相反の程度

※2　責任追及等の訴えでは、会社は、勝訴であれ敗訴であれ判決の効力は及ぶ（民事訴訟法115条1項2号）立場にある反面、補助参加人の訴訟行為は、制限を受ける（民事訴訟法45条）。

　　監査役設置会社等が、自ら原告にならず、原告の側に共同訴訟参加もせず、あえて訴訟行為の制限を受ける原告補助参加人として訴訟に参加するのはなぜか、という点に疑問を述べる見解もあると思われるが、訴訟に参加するかどうか、参加するとしてどのタイミングで参加するかを決めるのは会社である（会社の経営判断事項に含まれる事柄である）し、全く参加していないよりは、補助参加をしているだけましであるという評価もあり得よう。法文上は、原告に補助参加することが禁止されているわけではない。

は原告として当該和解をする場合ほどには類型的に強くない』とい
う理解は、利害関係人のときは上記**2**の事情、補助参加人のときは
上記3の事情があることを前提にしていると思われる。

5　今回の改正により、利害関係人、補助参加人として和解に参加す
る場合は、代表取締役等が監査役設置会社等を代表することを前提
に、訴訟上の和解には、各監査役、各監査等委員又は各監査委員の
同意を必要とし、1人でも同意がない場合には、訴訟上の和解がで
きないことが明確になった。

Ⅳ　株主による責任追及等の訴えの提起に新たな制限を設けることについての議論

1　平成17年当時の議論

第162回国会提出の修正前会社法案847条1項は、次のような規定で
あったが、2号は内容が不明確であり、責任追及等の訴えに期待される
機能を不当に縮減させてしまう懸念があるとして、衆議院で削除、修正
された経緯があった。

（責任追及等の訴え）

第847条　6箇月（これを下回る期間を定款で定めた場合にあっては、その
期間）前から引き続き株式を有する株主（第189条第2項の定款の定めによりそ
の権利を行使することができない単元未満株主を除く。）は、株式会社に対し、
書面その他の法務省令で定める方法により、発起人、設立時取締役、設立時監
査役、役員等（第423条第1項に規定する役員等をいう。以下この条において
同じ。）若しくは清算人の責任を追及する訴え、第120条第3項の利益の返還を
求める訴え又は第212条第1項若しくは第285条第1項の規定による支払を求
める訴え（以下この節において「責任追及等の訴え」という。）の提起を請求
することができる。ただし、次に掲げる場合は、この限りでない。

一　責任追及等の訴えが当該株主若しくは第三者の不正な利益を図り又は

> 　当該株式会社に損害を加えることを目的とする場合
> 　二　責任追及等の訴えにより当該株式会社の正当な利益が著しく害される
> 　　こと、当該株式会社が過大な費用を負担することとなることその他これ
> 　　に準ずる事態が生ずることが相当の確実さをもって予測される場合

　2　中間試案の補足説明66頁では、『現時点において、株主による責任追及等の訴えの提起に新たな制限を設けることは難しいと考えられるため、試案においては、株主による責任追及等の訴えの提起に関する新たな制限は掲げないこととしている。』としてまとめられ、今回、法案としても制限を設けることは見送られた。

V　まとめ

　1　今回の改正により、監査役、監査等委員又は監査委員のうち1人でも同意がない場合には、訴訟上の和解ができないことが明確になり、各監査役、各監査等委員又は各監査委員の同意を全て得ることと、裁判所での同意の確認手続が必要となったという意味で、新しい運用になる[※3]。

※3　取締役や監査役が、和解の話を裁判所から直接聞きたいとの希望が述べられた場合に、裁判所で裁判官と話ができるように調整をすることは代理人の仕事であるが、ウェブ会議を利用する者の所在場所として、会社は認められるのであろうか。取締役の自宅、監査役の自宅は、認められるのであろうか。
　この点、民事裁判手続等IT化研究会の第15回（2019年12月13日開催）の研究会資料15『民事裁判手続のIT化の実現に向けて（報告書（案））』の60頁では、(2)ウェブ会議等を利用する条件として、下記のように書かれているが、懸念点も指摘されており、動向が注目される。
記
　本研究会においては、ウェブ会議等を利用する者の所在場所について、裁判所や訴訟代理人の事務所を認めることについては特段の異論はなかったものの、それ以外の場所まで認めることについては、特に本人訴訟を念頭に置いた場合に、プライバシーの過剰な公開や、非弁行為を含む第三者の不当な関与の助長について懸念があるとの意見も示されたところである。
　もっとも、ウェブ会議等を利用する者の所在場所については、これを絞り込みすぎると利便性に欠けることとなる。また、現段階において、将来の技術の

　裁判所のホームページにおいて、『ウェブ会議等のＩＴツールを活用した争点整理の新しい運用の開始について』が公開された。

　法改正が必要のないウェブ会議は、Microsoft Teamsを用い、2020年2月頃に、知的財産高等裁判所、東京、大阪、名古屋、広島、福岡、仙台、札幌、高松地方裁判所の各本庁、2020年5月頃に横浜、さいたま、千葉、京都、神戸地方裁判所の各本庁で、それぞれ運用開始予定とされる。

　ここで、各監査役、各監査等委員又は各監査委員の同意の確認手続の1つの手法として、ウェブ会議が積極的に利用されていくこともあるのだろうか。動向が注目される。

2　今回の改正で一義的には決まらず、引き続き解釈に委ねられる問題は、次の点である。

① 　訴訟上の和解が会社法356条1項2号の利益相反取引（直接取引)に該当するとして利益相反取引規制を適用すべきかどうか[4]。

② 　本条の同意を欠いて行われた和解の効力をどのように解すべきか[5]。

進歩の可能性をも踏まえつつ、想定され得る全ての場所について懸念される事情の有無を網羅的に検討して要件を定めることは非現実的である。他方で、現行法の下においても、弁論準備手続期日における電話会議などにおいて同様の問題状況が既に存在しているが、一般的には、裁判所により適切に運営されていると考えられる。

　そこで、ウェブ会議等を利用する者の所在場所については、法令でこれを特定のカテゴリーのもののみ認める形で限定することはせずに、個々の裁判所の判断に委ねるのが相当であると思われる。

[4]　仮に、訴訟上の和解をすることが、356条1項2号「取締役が自己又は第三者のために株式会社と取引をしようとするとき。」に該当すると解した場合は、株主総会において、訴訟の経過を説明し（「重要な事実を開示し」）、株主総会の承認を受けなければならなくなる（356条1項）。取締役会設置会社では、取締役会において、訴訟の経過を説明し（「重要な事実を開示し」）、取締役会の承認を受けなければならなくなる（365条1項）。

　さらに、株式会社に損害が生じたときは、その任務を怠ったものと推定され（423条3項）、任務を怠ったことが責めに帰することができない事由によるものであることをもって責任を免れることもできない（428条1項）。

　訴訟上の和解をした場合には利益相反取引の規制がかかってくるが、判決を得た場合には利益相反取引の規制がかかってこないとなれば、訴訟上の和解を

(1)　利益相反取引規制の適用については、監査役会、監査等委員会又
は監査委員会の同意では足りず、各監査役、各監査等委員又は各監
査委員の同意を得なければならないとしたことから、適用しなくて
も良いのではないか。ただ、今回の改正で新しく会社法に規定をお
くことになった補償契約では、430条の2第6項を設けて利益相反
取引規制は適用しないと明文化し、役員等のために締結される保険
契約でも、430条の3第2項を設けて利益相反取引規制は適用しな
いと明文化したことを考えると、将来的には明文化することを目指
して議論を深めていく必要があるのではないか。

(2)　本条の同意を得ずにした和解の効力に関しては、何よりもまず、
同意を得ずに和解がされることがないように、意思確認手続がなさ
れることが重要であるが、仮に行われてしまった場合の効果として
は、監査役設置会社等は、取締役等に対し無効を主張できるが、そ
の無効は善意の第三者に主張できない。事後の同意があれば瑕疵は
治癒される。

(3)　以上のように解し得ると思われるが、詳細な検討は、別の機会と
する。なお、破産法78条は、参考になると思われる。

したがらない、裁判所から和解をあっせん或いは勧告されたとしても和解を避
けられる。といった事態は生じないだろうか。
　いずれにしても、利害関係人であるのか、補助参加人であるのかに分けて、
訴訟類型（利益相反取引の損害賠償、競業避止義務違反の損害賠償、経営判断
違反の損害賠償など）も念頭に置いて議論を重ねることも必要ではないか。
※5　会社の保護を考えれば、同意がない和解は無効と解すべきであるが、訴訟上
の和解で、和解を有効と解して取引の安全を保護するという場面には、どのよ
うな場合が考えられるのであろうか。

（破産管財人の権限）

第78条

②　破産管財人が次に掲げる行為をするには、裁判所の許可を得なけ
れ　ればならない。

10　訴えの提起

11　和解又は仲裁合意（仲裁法（平成15年法律第138号）第2条第1項
に規定する仲裁合意をいう。）

⑤　第2項の許可を得ないでした行為は、無効とする。ただし、これを
もって善意の第三者に対抗することができない。

3　なお、民事裁判手続等IT化研究会で、簡易裁判所の訴訟手続に
おける和解に代わる決定の制度（民事訴訟法275条の2）と同様の制
度を簡易裁判所の訴訟手続以外の訴訟手続にも導入することとし、
民事訴訟法265条を改めることについて検討している。

これに関しては、第13回研究会（令和元年（2019年）9月19日開
催）において、最高裁判所が、『裁判所としては、このような制度
をぜひ設けていただきたいと考えています。』と意見を述べ（第13
回議事要旨32頁）、『特に御議論をお願いしたい事項』として研究
会資料13−2が提出されている。

各監査役、各監査等委員又は各監査委員の同意がない限りは和解
できないとする責任追及等の訴えに係る訴訟でも、適用されること
があり得るのだろうか、動向が注目される[6]。

〔菊地　智大〕

---

[6]　民事裁判手続等IT化研究会の第15回（2019年12月13日開催）の研究会資料
15『民事裁判手続のIT化の実現に向けて（報告書（案））』128頁以降。

2 議決権行使書面の閲覧等 【310条〜312条】

I　はじめに

　議決権行使書面の閲覧等に関する規制は、株主総会開催時に株主から交付された議決権行使書面（以下、電磁的方法により提供した議決権行使書面および代理権を証明する書面を含むものとする。）の閲覧・謄写請求権の濫用的な行使に対応するための改正である。

II　現行会社法における議決権行使書面の閲覧等に関する規制

1.　議決権行使の方法

　株主総会における議決権は、株主自身が株主総会に出席してその議決権を行使するのが原則であるが、株主総会に出席できない株主に対して議決権行使の機会を与える方法として、①書面による議決権行使（現行会社法311条）、②電磁的方法による議決権行使（現行会社法312条）および③代理人による議決権行使（現行会社法310条）の各制度が認められている。①については議決権を有する株主数が1,000人以上である会社（ただし、上場会社のうち委任状勧誘をしている株式会社を除く。）においては必須の制度であり（現行会社法298条2項、現行会社法施行規則64条）、それ以外の会社は任意に採用できる。②については、①と異なり、その採用は会社の任意である。また③についても制度の導入については会社の任意であるが、上場会社の発行する株式につき、委任状勧誘をする場合には、金融商品取引法上の政令に従った勧誘を行わなければならない（金融商品取引法194条）。

2．議決権行使の際の提出書面

　これら①および②は株主自らが議決権を行使するものであり、③については株主から委任を受けた代理人が議決権を行使するものであるが、いずれにしても、株主総会に出席することのできない株主に対して、議決権行使の機会を保障する趣旨である。

　これらの方法を採る場合には、株式会社は、株主総会の日から3か月間、提出された議決権行使書面を本店に備え置かなければならず（現行会社法311条3項、312条4項、310条6項）、株主は、株式会社の営業時間内は、いつでも、議決権行使書面の閲覧又は謄写の請求をすることができる（現行会社法311条4項、312条5項、310条7項）。これにより、「株主の意思に基づかない議決権行使や、書面投票が採決に正確に反映されないといった瑕疵のある処理を防ぎ、総会決議が適法かつ公正になされることを担保するために設けられたもの」と解されている[※7]。そのため、株主名簿の閲覧謄写請求と異なり、株主がこれらを行う理由を明らかにする必要はなく、拒絶理由も明文で定められていない。他方、先に掲げた本来の目的ではなく、株主の住所等の情報を取得する目的や株式会社の業務の遂行を妨げる目的など、正当な目的以外の目的で閲覧謄写請求権が行使されていると疑われる事例があると指摘されており[※8]、議決権行使書面の閲覧謄写請求権の濫用的な行使により不当な弊害が生じているのであれば、閲覧謄写請求権の濫用的な行使は制限することが適当であることから、議決権行使書面の閲覧等請求に以下のような規制が加わった。

※7　岩原紳作編『会社法コンメンタール7－機関（1）』〔松中学〕（商事法務、2013年）216頁。
※8　法務省民事局参事官室「会社法制（企業統治等関係）の見直しに関する中間試案の補足説明」（2018年2月）66頁。

Ⅲ　改正会社法における議決権行使書面の閲覧等に関する規制見直しの概要

1．改正概要

　株主が、株式会社の営業時間内は、いつでも、議決権行使書面の閲覧又は謄写の請求をすることができる点に変更はないが、その場合には、当該請求の理由を明らかにしてしなければならないとされた（改正会社法311条4項、312条5項、310条7項）。

　そして、当該閲覧謄写請求については、以下の一定の拒絶事由に該当する場合を除き、会社はこれを拒むことはできない（言い換えれば、一定の拒絶事由に該当する場合には拒むことができる）とされた（改正会社法311条5項、312条6項、310条8項）。

表 1 【一定の拒絶事由】

1号	当該請求を行う株主（以下、「請求者」という。）がその権利の確保又は行使に関する調査以外の目的で請求を行ったとき。
2号	請求者が当該株式会社の業務の遂行を妨げ、又は株主の共同の利益を害する目的で請求を行ったとき。
3号	請求者が閲覧謄写によって知り得た事実を得て第三者に通報するため請求を行ったとき。
4号	請求者が、過去2年以内において、閲覧謄写によって知り得た事実を利益を得て第三者に通報したことがあるものであるとき。

2．留意すべき改正事項

　一定の場合に議決権行使書面の閲覧等を制限する趣旨は、その議決権行使書面の閲覧謄写請求権の濫用的な行使に対応することができるようにすることにあり、これを過剰に制限することは妥当ではない。現状、自らの株主提案に賛同した株主を覚知し、共同で株主提案をすることを勧誘するために議決権行使書面の閲覧等が少なからず行われているとの

ことからも、株主が少数株主権の行使のため、必要な持株要件を満たす
ために他の株主を募る目的のためでの閲覧等や、株主総会の議案につい
て委任状の勧誘を行う目的で議決権行使書面を閲覧等、権利の濫用とま
では認められないような目的で行う閲覧等の請求を制限することについ
ては、慎重な検討が必要であると考えられている[9]。

〔曽根　圭竹〕

※9　法制審議会会社法制（企業統治等関係）部会「部会資料21」（2018年6月）9頁。

3 株式の併合等に関する事前開示事項

Ⅰ　はじめに

　株式併合等に関する事前開示事項については、少数株主の締出し（以下、「キャッシュアウト」という。）の際の1株未満の端数処理手続に関して、更に情報開示を充実させることが予定されている。

Ⅱ　現行会社法における株式併合等に関する事前開示の規制

1．株式併合等に関する事前開示規制とは

　全部取得条項付種類株式の取得や株式の併合を利用したキャッシュアウトについては、平成26年の会社法改正によって、それぞれ事前開示手続（現行会社法171条の2、182条の2）や事後開示手続（現行会社法173条の2、182条の6）が設けられ、1株未満の端数となる株式の株主の利益を保護する観点から、株主への情報開示の充実が図られた。

　もっとも、情報開示の内容としては、1株未満の端数の処理をすることが見込まれる場合における「当該処理の方法」、「株主に交付することが見込まれる金銭の額」及び「当該額の相当性」に関する事項についてのみであり、株式の併合等の効力発生後、1株未満の端数の処理により株主に実際に代金が交付されるまでの様々なリスクは当該代金の交付を受けるべき株主が負うことになるため、確実かつ速やかな任意売却等の実施及び株主への代金の交付を確保するための措置の導入について検討すべきであると指摘されていた[10]。

※10　法務省民事局参事官室・前掲※8・69頁。

Ⅲ　改正会社法における株式併合等に関する事前開示規制見直しの概要

1．改正概要

　そこで、株式の併合等を利用したキャッシュアウトにおける1株未満の端数の処理については、さらに情報開示を充実させるべく、事前開示事項をより具体化することが予定されている。具体的な内容については法務省令により定められることが予定されているため、現段階では明らかにはなっていない[11]。

〔曽根　圭竹〕

---

[11]　法務省民事局参事官室・前掲[8]・69〜70頁によれば、考えられる事前開示事項の具体的な内容として、1株未満の端数の処理を（ⅰ）競売又は任意売却のいずれをする予定であるか及びその理由、（ⅱ）競売をする予定である場合には、競売の申立てをする時期の見込み、（ⅲ）任意売却をする予定である場合には、任意売却する株式を買い取る者の氏名又は名称、任意売却の実施及び株主に対する代金の交付の時期、任意売却する株式を買い取る者が任意売却の代金の支払いのための資金を確保する方法並びに当該方法の相当性その他の任意売却の実施及び株主に対する代金の交付の見込みに関する事項（当該見込みについての取締役等の判断及びその理由を含む。）などがあげられている。

4 会社の登記に関する見直し

Ⅰ　はじめに

　会社の登記に関する見直しについては、⑴**新株予約権に関する登記**と⑵**会社の支店の所在地における登記**が廃止される点において改正される。

1．新株予約権に関する登記

　現行会社法において新株予約権を発行した際の登記事項は、①新株予約権の数、②新株予約権の内容のうち一定の事項（新株予約権の目的である株式の数又はその数の算定方法・新株予約権の行使価額又はその算定方法・新株予約権の行使期間等）、③新株予約権の行使条件、④新株予約権の払込金額又はその算定方法等である（現行会社法911条3項12号）。

　実務上、④の払込金額の算定方法につきブラック・ショールズ・モデルに関する詳細かつ抽象的な数式等の登記を要するなど、全般的に煩雑で申請人の負担となっており、また、登記事項を一般的な公示にふさわしいものに限るべきであると指摘がされている※12。

　そこで、改正法においては、原則として募集新株予約権の払込金額（改正会社法238条1項3号）を登記するものとし、例外的に、登記の申請の時までに募集新株予約権の払込金額が確定していないときは、その算定方法を登記しなければならないとされた（改正会社法911条3項12号ヘ）。言い換えれば、募集新株予約権の発行に際して、払込金額にかかる算定方法を定めた場合であっても、登記申請時点において具体的な払込金額が確定しているときには、当該払込金額のみを登記すれば

※12　法務省民事局参事官室・前掲※8・70頁。

よいことになるから、登記申請における申請人の負担は軽減されることになると言える。

2．会社の支店の所在地における登記の廃止

　現行会社法において、会社は、本店の所在地における登記のほかに、支店の所在地においても①商号、②本店の所在場所及び③支店（その所在地を管轄する登記所の管轄区域内にあるものに限る。）の所在場所を登記しなければならない（現行会社法930条2項各号）。

　これは、支店の所在地から本店の所在地を検索するために構築された仕組みであったとされている[※13]。しかし、現在ではインターネットの普及により、会社の探索は容易であり、また、登記情報提供サービスで会社法人等番号（商業登記法7条）を利用することで、会社の本店を探索することは可能であることから、積極的に支店の所在地における登記事項証明書を利用することのメリットは少ないと言え、実際にも、会社の支店の所在地における登記について登記事項証明書の交付請求がされる例は、ほとんどないと指摘されている。

　そこで、改正法においては、登記申請義務を負う会社の負担軽減等の観点から、会社の支店の所在地における登記を廃止するとされた（改正会社法においては、現行会社法930条から932条までが削除される）。

〔曽根　圭竹〕

※13　法務省民事局参事官室・前掲※8・71頁

5 取締役等の欠格条項の削除及び これに伴う規律の整備

Ⅰ　取締役等の欠格条項の削除

1．改正前における欠格条項：成年被後見人等は、取締役等の欠格条項

　これまで、株式会社において、成年被後見人等（成年被後見人若しくは被保佐人又は外国の法令上これらと同様に取り扱われている者）は、取締役の欠格事由とされ、かかる者は、取締役になる資格を有しなかった（欠格条項：現行会社法331条1項2号）。そして、かかる欠格条項は、設立時取締役（現行会社法39条4項）、監査役（現行会社法335条1項）、執行役（現行会社法402条4項）、清算人（現行会社法478条8項）にも、それぞれあてはまるものとされていた。

2．改正法の概要

　改正法は、現行会社法331条1項2号の規定を削除し、前記の成年被後見人等を取締役の欠格事由から削除した（改正法331条1項参照）。これにより、成年被後見人等は、株式会社の取締役に就任することができる。ただ、これらの者は、制限行為能力者であるので、就任に際しては、後見人等による承認等が必要となる。そこで、改正法は、成年被後見人の個々のタイプごとに、後記のとおり、就任にあたっての後見人等の承諾に関する規制等を設けることにした（改正法331条の2）。

　また、これまで成年被後見人等を欠格事由とする規定が準用されていた設立時取締役、監査役、執行役、清算人も、今回の改正により、成年被後見人等をその欠格事由としないことになるので、前記の規制（改正

法331条の2）を、これらの者に関し、それぞれ準用し、規制の統一を図ることにした（設立時取締役につき改正法39条5項、監査役につき改正法335条1項、執行役につき改正法402条4項、清算人につき改正法478条8項）。

Ⅱ　後見人等による承認等に関する規制

⑴　後見人等による承認等に関する規制につき、新設された改正法331条の2は、下記のとおり規定する。

第1項　成年被後見人が取締役に就任するには、その成年後見人が、成年被後見人の同意（後見監督人がある場合にあっては、成年被後見人及び後見監督人の同意）を得た上で、成年被後見人に代わって就任の承諾をしなければならない。

第2項　被保佐人が取締役に就任するには、その保佐人の同意を得なければならない。

第3項　第1項の規定は、保佐人が民法第876条の4第1項の代理権を付与する旨の審判に基づき被保佐人に代わって就任の承諾をする場合について準用する。この場合において、第1項中「成年被後見人の同意（後見監督人がある場合にあっては、成年被後見人及び後見監督人の同意）」とあるのは、「被保佐人の同意」と読み替えるものとする。

第4項　成年被後見人又は被保佐人がした取締役の資格に基づく行為は、行為能力の制限によっては取り消すことができない。

⑵　これによると、次のとおりとなる。

　①　**成年被後見人の場合（民法8条）**

　　必要とされるのは、(i)「成年被後見人」の同意（後見監督人がある場合にあっては、成年被後見人及び後見監督人の同意）＋(ii)成年

被後見人に代わっての就任の承諾であり、これらはいずれも「成年後見人」によりなされる必要がある。このような立て付けとなっているのは、民法上、成年被後見人の行為は、日常生活に関する行為を除き、取り消しうるためであると解される（民法9条）。

② 被保佐人の場合－1（民法12条）

必要とされるのは、「保佐人」の同意である。被保佐人については、保佐人の同意を要する「一定の場合」が民法上規定されており（民法13条1項各号、その拡張につき同条2項）、これらの行為を保佐人の同意（又はこれに代わる許可：同条3項）なしに行った場合、その行為は取り消しうるものとされている（同条4項）。取締役への就任は、かかる「一定の場合」と同様な評価が与えられていることになる。

③ 被保佐人の場合－2

①に述べた規制は、保佐人が代理権を付与する旨の審判（民法第876条の4第1項）に基づき被保佐人に代わって就任の承諾をする場合に準用されている（改正法331条の2第3項）。

④ 取消の制限

改正法は、成年被後見人又は被保佐人がした取締役の資格に基づく行為は、行為能力の制限によっては取り消すことができないとしている（改正法331条の2第4項）。民法上、成年後見人がなした行為、保佐人が同意を得るべきなのに同意を得ずしてなした行為は、それぞれ取り消しが可能であるとされているところ（成年後見人につき民法9条、被保佐人につき民法13条4項）、改正法331条の2第4項は、それらの特則を規定するものである。法的安定性、取引の安全を慮った規定であるが、規定の立て付けとしては、営業の許可を与えられた未成年者に関する規制（一種又は数種の営業を許された未成年者は、その営業に関しては、成年者と同一の行為能力を有する。民法6条）に類似する。

Ⅲ　改正に至る経緯

　成年被後見人等を取締役の欠格事由とする改正前の規定は、昭和56年商法改正において設けられたものであり、これまで会社法学上、特段の問題とされるに至っていなかった。今回の改正のベースとなった中間試案（「会社法制（企業統治等関係）の見直しに関する中間試案」（平成30年2月14日））においても、この問題は改正事項としては、取り上げられていない。

　ただ、成年被後見人を巡っては、民法が成年後見につき大幅な見直しを行って以降、成年被後見人のノーマライゼーション、ソーシャルインクルージョン（社会的包摂）促進の流れの中、成年被後見人の権利制限をできる限り撤廃すべく、改革が進んできた。例えば、成年後見制度の利用の促進に関する法律11条は、「成年後見制度の利用の促進に関する施策は、成年後見制度の利用者の権利利益の保護に関する国際的動向を踏まえるとともに、高齢者、障害者等の福祉に関する施策との有機的な連携を図りつつ、次に掲げる基本方針に基づき、推進されるものとする。」と規定し、その第2号において、「成年被後見人等の人権が尊重され、成年被後見人等であることを理由に不当に差別されないよう、成年被後見人等の権利に係る制限が設けられている制度について検討を加え、必要な見直しを行うこと」と定める。

　これを受け、政府は、成年後見制度利用促進基本計画（平成29年3月24日閣議決定）において、現在、成年被後見人等の権利に係る制限が設けられている制度（いわゆる欠格条項）が数多く存在していることが、成年後見制度の利用を躊躇させる要因の一つになっていると指摘し、成年後見制度利用促進委員会では、成年被後見人等の権利に係る制限が設けられている制度の見直しにつき検討を行い、これまでの議論の整理を取りまとめた（成年後見制度利用促進委員会平成29年12月1日付「成年被後見人等の権利に係る制限が設けられている制度の見直しについて（議論の整理）」：以下「論点整理」）[14]。

「論点整理」は、法人役員につき、次のように指摘する。

法人役員等について

　法人に対する国又は地方公共団体の監督等が規定されている法人については、役員等の欠格事由から成年被後見人等を削除するとともに、必要に応じ、個別審査規定等を整備すべきである。法人に対する国又は地方公共団体の監督等が規定されていない法人に係る法律については、その監督や代替措置の在り方について、更に検討することが必要である。会社法については、欠格条項を削除することに伴う会社法制上及び実務上の影響等を踏まえた代替措置の必要性及びその内容等について、法制審議会会社法制（企業統治等関係）部会における意見聴取等を行うべきである。その上で、平成30年度中に法制審議会からの答申を得て、その後、速やかに国会提出することを目標としている会社法の改正法案には、欠格条項の見直しに関する規定も併せて盛り込む方向で検討を進めるべきである。また、一般社団法人及び一般財団法人に関する法律の欠格条項の見直しについても、会社法の欠格条項の見直しを踏まえ、代替措置の必要性及びその内容等について検討を行うべきである。

　「論点整理」を受け、政府は、第196回国会において「成年被後見人等の権利の制限に係る措置の適正化等を図るための関係法律の整備に関する法律案」を提出し（可決）、諸法における欠格事由を一括削除することにしたが、会社法はその対象ではなかったので、法制審部会における審議を経て、今回の改正に至ったものである。

※ **14**　http://www.moj.go.jp/content/001250073.pdf

Ⅳ　実務への影響

　高齢化社会を迎えた我が国において、高齢の取締役につき、成年後見、保佐を必要とする場面も生じえよう。改正法は、そのような場合であっても、ノーマライゼーション、ソーシャルインクルージョンの観点から、取締役等の欠格事由には該当しないものとした。

　ただ、取締役と会社との関係は、準委任（民法656条、643条）なので、任期中に取締役が後見開始の審判を受けた場合、委任の終了事由となり（民法653条3項）、任期はそこで終わることになる。改正法は、その場合でも、改正法所定の要件を具備する場合、再任を可能とするという意義を有している。

〔松嶋　隆弘〕

第7章

会社法改正と税制

改正会社法と法人税法

I　はじめに

　2019（令和元）年12月11日、「会社法の一部を改正する法律」（以下「改正法」という。）が公布された。この改正法は、2019（平成31）年1月16日、法務省法制審議会会社法制（企業統治等関係）部会が取りまとめた「会社法制（企業統治等関係）の見直しに関する要綱案」（以下「要綱案」という。）がその基礎となっている。法務省民事局は、改正法の柱として以下の3点を挙げる。すなわち、第1．株主総会に関する規律の見直し、第2．取締役等に関する規律の見直し、そして第3．社債の管理等に関する規律の見直しである[1]。なお改正法での内容が税法においてどのように取り扱われるのか。これは改正法を検討するにあたり重要であることはいうまでもない。会社法と税法、ことさら法人税法が、同じ方向で進まなければ、改正法は無意味なものとなるからである。

　では税法側の対応はどうなっているのであろうか。税法改正については、2019（令和元）年12月12日、与党「令和2年度税制改正の大綱」（以下「与党大綱」という。）が公表され、同12月20日「令和2年度税制改正の大綱」（以下「大綱」という。）が閣議決定された。しかし、この会社法の内容について与党大綱、大綱ともに、「その他」の項目としてわずかに記述されるにすぎない[2]。なお、2020（令和2）年度税制改正法案は、2020（令和2）年1月31日に上程された。

　本稿は、法人税法における役員給与規定を振り返りながら、改正会社法における取締役等に関する規律の見直しを構成する、「取締役の報酬に関する規律の見直し」そして「会社補償に関する規律の整備」につい

---

[1]　法務省民事局「会社法の一部を改正する法律の概要」。
　　http://www.moj.go.jp/content/001310775.pdf(2020年2月4日閲覧)
[2]　与党大綱78頁、大綱62頁。

て、その改正に至る経緯を説明する要綱案を基礎に、法人税法における
役員給与規定との関係を中心に、2020（令和２）年度税制改正をふまえ、
その取扱いを概観するものである。

Ⅱ　法人税法における役員給与規定

▌ 1. 会社法創設と役員給与規定

　会社法が創設され、施行されたのは2006（平成18）年５月のことで
あった。この会社法の創設は、２つの基本方針のもとおこなわれた。１
つは会社法制の現代語化であり、もう１つは、この現代語化に併せ、会
社に係る諸制度間の規律の不均衡の是正等を行うとともに、最近の社会
情勢の変化に対応するための各種制度の見直し等、「会社法制の現代化」
にふさわしい内容の実質的な改正を[※3]目指すものであった。なおそこ
では例えば、「取締役の報酬等」規定（会社法361）では、取締役に対す
る賞与や業績連動型報酬が、取締役の報酬に組み込まれることになっ
た。また企業会計においても、例えばこの役員賞与は費用計上をするこ
とが求められることとなった[※4]。従来、わが国では慣行として役員賞
与は利益処分として扱われてきた。そのため法人税法ではこの役員賞与
については、原則として、全額損金不算入として扱ってきたのであった
（旧法人税法35①）。つまり、この会社法における「取締役の報酬等」
規定と法人税法との間に離齬が生じてしまったのである。このため
2006（平成18）年度税制改正において、会社法制定に伴う整備がなされ、
法人税法においても、この役員給与に関する規定をはじめ様々な改正が
なされることとなった。

　これまでの法人税法は、役員給与について、役員報酬・役員賞与・役
員退職給与に区分して、それぞれについての取扱いを定めていた。そこ

※3　法制審議会総会決定「会社法制の現代語化に関する要綱」（平成17年２月９日）。
※4　企業会計基準委員会「企業会計基準第４号役員賞与に関する会計基準」（平
　　成17.11.29）。

では役員賞与は別として、恣意性の排除を目的に、損金算入を原則とし、損金不算入となるケースを別段の定めとして規定する法形式（旧法人税法34、36）が、役員賞与については、損金不算入を原則とする法形式がとられてきた（旧法人税法36）。つまり損金算入・不算入の区分は、「定期」のものか、「臨時」のものかといった、その支給形態をもとになされてきのであった。しかし、2006（平成18）年度改正法人税は、役員報酬・役員賞与・役員退職給与をまとめて役員給与と整理し、法人が役員に対して支給するこれら給与の取扱いを、「内国法人がその役員に対して支給する給与のうち次に掲げる給与のいずれにも該当しないものの額は、その内国法人の各事業年度の所得の金額の計算上、損金の額に算入しない」（法人税法34①）と、原則損金不算入とした。そしてそのうえで、「定期同額給与」、「事前届出確定給与」および「利益連動給与」なる新たな給与支給形態を設け、これらに該当する場合に限り損金算入を認めることとした。つまり、改正法人税法は、「定型」か「非定型」かを、損金算入・不算入の基準に変更したといえよう。

　また法人税法は、役員の範囲を会社法より広く規定している。すなわち法人税法は役員を、「法人の取締役、執行役、会計参与、監査役、理事、監事および清算人ならびにこれら以外の者で法人の経営に従事している者のうち政令で定めるものをいう」と定義し（法人税法2十五）、法人税法施行令7条は、いわゆる「みなし役員」の範囲を定める。さらに役員給与には、債務の免除による利益その他の経済的な利益が含まれる（法人税法34④）。

【みなし役員の範囲】

① 法人の使用人以外の者でその法人の経営に従事しているもの。例えば、相談役や顧問などがこれに該当する者（法人税法施行令7一、法人税法基本通達9-2-1）

② 同族会社の使用人のうち、一定の条件に該当する形でその会社の株式を所有し、かつ、その会社の経営に従事する者（法人税

施行令7二）

　このほか法人税法は、「使用人兼務役員」なる概念も使用する。そして法人税法は、この使用人兼務役員に対するその使用人としての職務に対する賞与の損金算入を認めている（法人税法34①括弧書）。なお、ここにいう使用人兼務役員とは、役員（社長、理事長その他政令で定めるものを除く。）のうち、部長、課長その他法人の使用人としての職制上の地位を有し、かつ、常時使用人としての職務に従事するものをいう（法人税法34⑥）。

2. 役員給与規定改正の概要

　現在の法人税法における役員給与規定は、2006（平成18）年度税制改正により新設された規定がその原型となっている。繰り返しになるが、ここでは「内国法人がその役員に対して支給する給与のうち次に掲げる給与のいずれにも該当しないものの額は、その内国法人の各事業年度の所得の金額の計算上、損金の額に算入しない」（法人税法34①）と、原則損金不算入とした。そしてそのうえで、「定期同額給与」、「事前届出確定給与」及び「利益連動給与」なる新たな給与支給形態を設け、これらに該当する場合に限り損金算入を認めることとした。

⑴　2015（平成27）年度改正

　2015（平成27）年度改正において、会社法の改正による監査等委員会設置会社制度の創設及び「委員会設置会社」を「指名委員会等設置会社」とする名称変更に伴い、次の見直しが行われた。

　　①　利益連動給与の要件における報酬委員会の決定に準ずる適正な手続の追加等
　　②　使用人兼務役員とされない役員の追加等

⑵　**2016（平成28）年度改正**

2016（平成28）年度は、以下の内容の改正が行われた。

①　届出が不要となる事前確定届出給与への特定譲渡制限付株式による給与等の追加

②　利益連動給与の算定の基礎となる「利益に関する指標」の範囲の明確化

この改正の背景および理由は、「平成28年度税制改正の大綱」（平成27年12月24日閣議決定）においても明らかではない。ただし、財務省ウェブサイトにおいてこの改正の趣旨および背景が記されているので、かなり長いものにはなるが引用することとする[5]。

『「日本再興戦略」改訂2015－未来への投資・生産性革命－（平成27年6月30日閣議決定）』においては、「昨年2月に策定・公表された「スチュワードシップ・コード」及び本年6月に適用が開始された「コーポレートガバナンス・コード」が車の両輪となって、投資家側と会社側双方から企業の持続的な成長が促されるよう、積極的にその普及・定着を図る必要がある。（中略）中長期的な企業価値を向上させるため、会社法の改正やコーポレートガバナンス・コードの策定といった近年の制度整備等を踏まえ、コーポレートガバナンスの実践を後押しする環境整備を行うことが重要である。このため、（…筆者略…）経営陣に中長期の企業価値創造を引き出すためのインセンティブを付与することができるよう金銭でなく株式による報酬、業績に連動した報酬等の柔軟な活用を可能とするための仕組みの整備等を図る。（後略）」とされ、また、『コーポレートガバナンス・コード～会社の持続的な成長と中長期的な企業価値の向上のために～（平成27年6月1日適用開始）』においては、「（前略）経営陣の報酬については、中長期的な会社の業績や潜在的リスクを反映させ、健全な企業家精神の発揮に資するようなインセンティブ付けを行うべきである（原則4－2.取締役会の役割・責務⑵　経営陣報酬へのインセンティブ付け）。」及び「経

※5　財務省ウェブサイト「平成28年度税制改正の解説」。
https://www.mof.go.jp/tax_policy/tax_reform/outline/fy2016/explanation/pdf/p0294_0385.pdf(2020年2月4日閲覧)。

営陣の報酬は、持続的な成長に向けた健全なインセンティブの一つとして機能
するよう、中長期的な業績と連動する報酬の割合や、現金報酬と自社株報酬と
の割合を適切に設定すべきである（補充原則４-２①中長期の業績に連動する
報酬・株式報酬の活用促進）。」と規定されています。これらを受けて、『コー
ポレート・ガバナンス・システムの在り方に関する研究会報告書（コーポレート・
ガバナンスの実践～企業価値向上に向けたインセンティブと改革～）（平成27
年７月24日とりまとめ）』においては、「我が国では株式報酬型ストックオプ
ション（権利行使価格を１円等の極めて低廉な価格とするストックオプション）
という株式保有と類似した状態の実現を意図するストックオプションは既に存
在する。（…筆者略…）信託を用いた新しい株式報酬が導入され始めている。
さらに、金銭報酬債権を現物出資する方法を用いて株式報酬を導入する場合に
ついても、その法的論点を整理する。」とされ、別紙３として、『法的論点に関
する解釈指針』が示されました。すなわち、株式報酬については、近年、「株
式交付信託」を用いて、欧米で導入されている「リストリクテッド・ストック」
等に類似した効果を実現する制度の導入が始まっているものの、その導入のた
めの仕組みが十分に整備されておらず、普及していない状況を踏まえ、上記の
『法的論点に関する解釈指針』において、実務的に簡易な手法である「金銭報
酬債権を現物出資する方法」を用いて「いわゆるリストリクテッド・ストック」
等を導入するための手続の整理・明確化が行われたため、今後は、この手法に
よって、「いわゆるリストリクテッド・ストックによる役員報酬」の支払が見
込まれることとなったことから、（…筆者略…）改正が行われました。（…筆者
略…）利益連動給与は、「利益に関する指標を基礎として算定される給与」と
規定されているものの、その「利益に関する指標」の範囲については、条文上
「利益に関する」と規定されていることもあり、導入当初から単なる「利益」
だけではなく「利益に一定の調整を加えたもの」も含まれるとの考え方が採ら
れていますが、具体的な規定がなされていないことから、実務上、「利益に一
定の調整を加えたもの」として含まれるものの範囲について疑義があったよう
です。そこで、「利益に関する指標」の範囲について、上記の考え方に変更は
ないものの、立法趣旨及び利益連動給与が導入されてから10年が経過し、実
態として様々な「利益に一定の調整を加えたもの」が指標として存在すること
を踏まえ、「利益に関する指標」を「利益の状況を示す指標」とし、その指標

の範囲について規定の明確化を行う（…筆者略…）の改正が行われました。

(3)　**2017（平成29）年度改正**

2017（平成29）年度も、『「日本再興戦略」改訂2015』の路線に従い、以下のような改正がなされた。

- ①　**利益連動給与（改正後：業績連動給与）の見直し**
  - ㈡　支給額の算定方法の基礎とすることができる指標の改正
  - ㈢　株式または新株予約権による給与の追加
  - ㈣　一定の同族会社が支給する給与の追加
- ②　**退職給与及び新株予約権による給与の見直し**
  退職給与で業績連動給与に該当するもの及び新株予約権による役員給与で、損金算入要件を満たさない場合の損金不算入
- ③　**事前確定届出給与の見直し**
- ④　**定期同額給与の見直し**
- ⑤　**確定申告書の提出期限の延長の特例の改正に伴う見直し**
- ⑥　**譲渡制限付株式を対価とする費用の帰属事業年度の特例の見直し**
- ⑦　**新株予約権を対価とする費用の帰属事業年度の特例の見直し**

2016年度同様、この改正の趣旨および背景も財務省ウェブサイトから引用する[6]。

我が国の上場企業は、諸外国に比べ、役員報酬に占める固定報酬の割合が高く、業績連動報酬の割合が低い傾向にあります。業績連動報酬にも、短期と長期とがあり、また、現金報酬と株式報酬とがあり、各企業の状況に合わせてこれらを適切に組み合わせるべきであるというのが上記のコーポレートガバナンス・コードの記載です。株式報酬としては、諸外国では、株価の上昇分を経済

---

[6]　財務省ウェブサイト「平成28年度税制改正の解説」。
https://www.mof.go.jp/tax_policy/tax_reform/outline/fy2017/explanation/pdf/p0292-0378.pdf(2020年2月4日閲覧)

的利益として享受でき、株価の上昇が見込まれる企業において用いられるストック・オプション（新株予約権：SO）、役員に対するリテンション効果を期待して用いられるリストリクテッド・ストック（譲渡制限付株式：RS）、業績目標の設定と組み合わせて株価の騰落による利益及び不利益を反映できるパフォーマンス・シェア（PS）等が、それぞれの性質に応じて用いられています。近年、我が国でも、上記のコーポレートガバナンス・コードの要請等を背景に、法人がその役員に中長期的なインセンティブ効果又はリテンション効果を持たせること等を目的として、多様な形態の給与等を支給する事例が増加しつつあります。しかしながら、経済的効果が同様と考えられる給与等であっても支給形態が異なる場合には税制上異なる取扱いとなるなど、役員給与等の実態と税制上の損金算入要件との乖離や役員給与等の類型間での不整合が生じていたところです。（…筆者略…）他方で、役員給与等については、お手盛り的な支給が懸念されることから、支給の恣意性を排除することが適正な課税を実現する観点から不可欠であるとの考えの下、平成18年度改正において、定期に定額を支給する役員給与のほか、「事前の定めにより役員給与の支給時期や支給額に対する恣意性が排除されているものについて損金算入を認める」、「利益と連動する役員給与について、適正性や透明性が担保されていることを条件に損金算入を認める」との整理がなされているところであり、この整理は維持すべきものと考えられます。以上より、適正な手続等を経ていることとの要件を維持した上で、短期業績連動と長期業績連動、現金報酬と株式報酬など、各種の役員給与等について全体的に整合的な制度となるように税制の整備が行われました。

⑷ 2019（平成31）年度改正

　2019（平成31）年度改正では、業績連動給与の手続きの見直しがなされた。この業績連動給与は、2017（平成29）年度税制改正において、利益連動給与から業績連動給与へとその名称変更がなされた。そのうえで、支給額の算定基礎として株価等を採用することができるよう改正が行われたが、報酬委員会等による報酬決定手続、すなわち適正手続要件が厳格すぎるからか、業績連動給与はそれほど普及しなかったため、適正手続要件の緩和がなされた（法人税法34①三）。

⑸　現行の役員給与規定

　このように損金算入となる「定期同額給与」、「事前届出確定給与」および「利益連動給与」は、改正を重ね現在のスタイルとなっている。ただし、これらの給与には、債務の免除による利益その他経済的な利益が含まれ、業績連動給与に該当しない退職給与および使用人兼務役員に対して支給する使用人分給与は含まれない。また、不相当に高額な部分の金額および事実を隠蔽または仮装して経理することにより役員に対して支給する給与は損金の額に算入されない（法人税法34①〜④）（**図表−1**）。

①　定期同額給与

　支給時期が1月以下の一定の期間ごとであり、かつ、その事業年度の各支給時期における支給額が同額である給与、その他これに準ずる給与をいう（法人税法34①一、法人税法施行令69①）。なお、定期給与の各支給時期における支給額から源泉税等の額を控除した金額が同額である場合には、その定期給与のその支給時期における支給額は同額であるとみなされる（法人税法施行令69②）。

②　事前確定届出給与

　その役員の職務につき所定の時期に、㈼確定した額の金銭、㈻確定した数の株式または新株予約権および、㈽確定した額の金銭債権に係る特定譲渡制限付株式または特定新株予約権を交付する旨の定めに基づいて支給する給与で、納税地の所轄税務署長にその定めの内容に関する届出をしているもの（法人税法34①二、法人税法施行令69②〜⑧、法人税法施行規則22の3①）がこれに該当する。ただし、確定した株式または新株予約権を交付する給与の場合は、所轄税務署長に対する届出に加えて、適格株式または適格新株予約権であること（同法34①二ロハ）の要件のすべてを満たす場合に限り事前確定届出給与として損金算入される。

③　業績連動給与

　法人（同族会社の場合、同族会社以外の法人との間にその法人による完全支配関係がある法人に限る。）が業務を執行する役員に対

して支給する業績連動型給与で次に掲げる要件を満たすもの（他の業務を執行する役員の全てに対して次に掲げる要件を満たす業績連動給与を支給する場合に限る。）を業績連動給与という（法人税法34①三、法人税法施行令69⑨〜⑲、法人税法施行規則22の3③）。

　(イ)　その業績連動給与の算定方法が、職務執行期間開始の日以後に終了する事業年度の業績の状況を示す指標（以下「業績連動指標」という。）を基礎とした客観的なもので、次の要件を満たすものであること

　　（a）　金銭による給付にあっては確定額を、株式または新株予約権にあっては確定数を、それぞれ限度としているものであり、かつ、他の業務を執行する役員に対して支給する業績連動給与に係る算定方法と同様のものであること

　　（b）　原則として、職務執行期間開始日の属する会計期間開始の日から3月（法人税法75の2①各号に規定する「確定申告書の提出期限の延長の特例」による延長期間の指定を受けている法人にあっては、その指定に係る月数に2を加えた月数）を経過する日までに、報酬委員会の決定その他適正な手続を経ていること

　　（c）　その内容が、（b）の決定または手続の終了の日以後遅滞なく、有価証券報告書に記載されていること等一定の方法により開示されていること

　(ロ)　金銭による給与にあっては上記(イ)の業績連動指標の数値が確定した日の翌日から1月を経過する日までに支払われ、または支払われる見込みであること。株式または新株予約権による給与にあっては業績連動指標の数値が確定した日の翌日から2月を経過する日までに交付され、または交付される見込みであること

　(ハ)　損金経理をしていること（給与の見込額として損金経理により引当金勘定に繰り入れた金額を取り崩す方法により経理した

場合を含む。）

●図表-1　役員給与規定の概要図

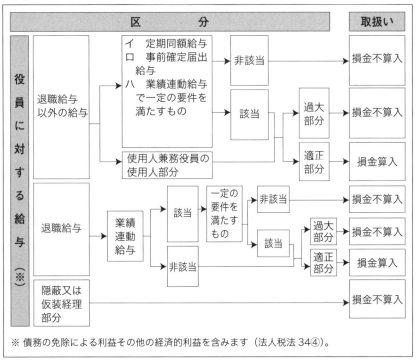

※ 債務の免除による利益その他の経済的利益を含みます（法人税法34④）。

（※）青木幸弘編『令和元年度版図解法人税』265頁（2019年7月大蔵財務協会）を
　　　一部加筆

(6) 2017（平成29）年度改正後のインセンティブ報酬に対する法人税の取扱い

　2017（平成29）年度改正において、いわゆるインセンティブ報酬の法人税における取扱いが整備された。これによりそれまでその類型ごとにその取扱いまちまちであったインセンティブ報酬は、一定要件を満たせば損金算入できるようになった。また、ストックオプション、退職給与（業績連動給与に該当しないものを除く）についても、法人税法34条に規定する要件を充足すれば損金算入できるようになった。これを一覧にすると次のようになる。

●図表-2 インセンティブ報酬に対する法人税の取扱い

報酬の種類	報酬の内容	交付資産	損金算入可否	
			平成29年度改正前	平成29年度改正後
在任時				
特定譲渡制限付株式	一定期間の譲渡制限が付された株式を役員に交付。	株式	可能	可能（①類型）
株式交付信託	会社が金銭を信託に拠出し、信託が市場等から株式を取得。一定期間経過後に役員に株式を交付。	株式	不可	可能（①類型又は②類型）
ストックオプション（SO）	自社の株式をあらかじめ定められた権利行使価格で購入する権利（新株予約権）を付与。	新株予約権	可能	可能（①類型又は②類型）
パフォーマンス・シェア（PS）	中長期の業績目標の達成度合いに応じて、株式を役員に交付。	株式	不可	可能（②類型）
パフォーマンス・キャッシュ	中長期の業績目標の達成度合いに応じて、現金を役員に交付。	金銭	可能（単年度で利益連動の場合のみ。一定の手続きが必要）	可能（②類型）
ファントム・ストック	株式を付与したと仮想して、株価相当の現金を役員に交付。	金銭	不可	可能（②類型）
ストック・アプリシエーション・ライト（SAR）	対象株式の市場価格が予め定められた価格を上回っている場合に、その差額部分の現金を役員に交付。	金銭	不可	可能（②類型）
退職時				
退職給与	退職時に給付する報酬	金銭・株式・新株予約権	可能	可能（業績連動の場合は②類型の要件を満たすことが必要）

※①類型……一定の時期に確定した金額又は数を交付する役員報酬。原則として税務署への事前届出が必要。（法人税法34　①二）
※②類型……業績（利益、売上高、株価等）に連動した金銭、株式等を交付する役員報酬。報酬諮問委員会への諮問や有価証券報告書での開示等の手続が必要。（法人税法34　①三）

（※）経済産業省産業組織課「『攻めの経営』を促す役員報酬～企業の持続的成長のためのインセンティブプラン導入の手引～」（2019年5月時点版）34頁を一部加筆

Ⅲ　改正会社法と法人税法

　法務省民事局によれば、改正法の概要、ことさら「取締役の報酬に関する規律の見直し」について、「取締役の報酬等を決定する手続等の透明性を向上させ、また、株式会社が業績等に連動した報酬等をより適切かつ円滑に取締役に付与することができるようにするため、上場会社等の取締役会は、取締役の個人別の報酬等に関する決定方針を定めなければならないこととするとともに、上場会社が取締役の報酬等として株式の発行等をする場合には、金銭の払込み等を要しないこととするなどの規定を設けることとしています」という※7。

　一方大綱は、「会社関係制度の見直しを前提に、次の措置を講ずる」として、4項目を掲げる。さらにその4つ目は、「その他所要の措置を講ずる」というに留まる※8。ここでは「会社関係制度の見直しを前提」と「その他所要の措置を講ずる」という文言から、これまでの法人税制と会社法制との関係からして、今後、会社法制における法務省令等々の公表を待ち、法人税法も会社法制に沿った手当てを施す用意がある旨を宣言したものと捉えることができる。

1.　譲渡制限付き株式の対価とする費用の帰属年度の特例の拡大

　大綱は、先の4項目の1つ目として、「譲渡制限付株式を対価とする費用の帰属事業年度の特例等について、法人に対する役務提供の対価として交付される譲渡制限付株式でその譲渡制限付株式と引換えにする払込み又は給付を要しない場合のその譲渡制限付株式を対象に加える」という。譲渡制限付株式を対価とする費用の帰属事業年度の特例等（法人税法54条）の適用範囲に、譲渡制限付株式と引換えにする払込み又は給

※7　法務省ウェブサイト http://www.moj.go.jp/MINJI/minji07_00001.html(2020年2月4日閲覧)
※8　大綱62～63頁

付を要しない場合を追加したのである。

　なお税制改正法案では、これまで「特定譲渡制限付株式」の範囲を、「当該役務の提供の対価として当該個人に生ずる債権の給付と引換えに当該個人に交付されるものその他当該個人に給付されることに伴つて当該債権が消滅する場合の当該譲渡制限付株式」としていたものを、「次に掲げる要件に該当するもの」とし、具体的に、①当該譲渡制限付株式が当該役務の提供の対価として当該個人に生ずる債権の給付と引換えに当該個人に交付されるものであること、②前号に掲げるもののほか、当該譲渡制限付株式が実質的に当該役務の提供の対価と認められるものであること、の２項目が追加され拡張された。ことさら②においては、「実質的に」といった文言を使用することから、柔軟な対応を法人税法が予定していることが窺える。

　なお、「譲渡制限付株式を対価とする費用の帰属事業年度の特例」とは、内国法人が個人から役務提供を受ける場合、その対価として特定譲渡制限付株式（リストリクテッド・ストック）が交付されたときは、その個人においてその役務提供につき所得税法等の規定による給与等課税額が生ずることが確定した日において、その役務の提供を受けたものとして、法人税法の規定が適用されることとなる（法人税法54）。つまり、特定譲渡制限付株式を交付した場合における役務提供に対する費用の額は、この個人において、給与等課税額が生じた日の属する事業年度の損金として認識する制度である（法人税法54②）。

　これは改正法361条１項で、金銭でない報酬等に対する株主総会の決議が定められ、さらには同202条の２第１項１号において、株式を引き受ける者を募集する場合、新株引受権を発行する場合の、金銭の払込み又は財産の給付を要しないものの規定が設けられたことに対する法人税法における対応ということになる。

　この改正について要綱案は、取締役に対するインセンティブ付与の代表例である株式報酬、新株予約権報酬を金銭でない報酬等として、これに対する株主総会での決議事項といったその手続きの明確化や、可能な

金銭でない報酬等の枠組みの拡大を提案した。

　これらのいわゆるインセンティブ報酬を付与する場合に対する法人税法の対応は、すでに確認したように、2016（平成28）・2017（平成29）年度改正において、「利益連動給与」を「業績連動給与」と改め、損金算入対象とされる報酬の拡大や譲渡制限付株式を役員給与とする場合の取扱いなど、「『日本再興戦略』改訂2015」の流れに沿った対応がなされてきた。

　ただし現行法上、株式の発行または自己株式の処分において、募集株式の払込金額またはその算定方法を常に定めなければならないものとされている（現行法199①、②）。そのため、取締役の報酬等として株式を交付しようとする場合において、実務上、金銭を取締役の報酬等とした上で、募集を行い、取締役に募集株式を割り当て、引受人となった取締役に報酬支払請求権を現物出資財産として給付させることによって株式を交付するということが行われている。また、新株予約権の発行においては、募集新株予約権と引換えに金銭の払込みを要しないこととすることが認められているため（現行法238①二）、株式とは異なり、報酬等として新株予約権を金銭の払込みまたは財産の給付を要しないで取締役に交付することができる（いわゆる無償構成による交付）。しかし、新株予約権についても、実務上は、金銭を取締役の報酬等とした上で、同項の募集を行い、取締役に募集新株予約権を割り当て、引受人となった取締役をして株式会社に対する報酬支払請求権をもって相殺させることによって新株予約権を交付することが多く行われている（いわゆる相殺構成による交付）。

　こうしたことから要綱案は、「金銭でない報酬等に係る株主総会の決議による定め」として、報酬等のうち株式・新株予約権またはその株式・新株予約権の取得に要する資金に充てるための金銭について、その株式・新株予約権の数の上限その他を、定款に定めがない場合、株主総会の決議事項とした。さらに、「取締役の報酬等である株式及び新株予約権に関する特則」において、これらの場合の手続きにおいて、「出資の

履行を要しない旨」・「出資を要しない旨」を、それぞれ募集株式・新株予約権の内容とすることを提案した。

なお、この場合の法人税法上の取扱いは、「図表−2」で掲げた「特定譲渡制限付株式」のとおりである。

2. 過大な役員給与のうち形式基準の拡大

大綱は次に、「法人の支給する役員給与における過大な役員給与のうち形式基準について、定款等により役員に対して支給することができるその法人の株式又は新株予約権の上限数を定めている法人のその株式又は新株予約権に係る限度額を、その定められた上限数に支給時等における価額を乗じて計算した金額とする」という。これも改正会社法361条を法人税法においても、に連動するものと位置づけられる。

法人税法は、内国法人がその役員に対して支給する給与の額のうち不相当に高額な部分の金額は、その内国法人の各事業年度の所得の金額の計算上、損金の額に算入しない旨を規定する（法人税法34②）。なお、同法は、不相当な高額な部分の金額の概念を法人税法施行令70条に委任する。さらに同政令では不相当に高額な部分の金額の判定基準を、実質基準と形式基準に分けて規定し、そのいずれか多い金額を損金不算入とする（法人税法施行令70①）。今回の大綱は、このうち形式基準な内容を更に拡大するものである。

現状の実質基準及び形式基準は下記のとおりである。かつての形式基準は、「定款の規定又は株主総会、社員総会若しくはこれらに準ずるものの決議により報酬として支給することができる金額の限度額を定めている内国法人が、各事業年度においてその役員に対して支給した報酬の額合計額が当該事業年度に係る当該限度額を超える場合　その超える部分の金額」と非常にシンプルなものであった。しかしこの形式基準も、会社法制において金銭ではない報酬の支給を認めたことに対応して、下記のように改められた。

　会社法において、例えば特定譲渡制限付株式といった金銭でない報酬を認めたことにより、これまでの規定では「実質基準」により、損金算入が認められないことになる可能性がある。これを防ぐため「形式基準」範囲を拡張しようとするものである。

・実質基準……当該役員の職務内容・法人の収益状況・使用人に対する給与の支給状況・同種の事業を営む同規模法人の役員給与の支給状況等に照らし、当該役員の職務に対する対価として相当であると認められる金額を超える場合におけるその超える部分の金額
・形式基準……定款の規定又は株主総会、社員総会若しくはこれらに準ずるものの決議により役員に対する給与として支給することができる金銭の額の限度額若しくは算定方法又は金銭以外の資産（以下「支給対象資産」という。）の内容（以下「限度額等」という。）を定めている内国法人が、各事業年度においてその役員に対して支給した給与の額の合計額が当該事業年度に係る当該限度額及び当該算定方法により算定された金額並びに当該支給対象資産の支給の時における価額に相当する金額の合計額を超える場合におけるその超える部分の金額

---

3. 役員等のために締結される保険契約

　改正法430条の3は、「役員等のために締結される保険契約」を規定する。これについて要綱案では、現在会社法において、株式会社が役員等賠償責任保険契約（いわゆるD＆O保険）を締結した場合の規定がないことを理由に、この保険契約の内容決定には、株主総会（取締役会設置会社にあっては、取締役会）の決議によらなければならないものとすること

を提案していた。さらに公開会社の場合、この役員等賠償責任保険契約を締結しているときには、①当該保険契約の被保険者、②当該保険契約の内容の概要を、その事業年度の事業報告の内容に含めなければならないものとすることも提案する。

　なお国税庁は、2016（平成28）年2月24日、経済産業省からの照会に対する回答として、「新たな会社役員賠償責任保険の保険料の税務上の取扱いについて（情報）」を公表した[※9]。そこでは、以下のような見解が示されている。

①　新たな会社役員賠償責任保険の保険料を会社が、(イ)取締役会の承認、(ロ)社外取締役が過半数の構成員である任意の委員会の同意または社外取締役全員の同意の取得、の手続きを行うことにより会社法上適法に負担した場合には、役員に対する経済的利益の供与はないと考えられることから、役員個人に対する給与課税を行う必要はない。

②　①以外の会社役員賠償責任保険の保険料を会社が負担した場合には、従前の取扱いのとおり、役員に対する経済的利益の供与があったと考えられることから、役員個人に対する給与課税を行う必要がある。

▌ 4. 補償契約（会社補償）

　改正法430条の2は、「補償契約」として、株主総会（取締役会設置会社にあっては、取締役会）の決議により、①役員等が、その職務の執行に関し、法令の規定に違反したことが疑われ、または責任の追及に係る請求を受けたことにより要する費用、②役員等が、その職務の執行に関し、第三者に生じた損害を賠償する責任を負う場合における一定の損失

を、会社が補償することを約する契約（「補償契約」）の内容の決定することができる旨を規定する。

　この場合の税務であるが、これは先の「役員等のために締結される保険契約」とも関わってくる。①の場合は、役員等を対象とした防御費用である。そしてこれが勝訴の場合、訴訟費用として損金算入が認められる。逆に敗訴の場合、その役員に帰属する経済的利益の供与として役員給与を構成することになろう（法人税法34④）。また②の場合には、本来その役員等が負担すべき損害賠償金および和解金の立替えであることから役員給与を構成することになろう。そして役員給与とみなされる場合、これらは、当然退職給与には該当せず、また、定期同額給与、事前確定届出給与また業績連動給与のいずれにも該当しないことになる。したがって、かつての役員賞与と同様に損金不算入となると思われる。

5. 株式交付

　改正法は、その第4章の2において、「株式交付」を新設した。ここでいう株式交付とは、「株式会社が他の株式会社をその子会社とするために当該他の株式会社の株式を譲り受け、当該株式の譲渡人に対して当該株式の対価として当該株式会社の株式を交付することをいうもの」と要綱案はいう。いわゆる株対価M&Aといわれるものである。これについて税法は、2018年度税制改正において、事業者が、産業競争力強化法の認定特別事業再編事業者（産業競争力強化法等の一部を改正する法律の施行の日から平成33年3月31日までの間に特別事業再編計画の認定を受けた場合に限る。）の行ったその認定に係る特別事業再編計画に係る特別事業再編によりその有する他の法人の株式等を譲渡し、その認定特別事業再編事業者の株式の交付を受けた場合には、その株式等の譲渡はなかったものとみなす規定を設けた（租税特別措置法37の13、66の2の2、68の86）。これはあくまで産業競争力強化法に基づく租税特別措置であった。今後、今回会社法に基づく措置として「株式交付」が

創設された場合、恒久的措置として同様の規定が創設されることとなろう。

Ⅳ　おわりに

　これまで、近年の法人税法における役員給与規定の改正経緯を概観してみた。そこでは会社法と法人税法は、日本再興戦略、未来投資戦略などといった政府の施策にしたがい、いわば車の両輪として改正を繰り返してきた。今回も会社法の改正がなされた。この改正を実行ならしめるために法人税法も改正される。しかし、ここでは触れられなかったが、「定期同額給与」では多くの問題がクローズアップされている。これは、役員給与を原則損金不算入と規定したことが原因である。会社法に基づくいわゆるインセンティブ報酬は要件に合致すれば損金算入される。しかし「定期同額給与」の場合、様々なケースが想定され、その要件に合致するか否かその判断に苦しむ場面が多々見受けられるからである。国税庁はこれをいわゆるQ＆Aにて対応しているのが現状である。会社法に基づくこのインセンティブ報酬のみに関わらず、この「定期同額給与」規定の整備も求められるところである。この「定期同額給与」は、役員給与の基本形である。この整備を怠れば、役員給与における会社法と税法の蜜月関係も崩れることになる。

　（なお本文でもふれたが、2020（令和2）年1月31日に「所得税法等の一部を改正する法律案」が上程され、3月末に成立の見込みである。本稿はこの改正案には対応したが、法人税法施行令の改正案等は、執筆時に公表されていないため、その部分は大綱によることとした。）

〔阿部　徳幸〕

第8章

資料

会社法の一部を改正する法律の概要　　法務省民事局

検討の経過

平成26年改正会社法附則第25条（平成27年5月施行）
「政府は，この法律の施行後二年を経過した場合において，社外取締役の選任状況その他の社会経済情勢の変化等を勘案し，企業統治に係る制度の在り方について検討を加え，必要があると認めるときは，その結果に基づいて，社外取締役を置くことの義務付け等所要の措置を講ずるものとする。」

H29. 2　　法務大臣から法制審議会へ諮問	H30. 2〜4　　パブリックコメント
H29. 4〜　法制審部会での調査審議開始	H31. 1. 16　要綱案の取りまとめ
H30. 2　　中間試案の取りまとめ	H31. 2. 14　要綱の取りまとめ・答申

第1　株主総会に関する規律の見直し

株主総会資料の電子提供制度の創設【第325条の2〜第325条の5（新旧P17〜22）】

現行法上は，インターネット等を用いて株主総会資料を株主に提供するためには，株主の個別の承諾が必要。
- 株主総会資料をウェブサイトに掲載し，株主に対してそのアドレス等を書面で通知する方法により，株主総会資料を株主に提供することができる制度を新たに設ける。
- 書面での資料提供を希望する株主は，書面の交付を請求することができる。

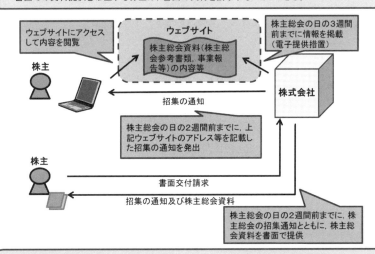

株主提案権の濫用的な行使を制限するための措置の整備

近年，一人の株主が膨大な数の議案を提案するなど，株主提案権の濫用的な行使事例が発生し，権利の濫用と認められた裁判例もある。
- 株主が提案することができる議案の数を10までとする上限を新たに設ける。【第305条第4項，第5項（新旧P10, 11）】

1/3

第2 取締役等に関する規律の見直し

取締役の報酬に関する規律の見直し

取締役の個別の報酬の内容は，取締役会又は代表取締役が決定していることが多い。報酬は，取締役に適切な職務執行のインセンティブを付与する手段となり得るものであり，これを適切に機能させ，その手続を透明化する必要がある。

- 上場会社等において，取締役の個別の報酬の内容が株主総会で決定されない場合には，取締役会は，その決定方針を定め，その概要等を開示しなければならないものとする。【第361条第7項（新旧P28, 29）】
- 取締役の報酬として株式等を付与する場合の株主総会の決議事項に，株式等の数の上限等を加える。【第361条第1項（新旧P27, 28）】
- 上場会社が取締役の報酬として株式を発行する場合には，出資の履行を要しないものとする。【第202条の2, 第236条第3項，第4項，第361条第1項，第409条第3項（新旧P4, 5, 7～9, 27, 28, 31）】
- 事業報告による情報開示を充実させる。

会社補償に関する規律の整備【第430条の2（新旧P33～35）】

役員等の責任を追及する訴えが提起された場合等に，株式会社が費用や賠償金を補償すること（会社補償）については，利益相反性があるが，現行法上は，会社補償について直接に定めた規律はない。

- 株式会社が会社補償をするために必要な手続規定や会社補償をすることができる費用等の範囲に関する規定を新たに設ける。

役員等賠償責任保険契約に関する規律の整備【第430条の3（新旧P35, 36）】

株式会社が役員等を被保険者とする会社役員賠償責任保険（D&O保険）に加入することについては，利益相反性があり得るが，現行法上は，D&O保険への加入について直接に定めた規律はない。

- 株式会社が役員等を被保険者とする会社役員賠償責任保険（D&O保険）に加入するために必要な手続規定等を新たに設ける。

業務執行の社外取締役への委託【第348条の2（新旧P26, 27）】

現行法上，業務を執行した場合には社外性を失うとされていることにより，社外取締役が期待されている行為をすることが妨げられることがないようにする必要性が指摘されている。

- 株式会社と取締役との利益相反状況がある場合等において取締役会が社外取締役に委託した業務については，社外取締役がこれを執行したとしても，社外性を失わないものとする。

社外取締役を置くことの義務付け【第327条の2（新旧P24, 25）】

現行法上，上場会社等が社外取締役を置かない場合は，株主総会で理由を説明しなければならない。東証上場会社の98.4%（市場第一部においては99.9%）は社外取締役を置いている。

- 上場会社等は，社外取締役を置かなければならないものとする。

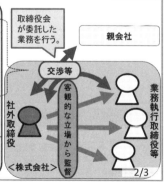

2/3

第3　社債の管理等に関する規律の見直し

社債の管理に関する規律の見直し【第71
4条の2〜第714条の4，第737条第1項（新旧P39〜
41，46）】
社債の管理については，現行法上，社債管理者の
制度があるが，権限が広く，責任が重いことを原因
として，なり手の確保が難しく，利用コストも高くなる
と指摘されている。
- 社債権者において自ら社債を管理すること
ができる場合（注）を対象として，社債管理
補助者に社債の管理の補助を委託するこ
とができる制度を新たに設ける。
（注）各社債の金額が1億円以上である場合等

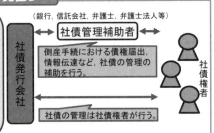

株式交付制度の創設【第2条，第774条の2〜第774条の11，第816条の2〜第816条の10（新旧P3，4，49〜72）】
現行法上，自社の株式を対価として他の会社を子会社とする手段として株式交換の制度があるが，完全子会社
とする場合でなければ利用することができない。他方，自社の新株発行等と他の会社の株式の現物出資という
構成をとる場合には，手続が複雑でコストが掛かるという指摘がされている。
- 完全子会社とすることを予定していない場合であっても，株式会社が他の株式会社を子会社とす
るため，自社の株式を他の株式会社の株主に交付することができる制度を新たに設ける。

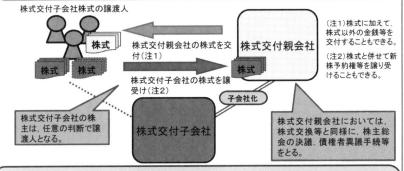

その他
- 社債権者集会の決議による元利金の減免に関する規定の明確化【第706条第1項（新旧P38，39）】
- 議決権行使書面の閲覧謄写請求の拒絶事由の明文化【第311条第4項，第5項（新旧P13，14）】
- 会社の支店の所在地における登記の廃止【第930条〜第932条（新旧P80〜82）】
- 成年被後見人等についての取締役の欠格条項の削除及びこれに伴う規律の整備【第331条第1項，
第331条の2（新旧P25，26）】

施行日
- 公布の日から1年6月を超えない範囲内において政令で定める日から施行【附則第1条本文】
- ただし，第1のうち株主総会資料の電子提供制度の創設及び第3のうち会社の支店の所在地におけ
る登記の廃止については，公布の日から3年6月を超えない範囲内において政令で定める日か
ら施行【附則第1条ただし書】

3/3

会社法の一部を改正する法律新旧対照条文　　　　（傍線部分は改正部分）

○ 会社法（平成17年法律第86号）

第一節～第三節　（略）
第四節　株式交付の手続（第816条の2-
第816条の10）
第六編　外国会社（第817条-第823条）
第七編　（略）
第一章～第三章　（略）
第四章　（略）
第一節　（略）
第二節　会社の登記（第911条-第932条）
（削る）

（削る）

第三節・第四節　（略）
第五章　（略）
第八編　（略）
附則

（定義）
第2条　この法律において、次の各号に掲
げる用語の意義は、当該各号に定めると
ころによる。

一～三十二　（略）
三十二の二　株式交付　株式会社が他の株式
会社をその子会社（法務省令で定めるもの
に限る。第774条の3第2項において同
じ。）とするために当該他の株式会社の株式
を譲り受け、当該株式の譲渡人に対して当
該株式の対価として当該株式会社の株式を
交付することをいう。
三十三・三十四　（略）

第39条　（略）
2～4　（略）
5　第331条の2の規定は、設立時取締役及
び設立時監査役について準用する。

（取締役の報酬等に係る募集事項の決定の
特則）
第202条の2　金融商品取引法第2条第16項
に規定する金融商品取引所に上場されてい
る株式を発行している株式会社は、定款又
は株主総会の決議による第361条第1項第
三号に掲げる事項についての定めに従いそ

第一節～第三節　（同左）
（新設）

第六編　外国会社（第817条-第823条）
第七編　（同左）
第一章～第三章　（同左）
第四章　（同左）
第一節　（同左）
第二節　会社の登記
第一款　本店の所在地における登記（第
911条-第929条）
第二款　支店の所在地における登記（第
930条-第932条）
第三節・第四節　（同左）
第五章　（同左）
第八編　（同左）
附則

（定義）
第2条　この法律において、次の各号に掲
げる用語の意義は、当該各号に定めると
ころによる。

一～三十二　（同左）
（新設）

三十三・三十四　（同左）

第39条　（同左）
2～4　（同左）
（新設）

（新設）

の発行する株式又はその処分する自己株式
を引き受ける者の募集をするときは、第
199条第1項第二号及び第四号に掲げる事
項を定めることを要しない。この場合にお
いて、当該株式会社は、募集株式について
次に掲げる事項を定めなければならない。

　二　取締役の報酬等（第361条第1項に規定
　　する報酬等をいう。第236条第3項第一
　　号において同じ。）として当該募集に係る
　　株式の発行又は自己株式の処分をするも
　　のであり、募集株式と引換えにする金銭
　　の払込み又は第199条第1項第三号の財
　　産の給付を要しない旨
　二　募集株式を割り当てる日（以下この節
　　において「割当日」という。）
2　前項各号に掲げる事項を定めた場合にお
　ける第199条第2項の規定の適用について
　は、同項中「前項各号」とあるのは、「前
　項各号（第二号及び第四号を除く。）及び第
　202条の2第1項各号」とする。この場合
　においては、第200条及び前条の規定は、
　適用しない。
3　指名委員会等設置会社における第1項の
　規定の適用については、同項中「定款又は
　株主総会の決議による第361条第1項第三
　号に掲げる事項についての定め」とあるの
　は「報酬委員会による第409条第3項第三
　号に定める事項についての決定」と、「取
　締役」とあるのは「執行役又は取締役」と
　する。

（募集株式の申込み及び割当てに関する特則）
第205条（略）
2　（略）
3　第202条の2第1項後段の規定による同
　項各号に掲げる事項についての定めがある
　場合には、定款又は株主総会の決議による第
　361条第1項第三号に掲げる事項についての
　定めに係る取締役（取締役であった者を含
　む。）以外の者は、第203条第2項の申込みを
　し、又は第1項の契約を締結することができ
　ない。
　4　前項に規定する場合における前条第3項
　　並びに第206条の2第1項、第3項及び第
　　4項の規定の適用については、前条第3項

（募集株式の申込み及び割当てに関する特則）
第205条　（同左）
2　（同左）
（新設）

（新設）

及び第206条の2第1項中「第199条第1
項第四号の期日（同号の期間を定めた場合
にあっては、その期間の初日）」とあり、同
条第3項中「同項に規定する期日」とあり、
並びに同条第4項中「第1項に規定する期
日」とあるのは、「割当日」とする。

5　指名委員会等設置会社における第3項
の規定の適用については、同項中「定款
又は株主総会の決議による第361条第1
項第三号に掲げる事項についての定め」
とあるのは「報酬委員会による第409条
第3項第三号に定める事項についての決
定」と、「取締役」とあるのは「執行役又
は取締役」とする。

（新設）

（株主となる時期等）

第209条　（略）

2・3　（略）

4　第1項の規定にかかわらず、第202条の
2第1項後段の規定による同項各号に掲げ
る事項についての定めがある場合には、募
集株式の引受人は、割当日に、その引き受
けた募集株式の株主となる。

（株主となる時期等）

第209条　（同左）

2・3　（同左）

（新設）

（一に満たない端数の処理）

第234条　次の各号に掲げる行為に際して当
該各号に定める者に当該株式会社の株式
を交付する場合において、その者に対し
交付しなければならない当該株式会社の
株式の数に一株に満たない端数がある
ときは、その端数の合計数（その合計数に一
に満たない端数がある場合にあっては、
これを切り捨てるものとする。）に相当す
る数の株式を競売し、かつ、その端数に
応じてその競売により得られた代金を当
該者に交付しなければならない。

一〜八　（略）

九　株式交付　株式交付親会社（第774条の
3第1項第一号に規定する株式交付親会
社をいう。）に株式交付に際して株式交付
子会社(同号に規定する株式交付子会社を
いう。）の株式又は新株予約権等（同項第
七号に規定する新株予約権等をいう。）を
譲り渡した者

2〜6　（略）

（一に満たない端数の処理）

第234条　次の各号に掲げる行為に際して当
該各号に定める者に当該株式会社の株式を
交付する場合において、その者に対し交付
しなければならない当該株式会社の株式の
数に一株に満たない端数があるときは、そ
の端数の合計数（その合計数に一に満たな
い端数がある場合にあっては、これを切り
捨てるものとする。）に相当する数の株式を
競売し、かつ、その端数に応じてその競売
により得られた代金を当該者に交付しなけ
ればならない。

一〜八　（同左）

（新設）

2〜6　（略）

（新株予約権の内容）	（新株予約権の内容）
第236条　（略）	第236条　（同左）
2　（略）	2　（同左）
3　金融商品取引法第2条第16項に規定する金融商品取引所に上場されている株式を発行している株式会社は、定款又は株主総会の決議による第361条第1項第四号又は第五号ロに掲げる事項についての定めに従い新株予約権を発行するときは、第1項第二号に掲げる事項を当該新株予約権の内容とすることを要しない。この場合において、当該株式会社は、次に掲げる事項を当該新株予約権の内容としなければならない。	（新設）
一　取締役の報酬等として又は取締役の報酬等をもってする払込みと引換えに当該新株予約権を発行するものであり、当該新株予約権の行使に際してする金銭の払込み又は第1項第三号の財産の給付を要しない旨	
二　定款又は株主総会の決議による第361条第1項第四号又は第五号ロに掲げる事項についての定めに係る取締役（取締役であった者を含む。）以外の者は、当該新株予約権を行使することができない旨	
4　指名委員会等設置会社における前項の規定の適用については、同項中「定款又は株主総会の決議による第361条第1項第四号又は第五号ロに掲げる事項についての定め」とあるのは「報酬委員会による第409条第3項第四号又は第五号ロに定める事項についての決定」と、同項第一号中「取締役」とあるのは「執行役若しくは取締役」と、同項第二号中「取締役」とあるのは「執行役又は取締役」とする。	（新設）
第一節　株主総会及び種類株主総会等	第一節　株主総会及び種類株主総会
（株主総会参考書類及び議決権行使書面の交付等）	（株主総会参考書類及び議決権行使書面の交付等）
第301条　取締役は、第298条第1項第三号に掲げる事項を定めた場合には、第299条第1項の通知に際して、法務省令で定めるところにより、株主に対し、議決権の行使について参考となるべき事項を記載した書類（以下この節において「株主総会参考書類」という。）	第301条　取締役は、第298条第1項第三号に掲げる事項を定めた場合には、第299条第1項の通知に際して、法務省令で定めるところにより、株主に対し、議決権の行使について参考となるべき事項を記載した書類（以下この款において「株主総会参考書類」という。）

及び株主が議決権を行使するための書面（以下この節において「議決権行使書面」という。）を交付しなければならない。

2　（略）

第305条　（略）

2・3　（略）

4　取締役会設置会社の株主が第1項の規定による請求をする場合において、当該株主が提出しようとする議案の数が十を超えるときは、前3項の規定は、十を超える数に相当することとなる数の議案については、適用しない。この場合において、当該株主が提出しようとする次の各号に掲げる議案の数については、当該各号に定めるところによる。

一　取締役、会計参与、監査役又は会計監査人（次号において「役員等」という。）の選任に関する議案　当該議案の数にかかわらず、これを一の議案とみなす。

二　役員等の解任に関する議案　当該議案の数にかかわらず、これを一の議案とみなす。

三　会計監査人を再任しないことに関する議案　当該議案の数にかかわらず、これを一の議案とみなす。

四　定款の変更に関する二以上の議案　当該二以上の議案について異なる議決がされたとすれば当該議決の内容が相互に矛盾する可能性がある場合には、これらを一の議案とみなす。

5　前項前段の十を超える数に相当することとなる数の議案は、取締役がこれを定める。ただし、第1項の規定による請求をした株主が当該請求と併せて当該株主が提出しようとする二以上の議案の全部又は一部につき議案相互間の優先順位を定めている場合には、取締役は、当該優先順位に従い、これを定めるものとする。

6　第1項から第3項までの規定は、第1項の議案が法令若しくは定款に違反する場合又は実質的に同一の議案につき株主総会において総株主（当該議案について議決権を行使することができない株主を除く。）の議決権の十分の一（これを下回る割合を定款で定めた場合にあっては、その割合）以上

及び株主が議決権を行使するための書面（以下この款において「議決権行使書面」という。）を交付しなければならない。

2　（同左）

第305条　（同左）

2・3　（同左）

（新設）

（新設）

4　前3項の規定は、第1項の議案が法令若しくは定款に違反する場合又は実質的に同一の議案につき株主総会において総株主（当該議案について議決権を行使することができない株主を除く。）の議決権の十分の一（これを下回る割合を定款で定めた場合にあっては、その割合）以上の賛成を得ら

の賛成を得られなかった日から三年を経過していない場合には、適用しない。

（議決権の代理行使）

第310条　（略）

2～6　（略）

7　株主（前項の株主総会において決議をした事項の全部につき議決権を行使することができない株主を除く。次条第4項及び第312条第5項において同じ。）は、株式会社の営業時間内は、いつでも、次に掲げる請求をすることができる。この場合においては、当該請求の理由を明らかにしてしなければならない。

一・二　（略）

8　株式会社は、前項の請求があったときは、次のいずれかに該当する場合を除き、これを拒むことができない。

一　当該請求を行う株主（以下この項において「請求者」という。）がその権利の確保又は行使に関する調査以外の目的で請求を行ったとき。

二　請求者が当該株式会社の業務の遂行を妨げ、又は株主の共同の利益を害する目的で請求を行ったとき。

三　請求者が代理権を証明する書面の閲覧若しくは謄写又は前項第二号の電磁的記録に記録された事項を法務省令で定める方法により表示したものの閲覧若しくは謄写によって知り得た事実を利益を得て第三者に通報するため請求を行ったとき。

四　請求者が、過去二年以内において、代理権を証明する書面の閲覧若しくは謄写又は前項第二号の電磁的記録に記録された事項を法務省令で定める方法により表示したものの閲覧若しくは謄写によって知り得た事実を利益を得て第三者に通報したことがあるものであるとき。

（書面による議決権の行使）

第311条　（略）

2・3　（略）

4　株主は、株式会社の営業時間内は、いつでも、第1項の規定により提出された議決権行使書面の閲覧又は謄写の請求をすることができる。この場合においては、当該請

れなかった日から三年を経過していない場合には、適用しない。

（議決権の代理行使）

第310条　（同左）

2～6　（同左）

7　株主（前項の株主総会において決議をした事項の全部につき議決権を行使することができない株主を除く。次条第4項及び第312条第5項において同じ。）は、株式会社の営業時間内は、いつでも、次に掲げる請求をすることができる。

一・二　（同左）

（新設）

（書面による議決権の行使）

第311条　（同左）

2・3　（同左）

4　株主は、株式会社の営業時間内は、いつでも、第1項の規定により提出された議決権行使書面の閲覧又は謄写の請求をすることができる。

求の理由を明らかにしてしなければならない。

5　株式会社は、前項の請求があったときは、次のいずれかに該当する場合を除き、これを拒むことができない。

一　当該請求を行う株主（以下この項において「請求者」という。）がその権利の確保又は行使に関する調査以外の目的で請求を行ったとき。

二　請求者が当該株式会社の業務の遂行を妨げ、又は株主の共同の利益を害する目的で請求を行ったとき。

三　請求者が第1項の規定により提出された議決権行使書面の閲覧又は謄写によって知り得た事実を利益を得て第三者に通報するため請求を行ったとき。

四　請求者が、過去二年以内において、第1項の規定により提出された議決権行使書面の閲覧又は謄写によって知り得た事実を利益を得て第三者に通報したことがあるものであるとき。

（新設）

（電磁的方法による議決権の行使）
第312条　（略）
2〜4　（略）
5　株主は、株式会社の営業時間内は、いつでも、前項の電磁的記録に記録された事項を法務省令で定める方法により表示したものの閲覧又は謄写の請求をすることができる。この場合においては、当該請求の理由を明らかにしてしなければならない。

6　株式会社は、前項の請求があったときは、次のいずれかに該当する場合を除き、これを拒むことができない。

一　当該請求を行う株主（以下この項において「請求者」という。）がその権利の確保又は行使に関する調査以外の目的で請求を行ったとき。

二　請求者が当該株式会社の業務の遂行を妨げ、又は株主の共同の利益を害する目的で請求を行ったとき。

三　請求者が前項の電磁的記録に記録された事項を法務省令で定める方法により表示したものの閲覧又は謄写によって知り得た事実を利益を得て第三者に通報するため請求を行ったとき。

（電磁的方法による議決権の行使）
第312条　（同左）
2〜4　（同左）
5　株主は、株式会社の営業時間内は、いつでも、前項の電磁的記録に記録された事項を法務省令で定める方法により表示したものの閲覧又は謄写の請求をすることができる。

（新設）

　　四　請求者が、過去二年以内において、前
　　　項の電磁的記録に記録された事項を法務
　　　省令で定める方法により表示したものの
　　　閲覧又は謄写によって知り得た事実を利
　　　益を得て第三者に通報したことがあるも
　　　のであるとき。

（ある種類の種類株主に損害を及ぼすおそ
れがある場合の種類株主総会）
第322条　種類株式発行会社が次に掲げる
　　行為をする場合において、ある種類の株
　　式の種類株主に損害を及ぼすおそれがあ
　　るときは、当該行為は、当該種類の株式
　　の種類株主を構成員とする種類株主総会
　　（当該種類株主に係る株式の種類が二以
　　上ある場合にあっては、当該二以上の株
　　式の種類別に区分された種類株主を構成
　　員とする各種類株主総会。以下この条に
　　おいて同じ。）の決議がなければ、その効
　　力を生じない。ただし、当該種類株主総
　　会において議決権を行使することができ
　　る種類株主が存しない場合は、この限り
　　でない。
　　一～十三　（略）
　　十四　株式交付
２～４　（略）

（種類株主総会の決議）
第324条　（略）
２　前項の規定にかかわらず、次に掲げる種
　　類株主総会の決議は、当該種類株主総会に
　　おいて議決権を行使することができる株主
　　の議決権の過半数（三分の一以上の割合を
　　定款で定めた場合にあっては、その割合以
　　上）を有する株主が出席し、出席した当該
　　株主の議決権の三分の二（これを上回る割
　　合を定款で定めた場合にあっては、その割
　　合）以上に当たる多数をもって行わなけれ
　　ばならない。この場合においては、当該決
　　議の要件に加えて、一定の数以上の株主の
　　賛成を要する旨その他の要件を定款で定め
　　ることを妨げない。
　　一～六　（略）
　　七　第816条の３第３項の種類株主総会
３　（略）

（ある種類の種類株主に損害を及ぼすおそ
れがある場合の種類株主総会）
第322条　種類株式発行会社が次に掲げる行
　　為をする場合において、ある種類の株式の
　　種類株主に損害を及ぼすおそれがあるとき
　　は、当該行為は、当該種類の株式の種類株
　　主を構成員とする種類株主総会（当該種類
　　株主に係る株式の種類が二以上ある場合に
　　あっては、当該二以上の株式の種類別に区
　　分された種類株主を構成員とする各種類株
　　主総会。以下この条において同じ。）の決議
　　がなければ、その効力を生じない。ただ
　　し、当該種類株主総会において議決権を行
　　使することができる種類株主が存しない場
　　合は、この限りでない。
　　一～十三　（同左）
（新設）
２～４　（同左）

（種類株主総会の決議）
第324条　（同左）
２　前項の規定にかかわらず、次に掲げる種
　　類株主総会の決議は、当該種類株主総会に
　　おいて議決権を行使することができる株主
　　の議決権の過半数（三分の一以上の割合を
　　定款で定めた場合にあっては、その割合以
　　上）を有する株主が出席し、出席した当該
　　株主の議決権の三分の二（これを上回る割
　　合を定款で定めた場合にあっては、その割
　　合）以上に当たる多数をもって行わなけれ
　　ばならない。この場合においては、当該決
　　議の要件に加えて、一定の数以上の株主の
　　賛成を要する旨その他の要件を定款で定め
　　ることを妨げない。
　　一～六　（同左）
（新設）
３　（同左）

　　　　第三款　電子提供措置　　　　　　　（新設）

　　（電子提供措置をとる旨の定款の定め）　　（新設）
第325条の２　株式会社は、取締役が株主総
　　会（種類株主総会を含む。）の招集の手続を
　　行うときは、次に掲げる資料（以下この款
　　において「株主総会参考書類等」という。）
　　の内容である情報について、電子提供措置
　　（電磁的方法により株主（種類株主総会を招
　　集する場合にあっては、ある種類の株主に
　　限る。）が情報の提供を受けることができる
　　状態に置く措置であって、法務省令で定め
　　るものをいう。以下この款、第911条第３
　　項第十二号の二及び第976条第十九号にお
　　いて同じ。）をとる旨を定款で定めることが
　　できる。この場合において、その定款に
　　は、電子提供措置をとる旨を定めれば足り
　　る。
　　一　株主総会参考書類
　　二　議決権行使書面
　　三　第437条の計算書類及び事業報告
　　四　第444条第６項の連結計算書類

　　（電子提供措置）　　　　　　　　　　　　（新設）
第325条の３　電子提供措置をとる旨の定款
　　の定めがある株式会社の取締役は、第299
　　条第２項各号に掲げる場合には、株主総会
　　の日の三週間前の日又は同条第１項の通知
　　を発した日のいずれか早い日（以下この款
　　において「電子提供措置開始日」という。）
　　から株主総会の日後三箇月を経過する日ま
　　での間（以下この款において「電子提供措
　　置期間」という。）、次に掲げる事項に係る
　　情報について継続して電子提供措置をとら
　　なければならない。
　　一　第298条第１項各号に掲げる事項
　　二　第301条第１項に規定する場合には、
　　　株主総会参考書類及び議決権行使書面に
　　　記載すべき事項
　　三　第302条第１項に規定する場合には、
　　　株主総会参考書類に記載すべき事項
　　四　第305条第１項の規定による請求が
　　　あった場合には、同項の議案の要領
　　五　株式会社が取締役会設置会社である場
　　　合において、取締役が定時株主総会を招

集するときは、第437条の計算書類及び
事業報告に記載され、又は記録された事
項

六　株式会社が会計監査人設置会社（取締
役会設置会社に限る。）である場合におい
て、取締役が定時株主総会を招集すると
きは、第444条第6項の連結計算書類に
記載され、又は記録された事項

七　前各号に掲げる事項を修正したときは、
その旨及び修正前の事項

2　前項の規定にかかわらず、取締役が第
299条第1項の通知に際して株主に対し議
決権行使書面を交付するときは、議決権行
使書面に記載すべき事項に係る情報につい
ては、前項の規定により電子提供措置をと
ることを要しない。

3　第1項の規定にかかわらず、金融商品取
引法第24条第1項の規定によりその発行す
る株式について有価証券報告書を内閣総理
大臣に提出しなければならない株式会社が、
電子提供措置開始日までに第1項各号に掲
げる事項（定時株主総会に係るものに限り、
議決権行使書面に記載すべき事項を除く。）
を記載した有価証券報告書（添付書類及び
これらの訂正報告書を含む。）の提出の手続
を同法第27条の30の2に規定する開示用
電子情報処理組織（以下この款において単
に「開示用電子情報処理組織」という。）を
使用して行う場合には、当該事項に係る情
報については、同項の規定により電子提供
措置をとることを要しない。

（株主総会の招集の通知等の特則）
第325条の4　前条第1項の規定により電子提
供措置をとる場合における第299条第1項
の規定の適用については、同項中「二週間
（前条第1項第三号又は第四号に掲げる事項
を定めたときを除き、公開会社でない株式
会社にあっては、一週間（当該株式会社が取
締役会設置会社以外の株式会社である場合
において、これを下回る期間を定款で定め
た場合にあっては、その期間））」とあるの
は、「二週間」とする。

2　第299条第4項の規定にかかわらず、前
条第1項の規定により電子提供措置をとる
場合には、第299条第2項又は第3項の通

（新設）

知には、第298条第1項第五号に掲げる事
項を記載し、又は記録することを要しない。
この場合において、当該通知には、同項第
一号から第四号までに掲げる事項のほか、
次に掲げる事項を記載し、又は記録しなけ
ればならない。
一　電子提供措置をとっているときは、そ
の旨
二　前条第3項の手続を開示用電子情報処
理組織を使用して行ったときは、その旨
三　前二号に掲げるもののほか、法務省令
で定める事項
3　第301条第1項、第302条第1項、第437
条及び第444条第6項の規定にかかわらず、
電子提供措置をとる旨の定款の定めがある
株式会社においては、取締役は、第299条
第1項の通知に際して、株主に対し、株主
総会参考書類等を交付し、又は提供するこ
とを要しない。
4　電子提供措置をとる旨の定款の定めがあ
る株式会社における第305条第1項の規定
の適用については、同項中「その通知に記
載し、又は記録する」とあるのは、「当該
議案の要領について第325条の2に規定す
る電子提供措置をとる」とする。

（書面交付請求）
第325条の5　電子提供措置をとる旨の定款
の定めがある株式会社の株主（第299条第
3項（第325条において準用する場合を含
む。）の承諾をした株主を除く。）は、株式会
社に対し、第325条の3第1項各号（第325
条の7において準用する場合を含む。）に掲
げる事項（以下この条において「電子提供
措置事項」という。）を記載した書面の交付
を請求することができる。
2　取締役は、第325条の3第1項の規定に
より電子提供措置をとる場合には、第299
条第1項の通知に際して、前項の規定によ
る請求（以下この条において「書面交付請
求」という。）をした株主（当該株主総会に
おいて議決権を行使することができる者を
定めるための基準日（第124条第1項に規定
する基準日をいう。）を定めた場合にあって
は、当該基準日までに書面交付請求をした
者に限る。）に対し、当該株主総会に係る電

（新設）

子提供措置事項を記載した書面を交付しな
ければならない。

3　株式会社は、電子提供措置事項のうち法
務省令で定めるものの全部又は一部につい
ては、前項の規定により交付する書面に記
載することを要しない旨を定款で定めるこ
とができる。

4　書面交付請求をした株主がある場合にお
いて、その書面交付請求の日（当該株主が
次項ただし書の規定により異議を述べた場
合にあっては、当該異議を述べた日）から
一年を経過したときは、株式会社は、当該
株主に対し、第2項の規定による書面の交
付を終了する旨を通知し、かつ、これに異
議のある場合には一定の期間（以下この条
において「催告期間」という。）内に異議を
述べるべき旨を催告することができる。た
だし、催告期間は、一箇月を下ることがで
きない。

5　前項の規定による通知及び催告を受けた
株主がした書面交付請求は、催告期間を経
過した時にその効力を失う。ただし、当該
株主が催告期間内に異議を述べたときは、
この限りでない。

（電子提供措置の中断）　　　　　　　　　　　　（新設）
第325条の6　第325条の3第1項の規定に
かかわらず、電子提供措置期間中に電子提
供措置の中断（株主が提供を受けることが
できる状態に置かれた情報がその状態に置
かれないこととなったこと又は当該情報が
その状態に置かれた後改変されたこと（同
項第七号の規定により修正されたことを除
く。）をいう。以下この条において同じ。）が
生じた場合において、次の各号のいずれに
も該当するときは、その電子提供措置の中
断は、当該電子提供措置の効力に影響を及
ぼさない。

一　電子提供措置の中断が生ずることにつ
き株式会社が善意でかつ重大な過失がな
いこと又は株式会社に正当な事由がある
こと。

二　電子提供措置の中断が生じた時間の合
計が電子提供措置期間の十分の一を超え
ないこと。

三　電子提供措置開始日から株主総会の日

までの期間中に電子提供措置の中断が生
じたときは、当該期間中に電子提供措置
の中断が生じた時間の合計が当該期間の
十分の一を超えないこと。
　四　株式会社が電子提供措置の中断が生じ
たことを知った後速やかにその旨、電子
提供措置の中断が生じた時間及び電子提
供措置の中断の内容について当該電子提
供措置に付して電子提供措置をとったこ
と。

（株主総会に関する規定の準用）
第325条の7　第325条の3から前条まで（第
325条の3第1項（第五号及び第六号に係る
部分に限る。）及び第3項並びに第325条の
5第1項及び第3項から第5項までを除
く。）の規定は、種類株主総会について準用
する。この場合において、第325条の3第
1項中「第299条第2項各号」とあるのは
「第325条において準用する第299条第2項
各号」と、「同条第1項」とあるのは「同
条第1項（第325条において準用する場合
に限る。次項、次条及び第325条の5にお
いて同じ。）」と、「第298条第1項各号」
とあるのは「第298条第1項各号（第325条
において準用する場合に限る。）」と、「第
301条第1項」とあるのは「第325条にお
いて準用する第301条第1項」と、「第302
条第1項」とあるのは「第325条において
準用する第302条第1項」と、「第305条第
1項」とあるのは「第305条第1項（第325
条において準用する場合に限る。次条第4
項において同じ。）」と、同条第2項中「株
主」とあるのは「株主（ある種類の株式の
株主に限る。次条から第325条の6までに
おいて同じ。）」と、第325条の4第2項中
「第299条第4項」とあるのは「第325条に
おいて準用する第299条第4項」と、「第
299条第2項」とあるのは「第325条にお
いて準用する第299条第2項」と、「第298
条第1項第五号」とあるのは「第325条に
おいて準用する第298条第1項第五号」と、
「同項第一号から第四号まで」とあるのは「第
325条において準用する同項第一号から第
四号まで」と、同条第3項中「第301条第
1項、第302条第1項、第437条及び第444

（新設）

■ 法律新旧対照条文

条第6項」とあるのは「第325条において
準用する第301条第1項及び第302条第1
項」と読み替えるものとする。

（社外取締役の設置義務）
第327条の2　監査役会設置会社（公開会社で
あり、かつ、大会社であるものに限る。）で
あって金融商品取引法第24条第1項の規定
によりその発行する株式について有価証券
報告書を内閣総理大臣に提出しなければな
らないものは、社外取締役を置かなければ
ならない。

（取締役の資格等）
第331条　次に掲げる者は、取締役となるこ
とができない。
　一　（略）
　二　削除

　三・四　（略）
2～6　（略）
第331条の2　成年被後見人が取締役に就任
するには、その成年被後見人が、成年被後見
人の同意（後見監督人がある場合にあって
は、成年被後見人及び後見監督人の同意）
を得た上で、成年被後見人に代わって就任
の承諾をしなければならない。
2　被保佐人が取締役に就任するには、その
保佐人の同意を得なければならない。
3　第1項の規定は、保佐人が民法第876条
の4第1項の代理権を付与する旨の審判に
基づき被保佐人に代わって就任の承諾をす
る場合について準用する。この場合におい
て、第1項中「成年被後見人の同意（後見
監督人がある場合にあっては、成年被後見
人及び後見監督人の同意）」とあるのは、
「被保佐人の同意」と読み替えるものとす
る。
4　成年被後見人又は被保佐人がした取締役
の資格に基づく行為は、行為能力の制限に
よっては取り消すことができない。

（社外取締役を置いていない場合の理由の
開示）
第327条の2　事業年度の末日において監査役
会設置会社（公開会社であり、かつ、大会社
であるものに限る。）であって金融商品取引
法第24条第1項の規定によりその発行する
株式について有価証券報告書を内閣総理大
臣に提出しなければならないものが社外取
締役を置いていない場合には、取締役は、
当該事業年度に関する定時株主総会におい
て、社外取締役を置くことが相当でない理
由を説明しなければならない。

（取締役の資格等）
第331条　次に掲げる者は、取締役となるこ
とができない。
　一　（同左）
　二　成年被後見人若しくは被保佐人又は外
　　国の法令上これらと同様に取り扱われて
　　いる者
　三・四　（同左）
2～6　（同左）
（新設）

235

（監査役の資格等）
第335条　第331条第1項及び第2項並びに
　　第331条の2の規定は、監査役について
　　準用する。
2・3　（略）

（業務の執行の社外取締役への委託）
第348条の2　株式会社（指名委員会等設置会
　　社を除く。）が社外取締役を置いている場合
　　において、当該株式会社と取締役との利益
　　が相反する状況にあるとき、その他取締役
　　が当該株式会社の業務を執行することによ
　　り株主の利益を損なうおそれがあるとき
　　は、当該株式会社は、その都度、取締役の
　　決定（取締役会設置会社にあっては、取締
　　役会の決議）によって、当該株式会社の業
　　務を執行することを社外取締役に委託する
　　ことができる。
2　指名委員会等設置会社と執行役との利益
　　が相反する状況にあるとき、その他執行役
　　が指名委員会等設置会社の業務を執行する
　　ことにより株主の利益を損なうおそれがあ
　　るときは、当該指名委員会等設置会社は、
　　その都度、取締役会の決議によって、当該
　　指名委員会等設置会社の業務を執行するこ
　　とを社外取締役に委託することができる。
3　前2項の規定により委託された業務の執
　　行は、第2条第十五号イに規定する株式会
　　社の業務の執行に該当しないものとする。
　　ただし、社外取締役が業務執行取締役（指
　　名委員会等設置会社にあっては、執行役）の
　　指揮命令により当該委託された業務を執行
　　したときは、この限りでない。

（取締役の報酬等）
第361条　取締役の報酬、賞与その他の職
　　務執行の対価として株式会社から受ける
　　財産上の利益（以下この章において「報
　　酬等」という。）についての次に掲げる事
　　項は、定款に当該事項を定めていないと
　　きは、株主総会の決議によって定める。
一・二　（略）
三　報酬等のうち当該株式会社の募集株式
　　（第199条第1項に規定する募集株式をい
　　う。以下この項及び第409条第3項にお

（監査役の資格等）
第335条　第331条第1項及び第2項の規定
　　は、監査役について準用する。
2・3　（同左）

（新設）

（取締役の報酬等）
第361条　取締役の報酬、賞与その他の職務
　　執行の対価として株式会社から受ける財産
　　上の利益（以下この章において「報酬等」
　　という。）についての次に掲げる事項は、定
　　款に当該事項を定めていないときは、株主
　　総会の決議によって定める。
一・二　（同左）
（新設）

いて同じ。）については、当該募集株式の数（種類株式発行会社にあっては、募集株式の種類及び種類ごとの数）の上限その他法務省令で定める事項

四　報酬等のうち当該株式会社の募集新株予約権（第238条第1項に規定する募集新株予約権をいう。以下この項及び第409条第3項において同じ。）については、当該募集新株予約権の数の上限その他法務省令で定める事項

五　報酬等のうち次のイ又はロに掲げるものと引換えにする払込みに充てるための金銭については、当該イ又はロに定める事項

イ　当該株式会社の募集株式　取締役が引き受ける当該募集株式の数（種類株式発行会社にあっては、募集株式の種類及び種類ごとの数）の上限その他法務省令で定める事項

ロ　当該株式会社の募集新株予約権　取締役が引き受ける当該募集新株予約権の数の上限その他法務省令で定める事項

六　報酬等のうち金銭でないもの（当該株式会社の募集株式及び募集新株予約権を除く。）については、その具体的な内容

2・3　（略）

4　第1項各号に掲げる事項を定め、又はこれを改定する議案を株主総会に提出した取締役は、当該株主総会において、当該事項を相当とする理由を説明しなければならない。

5・6　（略）

7　次に掲げる株式会社の取締役会は、取締役（監査等委員である取締役を除く。以下この項において同じ。）の報酬等の内容として定款又は株主総会の決議による第1項各号に掲げる事項についての定めがある場合には、当該定めに基づく取締役の個人別の報酬等の内容についての決定に関する方針として法務省令で定める事項を決定しなければならない。ただし、取締役の個人別の報酬等の内容が定款又は株主総会の決議により定められているときは、この限りでない。

一　監査役会設置会社（公開会社であり、かつ、大会社であるものに限る。）であっ

（新設）

（新設）

三　報酬等のうち金銭でないものについては、その具体的な内容

2・3　（同左）

4　第1項第二号又は第三号に掲げる事項を定め、又はこれを改定する議案を株主総会に提出した取締役は、当該株主総会において、当該事項を相当とする理由を説明しなければならない。

5・6　（同左）

（新設）

て、金融商品取引法第24条第１項の規定によりその発行する株式について有価証券報告書を内閣総理大臣に提出しなければならないもの
　二　監査等委員会設置会社

（監査等委員会設置会社の取締役会の権限）	（監査等委員会設置会社の取締役会の権限）
第399条の13　（略）	第399条の13　（同左）
２〜４　（略）	２〜４　（同左）
５　前項の規定にかかわらず、監査等委員会設置会社の取締役の過半数が社外取締役である場合には、当該監査等委員会設置会社の取締役会は、その決議によって、重要な業務執行の決定を取締役に委任することができる。ただし、次に掲げる事項については、この限りでない。	５　前項の規定にかかわらず、監査等委員会設置会社の取締役の過半数が社外取締役である場合には、当該監査等委員会設置会社の取締役会は、その決議によって、重要な業務執行の決定を取締役に委任することができる。ただし、次に掲げる事項については、この限りでない。
一〜五　（略）	一〜五　（同左）
六　第348条の２第１項の規定による委託	（新設）
七　第361条第７項の規定による同項の事項の決定	（新設）
八〜十一　（略）	六〜九　（同左）
十二　補償契約（第430条の２第１項に規定する補償契約をいう。第416条第４項第十四号において同じ。）の内容の決定	（新設）
十三　役員等賠償責任保険契約（第430条の３第１項に規定する役員等賠償責任保険契約をいう。第416条第４項第十五号において同じ。）の内容の決定	（新設）
十四〜二十一　（略）	十一〜十七　（同左）
二十二　株式交付計画（当該監査等委員会設置会社の株主総会の決議による承認を要しないものを除く。）の内容の決定	（新設）
６　（略）	６　（同左）
（執行役の選任等）	（執行役の選任等）
第402条　（略）	第402条　（同左）
２・３　（略）	２・３　（同左）
４　第331条第１項及び第331条の２の規定は、執行役について準用する。	４　第331条第１項の規定は、執行役について準用する。
５〜８　（略）	５〜８　（同左）
（報酬委員会による報酬の決定の方法等）	（報酬委員会による報酬の決定の方法等）
第409条　（略）	第409条　（同左）
２　（略）	２　（同左）
３　報酬委員会は、次の各号に掲げるものを	３　報酬委員会は、次の各号に掲げるものを

執行役等の個人別の報酬等とする場合には、その内容として、当該各号に定める事項について決定しなければならない。ただし、会計参与の個人別の報酬等は、第一号に掲げるものでなければならない。

一・二　（略）

三　当該株式会社の募集株式　当該募集株式の数（種類株式発行会社にあっては、募集株式の種類及び種類ごとの数）その他法務省令で定める事項

四　当該株式会社の募集新株予約権　当該募集新株予約権の数その他法務省令で定める事項

五　次のイ又はロに掲げるものと引換えにする払込みに充てるための金銭　当該イ又はロに定める事項

　イ　当該株式会社の募集株式　執行役等が引き受ける当該募集株式の数（種類株式発行会社にあっては、募集株式の種類及び種類ごとの数）その他法務省令で定める事項

　ロ　当該株式会社の募集新株予約権　執行役等が引き受ける当該募集新株予約権の数その他法務省令で定める事項

六　金銭でないもの（当該株式会社の募集株式及び募集新株予約権を除く。）個人別の具体的な内容

（指名委員会等設置会社の取締役会の権限）

第416条　（略）

2・3　（略）

4　指名委員会等設置会社の取締役会は、その決議によって、指名委員会等設置会社の業務執行の決定を執行役に委任することができる。ただし、次に掲げる事項については、この限りでない。

一～五　（略）

六　第348条の２第２項の規定による委託

七～十三　（略）

十四　補償契約の内容の決定

十五　役員等賠償責任保険契約の内容の決定

十六～二十三　（略）

二十四　株式交付計画（当該指名委員会等設置会社の株主総会の決議による承認を要しないものを除く。）の内容の

執行役等の個人別の報酬等とする場合には、その内容として、当該各号に定める事項を決定しなければならない。ただし、会計参与の個人別の報酬等は、第一号に掲げるものでなければならない。

一・二　（同左）

（新設）

（新設）

（新設）

三　金銭でないもの個人別の具体的な内容

（指名委員会等設置会社の取締役会の権限）

第416条　（同左）

2・3　（同左）

4　指名委員会等設置会社の取締役会は、その決議によって、指名委員会等設置会社の業務執行の決定を執行役に委任することができる。ただし、次に掲げる事項については、この限りでない。

‥五　（同左）

（新設）

六～十二　（同左）

（新設）

（新設）

十三～二十　（同左）

（新設）

決定

（役員等の株式会社に対する損害賠償責任）
第423条　取締役、会計参与、監査役、執行役又は会計監査人（以下この章において「役員等」という。）は、その任務を怠ったときは、株式会社に対し、これによって生じた損害を賠償する責任を負う。
2～4　（略）

第十二節　補償契約及び役員等のために締結される保険契約

（補償契約）
第430条の2　株式会社が、役員等に対して次に掲げる費用等の全部又は一部を当該株式会社が補償することを約する契約（以下この条において「補償契約」という。）の内容の決定をするには、株主総会（取締役会設置会社にあっては、取締役会）の決議によらなければならない。
　一　当該役員等が、その職務の執行に関し、法令の規定に違反したことが疑われ、又は責任の追及に係る請求を受けたことに対処するために支出する費用
　二　当該役員等が、その職務の執行に関し、第三者に生じた損害を賠償する責任を負う場合における次に掲げる損失
　　イ　当該損害を当該役員等が賠償することにより生ずる損失
　　ロ　当該損害の賠償に関する紛争について当事者間に和解が成立したときは、当該役員等が当該和解に基づく金銭を支払うことにより生ずる損失
2　株式会社は、補償契約を締結している場合であっても、当該補償契約に基づき、次に掲げる費用等を補償することができない。
　一　前項第一号に掲げる費用のうち通常要する費用の額を超える部分
　二　当該株式会社が前項第二号の損害を賠償するとすれば当該役員等が当該株式会社に対して第423条第1項の責任を負う場合には、同号に掲げる損失のうち当該責任に係る部分
　三　役員等がその職務を行うにつき悪意又

（役員等の株式会社に対する損害賠償責任）
第423条　取締役、会計参与、監査役、執行役又は会計監査人（以下この節において「役員等」という。）は、その任務を怠ったときは、株式会社に対し、これによって生じた損害を賠償する責任を負う。
2～4　（同左）

（新設）

（新設）

　　は重大な過失があったことにより前項第
　　二号の責任を負う場合には、同号に掲げ
　　る損失の全部
　3　補償契約に基づき第1項第一号に掲げる
　　費用を補償した株式会社が、当該役員等が
　　自己若しくは第三者の不正な利益を図り、
　　又は当該株式会社に損害を加える目的で同
　　号の職務を執行したことを知ったときは、
　　当該役員等に対し、補償した金額に相当す
　　る金銭を返還することを請求することがで
　　きる。
　4　取締役会設置会社においては、補償契約
　　に基づく補償をした取締役及び当該補償を
　　受けた取締役は、遅滞なく、当該補償につ
　　いての重要な事実を取締役会に報告しなけ
　　ればならない。
　5　前項の規定は、執行役について準用する。
　　この場合において、同項中「取締役会設置
　　会社においては、補償契約」とあるのは、
　　「補償契約」と読み替えるものとする。
　6　第356条第1項及び第365条第2項（これ
　　らの規定を第419条第2項において準用す
　　る場合を含む。）、第423条第3項並びに第
　　428条第1項の規定は、株式会社と取締役
　　又は執行役との間の補償契約については、
　　適用しない。
　7　民法第108条の規定は、第1項の決議に
　　よってその内容が定められた前項の補償契
　　約の締結については、適用しない。

　（役員等のために締結される保険契約）
第430条の3　株式会社が、保険者との間で
　締結する保険契約のうち役員等がその職務
　の執行に関し責任を負うこと又は当該責任
　の追及に係る請求を受けることによって生
　ずることのある損害を保険者が填補するこ
　とを約するものであって、役員等を被保険
　者とするもの（当該保険契約を締結するこ
　とにより被保険者である役員等の職務の執
　行の適正性が著しく損なわれるおそれがな
　いものとして法務省令で定めるものを除
　く。第3項ただし書において「役員等賠償
　責任保険契約」という。）の内容の決定をす
　るには、株主総会（取締役会設置会社に
　あっては、取締役会）の決議によらなけれ
　ばならない。

（新設）

241

2　第356条第1項及び第365条第2項（これらの規定を第419条第2項において準用する場合を含む。）並びに第423条第3項の規定は、株式会社が保険者との間で締結する保険契約のうち役員等がその職務の執行に関し責任を負うこと又は当該責任の追及に係る請求を受けることによって生ずることのある損害を保険者が塡補することを約するものであって、取締役又は執行役を被保険者とするものの締結については、適用しない。

3　民法第108条の規定は、前項の保険契約の締結については、適用しない。ただし、当該契約が役員等賠償責任保険契約である場合には、第1項の決議によってその内容が定められたときに限る。

（資本金の額及び準備金の額）
第445条　（略）
2〜4　（略）
5　合併、吸収分割、新設分割、株式交換、株式移転又は株式交付に際して資本金又は準備金として計上すべき額については、法務省令で定める。
6　定款又は株主総会の決議による第361条第1項第三号、第四号若しくは第五号ロに掲げる事項についての定め又は報酬委員会による第409条第3項第三号、第四号若しくは第五号ロに定める事項についての決定に基づく株式の発行により資本金又は準備金として計上すべき額については、法務省令で定める。

（清算人の就任）
第478条　（略）
2〜7　（略）
8　第330条、第331条第1項及び第331条の2の規定は清算人について、第331条第5項の規定は清算人会設置会社（清算人会を置く清算株式会社又はこの法律の規定により清算人会を置かなければならない清算株式会社をいう。以下同じ。）について、それぞれ準用する。この場合において、同項中「取締役は」とあるのは、「清算人は」と読み替えるものとする。

（資本金の額及び準備金の額）
第445条　（同左）
2〜4　（同左）
5　合併、吸収分割、新設分割、株式交換又は株式移転に際して資本金又は準備金として計上すべき額については、法務省令で定める。
（新設）

（清算人の就任）
第478条　（同左）
2〜7　（同左）
8　第330条及び第331条第1項の規定は清算人について、同条第5項の規定は清算人会設置会社（清算人会を置く清算株式会社又はこの法律の規定により清算人会を置かなければならない清算株式会社をいう。以下同じ。）について、それぞれ準用する。この場合において、同項中「取締役は」とあるのは、「清算人は」と読み替えるものとする。

第509条　次に掲げる規定は、清算株式会社については、適用しない。	第509条　次に掲げる規定は、清算株式会社については、適用しない。
一・二　（略）	一・二　（同左）
三　第五編第四章及び<u>第四章の二並びに同編第五章</u>中株式交換、<u>株式移転及び株式交付</u>の手続に係る部分	三　第五編第四章並びに<u>第五章</u>中株式交換<u>及び株式移転</u>の手続に係る部分
2・3　（略）	2・3　（同左）
（募集社債に関する事項の決定）	（募集社債に関する事項の決定）
第676条　会社は、その発行する社債を引き受ける者の募集をしようとするときは、その都度、募集社債（当該募集に応じて当該社債の引受けの申込みをした者に対して割り当てる社債をいう。以下この編において同じ。）について次に掲げる事項を定めなければならない。	第676条　会社は、その発行する社債を引き受ける者の募集をしようとするときは、その都度、募集社債（当該募集に応じて当該社債の引受けの申込みをした者に対して割り当てる社債をいう。以下この編において同じ。）について次に掲げる事項を定めなければならない。
一〜七　（略）	一〜七　（同左）
<u>七の二　社債管理者を定めないこととするときは、その旨</u>	（新設）
八　（略）	八　（同左）
<u>八の二　社債管理補助者を定めることとするときは、その旨</u>	（新設）
九〜十二　（略）	九〜十二　（同左）
（社債原簿）	（社債原簿）
第681条　会社は、社債を発行した日以後遅滞なく、社債原簿を作成し、これに次に掲げる事項（以下この章において「社債原簿記載事項」という。）を記載し、又は記録しなければならない。	第681条　会社は、社債を発行した日以後遅滞なく、社債原簿を作成し、これに次に掲げる事項（以下この章において「社債原簿記載事項」という。）を記載し、又は記録しなければならない。
一　第676条第三号から<u>第八号の二</u>までに掲げる事項その他の社債の内容を特定するものとして法務省令で定める事項（以下この編において「種類」という。）	一　第676条第三号から<u>第八号</u>までに掲げる事項その他の社債の内容を特定するものとして法務省令で定める事項（以下この編において「種類」という。）
二〜七　（略）	二〜七　（同左）
第706条　社債管理者は、社債権者集会の決議によらなければ、次に掲げる行為をしてはならない。ただし、第二号に掲げる行為については、第676条第八号に掲げる事項についての定めがあるときは、この限りでない。	第706条　社債管理者は、社債権者集会の決議によらなければ、次に掲げる行為をしてはならない。ただし、第二号に掲げる行為については、第676条第八号に掲げる事項についての定めがあるときは、この限りでない。
一　当該社債の全部についてするその支払の猶予、その債務<u>若しくはその債務</u>の不履行によって生じた責任の免除又は和解（次号に掲げる行為を除く。）	一　当該社債の全部についてするその支払の猶予、その債務の不履行によって生じた責任の免除又は和解（次号に掲げる行為を除く。）

　　二　（略）　　　　　　　　　　　　　二　（同左）
　2～4　（略）　　　　　　　　　　　2～4　（同左）

　　　　第二章の二　社債管理補助者

　（社債管理補助者の設置）　　　　　　　（新設）
第714条の2　会社は、第702条ただし書に　（新設）
　規定する場合には、社債管理補助者を定
　め、社債権者のために、社債の管理の補助
　を行うことを委託することができる。ただ
　し、当該社債が担保付社債である場合は、
　この限りでない。

　（社債管理補助者の資格）
第714条の3　社債管理補助者は、第703条　（新設）
　各号に掲げる者その他法務省令で定める者
　でなければならない。

　（社債管理補助者の権限等）
第714条の4　社債管理補助者は、社債権者　（新設）
　のために次に掲げる行為をする権限を有す
　る。
　一　破産手続参加、再生手続参加又は更生
　　手続参加
　二　強制執行又は担保権の実行の手続にお
　　ける配当要求
　三　第499条第1項の期間内に債権の申出
　　をすること。
　2　社債管理補助者は、第714条の2の規定
　による委託に係る契約に定める範囲内にお
　いて、社債権者のために次に掲げる行為を
　する権限を有する。
　一　社債に係る債権の弁済を受けること。
　二　第705条第1項の行為（前項各号及び前
　　号に掲げる行為を除く。）
　三　第706条第1項各号に掲げる行為
　四　社債発行会社が社債の総額について期
　　限の利益を喪失することとなる行為
　3　前項の場合において、社債管理補助者は、
　社債権者集会の決議によらなければ、次に
　掲げる行為をしてはならない。
　一　前項第二号に掲げる行為であって、次
　　に掲げるもの
　　イ　当該社債の全部についてするその支
　　　払の請求
　　ロ　当該社債の全部に係る債権に基づく

　　　強制執行、仮差押え又は仮処分
　　ハ　当該社債の全部についてする訴訟行
　　　為又は破産手続、再生手続、更生手続
　　　若しくは特別清算に関する手続に属す
　　　る行為（イ及びロに掲げる行為を除く。）
　　二　前項第三号及び第四号に掲げる行為
　4　社債管理補助者は、第714条の2の規定
　　による委託に係る契約に従い、社債の管理
　　に関する事項を社債権者に報告し、又は社
　　債権者がこれを知ることができるようにす
　　る措置をとらなければならない。
　5　第705条第2項及び第3項の規定は、第
　　2項第一号に掲げる行為をする権限を有す
　　る社債管理補助者について準用する。

　（二以上の社債管理補助者がある場合の特
　則）
第714条の5　二以上の社債管理補助者がある　　　　（新設）
　ときは、社債管理補助者は、各自、その権
　限に属する行為をしなければならない。
　2　社債管理補助者が社債権者に生じた損害
　　を賠償する責任を負う場合において、他の
　　社債管理補助者も当該損害を賠償する責任
　　を負うときは、これらの者は、連帯債務者
　　とする。

　（社債管理者等との関係）　　　　　　　　　　（新設）
第714条の6　第702条の規定による委託に係
　る契約又は担保付社債信託法（明治38年法
　律第52号）第2条第1項に規定する信託契約
　の効力が生じた場合には、第714条の2の規
　定による委託に係る契約は、終了する。

　（社債管理者に関する規定の準用）
第714条の7　第704条、第707条、第708条、　　　（新設）
　第710条第1項、第711条、第713条及び第
　714条の規定は、社債管理補助者について
　準用する。この場合において、第704条中
　「社債の管理」とあるのは「社債の管理の補
　助」と、同項中「社債権者に対し、連帯して」
　とあるのは「社債権者に対し」と、第711
　条第1項中「において、他に社債管理者が
　ないときは」とあるのは「において」と、
　同条第2項中「第702条」とあるのは「第
　714条の2」と、第714条第1項中「にお
　いて、他に社債管理者がないときは」とあ

るのは「には」と、「社債の管理」とある
のは「社債の管理の補助」と、「第703条各
号に掲げる」とあるのは「第714条の3に
規定する」と、「解散した」とあるのは「死
亡し、又は解散した」と読み替えるものと
する。

（社債権者集会の招集）
第717条　（略）
2　社債権者集会は、<u>次項又は次条第3項の</u>
　規定により招集する場合を除き、社債発行
　会社又は社債管理者が招集する。
3　<u>次に掲げる場合には、社債管理補助者は、</u>
　<u>社債権者集会を招集することができる。</u>
　<u>一　次条第1項の規定による請求があった</u>
　　<u>場合</u>
　<u>二　第714条の7において準用する第711</u>
　　<u>条第1項の社債権者集会の同意を得るた</u>
　　<u>め必要がある場合</u>

（社債権者による招集の請求）
第718条　ある種類の社債の総額（償還済みの
　額を除く。）の十分の一以上に当たる社債を
　有する社債権者は、社債発行会社、<u>社債管</u>
　<u>理者又は社債管理補助者</u>に対し、社債権者
　集会の目的である事項及び招集の理由を示
　して、社債権者集会の招集を請求すること
　ができる。
2・3　（略）
4　第1項の規定による請求又は前項の規定
　による招集をしようとする無記名社債の社
　債権者は、その社債券を社債発行会社、<u>社</u>
　<u>債管理者又は社債管理補助者</u>に提示しなけ
　ればならない。

（社債権者集会の招集の通知）
第720条　社債権者集会を招集するには、招
　集者は、社債権者集会の日の二週間前まで
　に、知れている社債権者及び社債発行会社
　並びに社債管理者<u>又は社債管理補助者</u>があ
　る場合にあっては社債管理者<u>又は社債管理</u>
　<u>補助者</u>に対して、書面をもってその通知を
　発しなければならない。
2〜5　（略）

（社債権者集会の決議）

（社債権者集会の招集）
第717条　（同左）
2　社債権者集会は、次条第3項の規定によ
　り招集する場合を除き、社債発行会社又は
　社債管理者が招集する。
（新設）

（社債権者による招集の請求）
第718条　ある種類の社債の総額（償還済みの
　額を除く。）の十分の一以上に当たる社債を
　有する社債権者は、社債発行会社又は社債
　管理者に対し、社債権者集会の目的である
　事項及び招集の理由を示して、社債権者集
　会の招集を請求することができる。
2・3　（同左）
4　第1項の規定による請求又は前項の規定
　による招集をしようとする無記名社債の社
　債権者は、その社債券を社債発行会社又は
　社債管理者に提示しなければならない。

（社債権者集会の招集の通知）
第720条　社債権者集会を招集するには、招
　集者は、社債権者集会の日の二週間前まで
　に、知れている社債権者及び社債発行会社
　並びに社債管理者がある場合にあっては社
　債管理者に対して、書面をもってその通知
　を発しなければならない。
2〜5　（同左）

第724条　（略）

2　前項の規定にかかわらず、社債権者集会
において次に掲げる事項を可決するには、
議決者の議決権の総額の五分の一以上
で、かつ、出席した議決権者の議決権の総
額の三分の二以上の議決権を有する者の同
意がなければならない。

一　（略）

二　第706条第1項、第714条の4第3項
（同条第2項第三号に掲げる行為に係る
部分に限る。）、第736条第1項、第737
条第1項ただし書及び第738条の規定に
より社債権者集会の決議を必要とする事
項

3　（略）

（社債発行会社の代表者の出席等）

第729条　社債発行会社、社債管理者又は社
債管理補助者は、その代表者若しくは代理
人を社債権者集会に出席させ、又は書面に
より意見を述べることができる。ただし、
社債管理者又は社債管理補助者にあって
は、その社債権者集会が第707条（第714条
の7において準用する場合を含む。）の特別
代理人の選任について招集されたものであ
るときは、この限りでない。

2　（略）

（議事録）

第731条　（略）

2　（略）

3　社債管理者、社債管理補助者及び社債権
者は、社債発行会社の営業時間内は、いつ
でも、次に掲げる請求をすることができる。

一・二（略）

（社債権者集会の決議の省略）

第735条の2　社債発行会社、社債管理者、
社債管理補助者又は社債権者が社債権者集
会の目的である事項について（社債管理補
助者にあっては、第714条の7において準
用する第711条第1項の社債権者集会の同
意をすることについて）提案をした場合に
おいて、当該提案につき議決権者の全員が
書面又は電磁的記録により同意の意思表示
をしたときは、当該提案を可決する旨の社

（社債権者集会の決議）

第724条　（同左）

2　前項の規定にかかわらず、社債権者集会
において次に掲げる事項を可決するには、
議決権者の議決権の総額の五分の一以上
で、かつ、出席した議決権者の議決権の総
額の三分の二以上の議決権を有する者の同
意がなければならない。

一　（同左）

二　第706条第1項、第736条第1項、第
737条第1項ただし書及び第738条の規
定により社債権者集会の決議を必要とす
る事項

3　（同左）

（社債発行会社の代表者の出席等）

第729条　社債発行会社又は社債管理者は、
その代表者若しくは代理人を社債権者集会
に出席させ、又は書面により意見を述べる
ことができる。ただし、社債管理者にあっ
ては、その社債権者集会が第707条の特別
代理人の選任について招集されたものであ
るときは、この限りでない。

2　（同左）

（議事録）

第731条　（同左）

2　（同左）

3　社債管理者及び社債権者は、社債発行会
社の営業時間内は、いつでも、次に掲げる
請求をすることができる。

一・二（同左）

（新設）

債権者集会の決議があったものとみなす。
2　社債発行会社は、前項の規定により社債
　権者集会の決議があったものとみなされた
　日から十年間、同項の書面又は電磁的記録
　をその本店に備え置かなければならない。
3　社債管理者、社債管理補助者及び社債権
　者は、社債発行会社の営業時間内は、いつ
　でも、次に掲げる請求をすることができ
　る。
　一　前項の書面の閲覧又は謄写の請求
　二　前項の電磁的記録に記録された事項を
　　法務省令で定める方法により表示したも
　　のの閲覧又は謄写の請求
4　第1項の規定により社債権者集会の決
　議があったものとみなされる場合には、
　第732条から前条まで（第734条第2項を
　除く。）の規定は、適用しない。

（社債権者集会の決議の執行）
第737条　社債権者集会の決議は、次の各号
　に掲げる場合の区分に応じ、当該各号に定
　める者が執行する。ただし、社債権者集会
　の決議によって別に社債権者集会の決議を
　執行する者を定めたときは、この限りでな
　い。
　一　社債管理者がある場合　社債管理者
　二　社債管理補助者がある場合において、
　　社債管理補助者の権限に属する行為に関
　　する事項を可決する旨の社債権者集会の
　　決議があったとき　社債管理補助者
　三　前二号に掲げる場合以外の場合　代表
　　社債権者
2　（略）

（債権者の異議手続の特則）
第740条　第449条、第627条、第635条、
　第670条、第779条（第781条第2項にお
　いて準用する場合を含む。）、第789条（第
　793条第2項において準用する場合を含
　む。）、第799条（第802条第2項において
　準用する場合を含む。）、第810条（第813
　条第2項において準用する場合を含む。）
　又は第816条の8の規定により社債権者
　が異議を述べるには、社債権者集会の決
　議によらなければならない。この場合に
　おいては、裁判所は、利害関係人の申立

（社債権者集会の決議の執行）
第737条　社債権者集会の決議は、社債管理
　者又は代表社債権者（社債管理者があると
　きを除く。）が執行する。ただし、社債権者
　集会の決議によって別に社債権者集会の決
　議を執行する者を定めたときは、この限り
　でない。
（新設）
（新設）

（新設）

2　（同左）

（債権者の異議手続の特則）
第740条　第449条、第627条、第635条、第
　670条、第779条（第781条第2項において準
　用する場合を含む。）、第789条（第793条第2
　項において準用する場合を含む。）、第799条
　（第802条第2項において準用する場合を含
　む。）又は第810条（第813条第2項において準
　用する場合を含む。）の規定により社債権者が
　異議を述べるには、社債権者集会の決議によ
　らなければならない。この場合においては、裁
　判所は、利害関係人の申立てにより、社債権

てにより、社債権者のために異議を述べ
ることができる期間を伸長することができ
る。

2 （略）

3 社債発行会社における第449条第2項、
第627条第2項、第635条第2項、第670条
第2項、第779条第2項（第781条第2項に
おいて準用する場合を含む。以下この項に
おいて同じ。）、第789条第2項（第793条第
2項において準用する場合を含む。以下こ
の項において同じ。）、第799条第2項（第
802条第2項において準用する場合を含む。
以下この項において同じ。）、第810条第2
項（第813条第2項において準用する場合を
含む。以下この項において同じ。）及び第
816条の8第2項の規定の適用については、
第449条第2項、第627条第2項、第635条
第2項、第670条第2項、第779条第2項、
第799条第2項及び第816条の8第2項中
「知れている債権者」とあるのは「知れてい
る債権者（社債管理者又は社債管理補助者
がある場合にあっては、当該社債管理者又
は社債管理補助者を含む。）」と、第789条
第2項及び第810条第2項中「知れている
債権者（同項の規定により異議を述べるこ
とができるものに限る。）」とあるのは「知
れている債権者（同項の規定により異議を
述べることができるものに限り、社債管理
者又は社債管理補助者がある場合にあって
は当該社債管理者又は社債管理補助者を含
む。）」とする。

（社債管理者等の報酬等）

第741条 社債管理者、社債管理補助者、
代表社債権者又は決議執行者に対して与
えるべき報酬、その事務処理のために要
する費用及びその支出の日以後における
利息並びにその事務処理のために自己の
過失なくして受けた損害の賠償額は、社
債発行会社との契約に定めがある場合を
除き、裁判所の許可を得て、社債発行会
社の負担とすることができる。

2 前項の許可の申立ては、社債管理者、
社債管理補助者、代表社債権者又は決議
執行者がする。

3 社債管理者、社債管理補助者、代表社

者のために異議を述べることができる期間を伸
長することができる。

2 （同左）

3 社債発行会社における第449条第2項、
第627条第2項、第635条第2項、第670条
第2項、第779条第2項（第781条第2項に
おいて準用する場合を含む。以下この項に
おいて同じ。）、第789条第2項（第793条第
2項において準用する場合を含む。以下こ
の項において同じ。）、第799条第2項（第
802条第2項において準用する場合を含む。
以下この項において同じ。）及び第810条第
2項（第813条第2項において準用する場合
を含む。以下この項において同じ。）の規定
の適用については、第449条第2項、第
627条第2項、第635条第2項、第670条
第2項、第779条第2項及び第799条第2項
中「知れている債権者」とあるのは「知れ
ている債権者（社債管理者がある場合に
あっては、当該社債管理者を含む。）」と、
第789条第2項及び第810条第2項中「知
れている債権者（同項の規定により異議を
述べることができるものに限る。）」とある
のは「知れている債権者（同項の規定によ
り異議を述べることができるものに限り、
社債管理者がある場合にあっては当該社債
管理者を含む。）」とする。

（社債管理者等の報酬等）

第741条 社債管理者、代表社債権者又は決
議執行者に対して与えるべき報酬、その事
務処理のために要する費用及びその支出の
日以後における利息並びにその事務処理の
ために自己の過失なくして受けた損害の賠
償額は、社債発行会社との契約に定めがあ
る場合を除き、裁判所の許可を得て、社債
発行会社の負担とすることができる。

2 前項の許可の申立ては、社債管理者、代
表社債権者又は決議執行者がする。

債権者又は決議執行者は、第1項の報酬、費用及び利息並びに損害の賠償額に関し、第705条第1項（第737条第2項において準用する場合を含む。）又は第714条の4第2項第一号の弁済を受けた額について、社債権者に先立って弁済を受ける権利を有する。

第五編　組織変更、合併、会社分割、株式交換、株式移転及び株式交付

　第四章の二　株式交付

（株式交付計画の作成）
第774条の2　株式会社は、株式交付をすることができる。この場合においては、株式交付計画を作成しなければならない。

（株式交付計画）
第774条の3　株式会社が株式交付をする場合には、株式交付計画において、次に掲げる事項を定めなければならない。
　一　株式交付子会社（株式交付親会社（株式交付をする株式会社をいう。以下同じ。）が株式交付に際して譲り受ける株式を発行する株式会社をいう。以下同じ。）の商号及び住所
　二　株式交付親会社が株式交付に際して譲り受ける株式交付子会社の株式の数（株式交付子会社が種類株式発行会社である場合にあっては、株式の種類及び種類ごとの数）の下限
　三　株式交付親会社が株式交付に際して株式交付子会社の株式の譲渡人に対して当該株式の対価として交付する株式交付親会社の株式の数（種類株式発行会社にあっては、株式の種類及び種類ごとの数）又はその数の算定方法並びに当該株式交付親会社の資本金及び準備金の額に関する事項
　四　株式交付子会社の株式の譲渡人に対する前号の株式交付親会社の株式の割当てに関する事項
　五　株式交付親会社が株式交付に際して株式交付子会社の株式の譲渡人に対して当該株式の対価として金銭等（株式交付親

3　社債管理者、代表社債権者又は決議執行者は、第1項の報酬、費用及び利息並びに損害の賠償額に関し、第705条第1項（第737条第2項において準用する場合を含む。）の弁済を受けた額について、社債権者に先立って弁済を受ける権利を有する。

第五編　組織変更、合併、会社分割、株式交換及び株式移転

　（新設）

（新設）

（新設）

会社の株式を除く。以下この号及び次号において同じ。）を交付するときは、当該金銭等についての次に掲げる事項

　イ　当該金銭等が株式交付親会社の社債（新株予約権付社債についてのものを除く。）であるときは、当該社債の種類及び種類ごとの各社債の金額の合計額又はその算定方法

　ロ　当該金銭等が株式交付親会社の新株予約権（新株予約権付社債に付されたものを除く。）であるときは、当該新株予約権の内容及び数又はその算定方法

　ハ　当該金銭等が株式交付親会社の新株予約権付社債であるときは、当該新株予約権付社債についてのイに規定する事項及び当該新株予約権付社債に付された新株予約権についてのロに規定する事項

　ニ　当該金銭等が株式交付親会社の社債及び新株予約権以外の財産であるときは、当該財産の内容及び数若しくは額又はこれらの算定方法

六　前号に規定する場合には、株式交付子会社の株式の譲渡人に対する同号の金銭等の割当てに関する事項

七　株式交付親会社が株式交付に際して株式交付子会社の株式と併せて株式交付子会社の新株予約権（新株予約権付社債に付されたものを除く。）又は新株予約権付社債（以下「新株予約権等」と総称する。）を譲り受けるときは、当該新株予約権等の内容及び数又はその算定方法

八　前号に規定する場合において、株式交付親会社が株式交付に際して株式交付子会社の新株予約権等の譲渡人に対して当該新株予約権等の対価として金銭等を交付するときは、当該金銭等についての次に掲げる事項

　イ　当該金銭等が株式交付親会社の株式であるときは、当該株式の数（種類株式発行会社にあっては、株式の種類及び種類ごとの数）又はその数の算定方法並びに当該株式交付親会社の資本金及び準備金の額に関する事項

　ロ　当該金銭等が株式交付親会社の社債（新株予約権付社債についてのものを

　　　除く。）であるときは、当該社債の種類
　　　及び種類ごとの各社債の金額の合計額
　　　又はその算定方法
　　ハ　当該金銭等が株式交付親会社の新株
　　　予約権（新株予約権付社債に付された
　　　ものを除く。）であるときは、当該新株
　　　予約権の内容及び数又はその算定方法
　　ニ　当該金銭等が株式交付親会社の新株
　　　予約権付社債であるときは、当該新株
　　　予約権付社債についてのロに規定する
　　　事項及び当該新株予約権付社債に付さ
　　　れた新株予約権についてのハに規定す
　　　る事項
　　ホ　当該金銭等が株式交付親会社の株式
　　　等以外の財産であるときは、当該財産
　　　の内容及び数若しくは額又はこれらの
　　　算定方法
　九　前号に規定する場合には、株式交付子
　　　会社の新株予約権等の譲渡人に対する同
　　　号の金銭等の割当てに関する事項
　十　株式交付子会社の株式及び新株予約権
　　　等の譲渡しの申込みの期日
　十一　株式交付がその効力を生ずる日（以
　　　下この章において「効力発生日」とい
　　　う。）
２　前項に規定する場合には、同項第二号に
　掲げる事項についての定めは、株式交付子
　会社が効力発生日において株式交付親会社
　の子会社となる数を内容とするものでなけ
　ればならない。
３　第1項に規定する場合において、株式交
　付子会社が種類株式発行会社であるとき
　は、株式交付親会社は、株式交付子会社の
　発行する種類の株式の内容に応じ、同項第
　四号に掲げる事項として次に掲げる事項を
　定めることができる。
　一　ある種類の株式の譲渡人に対して株式
　　　交付親会社の株式の割当てをしないこと
　　　とするときは、その旨及び当該株式の種類
　二　前号に掲げる事項のほか、株式交付親
　　　会社の株式の割当てについて株式の種類
　　　ごとに異なる取扱いを行うこととするとき
　　　は、その旨及び当該異なる取扱いの内容
４　第1項に規定する場合には、同項第四号
　に掲げる事項についての定めは、株式交付
　子会社の株式の譲渡人（前項第一号の種類

の株式の譲渡人を除く。）が株式交付親会社
に譲り渡す株式交付子会社の株式の数（前
項第二号に掲げる事項についての定めがあ
る場合にあっては、各種類の株式の数）に
応じて株式交付親会社の株式を交付するこ
とを内容とするものでなければならない。

5　前2項の規定は、第1項第六号に掲げる
事項について準用する。この場合におい
て、前2項中「株式交付親会社の株式」と
あるのは、「金銭等（株式交付親会社の株式
を除く。）」と読み替えるものとする。

（株式交付子会社の株式の譲渡しの申込み）
第774条の4　株式交付親会社は、株式交付
子会社の株式の譲渡しの申込みをしようと
する者に対し、次に掲げる事項を通知しな
ければならない。
　一　株式交付親会社の商号
　二　株式交付計画の内容
　三　前二号に掲げるもののほか、法務省令
　　で定める事項

2　株式交付子会社の株式の譲渡しの申込み
をする者は、前条第1項第十号の期日まで
に、次に掲げる事項を記載した書面を株式
交付親会社に交付しなければならない。
　一　申込みをする者の氏名又は名称及び住
　　所
　二　譲り渡そうとする株式交付子会社の株
　　式の数（株式交付子会社が種類株式発行
　　会社である場合にあっては、株式の種類
　　及び種類ごとの数）

3　前項の申込みをする者は、同項の書面の
交付に代えて、政令で定めるところにより、
株式交付親会社の承諾を得て、同項の書面
に記載すべき事項を電磁的方法により提供
することができる。この場合において、当
該申込みをした者は、同項の書面を交付し
たものとみなす。

4　第1項の規定は、株式交付親会社が同項
各号に掲げる事項を記載した金融商品取引
法第2条第10項に規定する目論見書を第1
項の申込みをしようとする者に対して交付
している場合その他株式交付子会社の株式
の譲渡しの申込みをしようとする者の保護
に欠けるおそれがないものとして法務省令
で定める場合には、適用しない。

（新設）

5　株式交付親会社は、第1項各号に掲げる事項について変更があったとき（第816条の9第1項の規定により効力発生日を変更したとき及び同条第5項の規定により前条第1項第十号の期日を変更したときを含む。）は、直ちに、その旨及び当該変更があった事項を第2項の申込みをした者（以下この章において「申込者」という。）に通知しなければならない。

6　株式交付親会社が申込者に対してする通知又は催告は、第2項第一号の住所（当該申込者が別に通知又は催告を受ける場所又は連絡先を当該株式交付親会社に通知した場合にあっては、その場所又は連絡先）に宛てて発すれば足りる。

7　前項の通知又は催告は、その通知又は催告が通常到達すべきであった時に、到達したものとみなす。

（株式交付親会社が譲り受ける株式交付子会社の株式の割当て）
第774条の5　株式交付親会社は、申込者の中から当該株式交付親会社が株式交付子会社の株式を譲り受ける者を定め、かつ、その者に割り当てる当該株式交付親会社が譲り受ける株式交付子会社の株式の数（株式交付子会社が種類株式発行会社である場合にあっては、株式の種類ごとの数。以下この条において同じ。）を定めなければならない。この場合において、株式交付親会社は、申込者に割り当てる当該株式の数の合計が第774条の3第1項第二号の下限の数を下回らない範囲内で、当該株式の数を、前条第2項第二号の数よりも減少することができる。

2　株式交付親会社は、効力発生日の前日までに、申込者に対し、当該申込者から当該株式交付親会社が譲り受ける株式交付子会社の株式の数を通知しなければならない。

（株式交付子会社の株式の譲渡しの申込み及び株式交付親会社が譲り受ける株式交付子会社の株式の割当てに関する特則）
第774条の6　前二条の規定は、株式交付子会社の株式を譲り渡そうとする者が、株式交付親会社が株式交付に際して譲り受ける

（新設）

（新設）

株式交付子会社の株式の総数の譲渡しを行
う契約を締結する場合には、適用しない。

（株式交付子会社の株式の譲渡し）
第774条の7　次の各号に掲げる者は、当該
　各号に定める株式交付子会社の株式の数に
　ついて株式交付における株式交付子会社の
　株式の譲渡人となる。
　一　申込者　第774条の5第2項の規定に
　　より通知を受けた株式交付子会社の株式
　　の数
　二　前条の契約により株式交付親会社が株
　　式交付に際して譲り受ける株式交付子会
　　社の株式の総数を譲り渡すことを約した
　　者　その者が譲り渡すことを約した株式
　　交付子会社の株式の数
　2　前項各号の規定により株式交付子会社の
　　株式の譲渡人となった者は、効力発生日
　　に、それぞれ当該各号に定める数の株式交
　　付子会社の株式を株式交付親会社に給付し
　　なければならない。

（株式交付子会社の株式の譲渡しの無効又
　は取消しの制限）
第774条の8　民法第93条第1項ただし書及
　び第94条第1項の規定は、第774条の4第
　2項の申込み、第774条の5第1項の規定
　による割当て及び第774条の6の契約に係
　る意思表示については、適用しない。
　2　株式交付における株式交付子会社の株式
　　の譲渡人は、第774条の11第2項の規定に
　　より株式交付親会社の株式の株主となった
　　日から一年を経過した後又はその株式につ
　　いて権利を行使した後は、錯誤、詐欺又は
　　強迫を理由として株式交付子会社の株式の
　　譲渡しの取消しをすることができない。

（株式交付子会社の株式の譲渡しに関する
　規定の準用）
第774条の9　第774条の4から前条までの
　規定は、第774条の3第1項第七号に規定
　する場合における株式交付子会社の新株予
　約権等の譲渡しについて準用する。この場
　合において、第774条の4第2項第二号中
　「数（株式交付子会社が種類株式発行会社で
　ある場合にあっては、株式の種類及び種類

（新設）

（新設）

（新設）

ごとの数）」とあるのは「内容及び数」と、第774条の5第1項中「数（株式交付子会社が種類株式発行会社である場合にあっては、株式の種類ごとの数。以下この条において同じ。）」とあるのは「数」と、「申込者に割り当てる当該株式の数の合計が第774条の3第1項第二号の下限の数を下回らない範囲内で、当該株式」とあるのは「当該新株予約権等」と、前条第2項中「第774条の11第2項」とあるのは「第774条の11第4項第一号」と読み替えるものとする。

（申込みがあった株式交付子会社の株式の数が下限の数に満たない場合）

第774条の10　第774条の5及び第774条の7（第1項第二号に係る部分を除く。）（これらの規定を前条において準用する場合を含む。）の規定は、第774条の3第1項第十号の期日において、申込者が譲渡しの申込みをした株式交付子会社の株式の総数が同項第二号の下限の数に満たない場合には、適用しない。この場合においては、株式交付親会社は、申込者に対し、遅滞なく、株式交付をしない旨を通知しなければならない。 （新設）

（株式交付の効力の発生等）

第774条の11　株式交付親会社は、効力発生日に、第774条の7第2項（第774条の9において準用する場合を含む。）の規定による給付を受けた株式交付子会社の株式及び新株予約権等を譲り受ける。 （新設）

2　第774条の7第2項の規定による給付をした株式交付子会社の株式の譲渡人は、効力発生日に、第774条の3第1項第四号に掲げる事項についての定めに従い、同項第三号の株式交付親会社の株式の株主となる。

3　次の各号に掲げる場合には、第774条の7第2項の規定による給付をした株式交付子会社の株式の譲渡人は、効力発生日に、第774条の3第1項第六号に掲げる事項についての定めに従い、当該各号に定める者となる。

一　第774条の3第1項第五号イに掲げる

256

事項についての定めがある場合　同号イ
の社債の社債権者
二　第774条の3第1項第五号ロに掲げる
事項についての定めがある場合　同号ロ
の新株予約権の新株予約権者
三　第774条の3第1項第五号ハに掲げる
事項についての定めがある場合　同号ハ
の新株予約権付社債についての社債の社
債権者及び当該新株予約権付社債に付さ
れた新株予約権の新株予約権者
4　次の各号に掲げる場合には、第774条の
9において準用する第774条の7第2項の
規定による給付をした株式交付子会社の新
株予約権等の譲渡人は、効力発生日に、第
774条の3第1項第九号に掲げる事項につ
いての定めに従い、当該各号に定める者と
なる。
一　第774条の3第1項第八号イに掲げる
事項についての定めがある場合　同号イ
の株式の株主
二　第774条の3第1項第八号ロに掲げる
事項についての定めがある場合　同号ロ
の社債の社債権者
三　第774条の3第1項第八号ハに掲げる
事項についての定めがある場合　同号ハ
の新株予約権の新株予約権者
四　第774条の3第1項第八号ニに掲げる
事項についての定めがある場合　同号ニ
の新株予約権付社債についての社債の社
債権者及び当該新株予約権付社債に付さ
れた新株予約権の新株予約権者
5　前各項の規定は、次に掲げる場合には、
適用しない。
一　効力発生日において第816条の8の規
定による手続が終了していない場合
二　株式交付を中止した場合
三　効力発生日において株式交付親会社が
第774条の7第2項の規定による給付を
受けた株式交付子会社の株式の総数が第
774条の3第1項第二号の下限の数に満
たない場合
四　効力発生日において第2項の規定によ
り第774条の3第1項第三号の株式交付
親会社の株式の株主となる者がない場合
6　前項各号に掲げる場合には、株式交付親
会社は、第774条の7第1項各号（第774条

の9において準用する場合を含む。）に掲げる者に対し、遅滞なく、株式交付をしない旨を通知しなければならない。この場合において、第774条の7第2項（第774条の9において準用する場合を含む。）の規定による給付を受けた株式交付子会社の株式又は新株予約権等があるときは、株式交付親会社は、遅滞なく、これらをその譲渡人に返還しなければならない。

　第五章　組織変更、合併、会社分割、株式交換、株式移転及び株式交付の手続

　第四節　株式交付の手続

（株式交付計画に関する書面等の備置き及び閲覧等）
第816条の2　株式交付親会社は、株式交付計画備置開始日から株式交付がその効力を生ずる日（以下この節において「効力発生日」という。）後六箇月を経過する日までの間、株式交付計画の内容その他法務省令で定める事項を記載し、又は記録した書面又は電磁的記録をその本店に備え置かなければならない。
2　前項に規定する「株式交付計画備置開始日」とは、次に掲げる日のいずれか早い日をいう。
　一　株式交付計画について株主総会（種類株主総会を含む。）の決議によってその承認を受けなければならないときは、当該株主総会の日の二週間前の日（第319条第1項の場合にあっては、同項の提案があった日）
　二　第816条の6第3項の規定による通知の日又は同条第4項の公告の日のいずれか早い日
　三　第816条の8の規定による手続をしなければならないときは、同条第2項の規定による公告の日又は同項の規定による催告の日のいずれか早い日
3　株式交付親会社の株主（株式交付に際して株式交付子会社の株式及び新株予約権等の譲渡人に対して交付する金銭等（株式交付親会社の株式を除く。）が株式交付親会社の株式に準ずるものとして法務省令で定める

　第五章　組織変更、合併、会社分割、株式交換及び株式移転の手続

（新設）

（新設）

もののみである場合以外の場合にあっては、株主及び債権者)は、株式交付親会社に対して、その営業時間内は、いつでも、次に掲げる請求をすることができる。ただし、第二号又は第四号に掲げる請求をするには、当該株式交付親会社の定めた費用を支払わなければならない。

一　第1項の書面の閲覧の請求

二　第1項の書面の謄本又は抄本の交付の請求

三　第1項の電磁的記録に記録された事項を法務省令で定める方法により表示したものの閲覧の請求

四　第1項の電磁的記録に記録された事項を電磁的方法であって株式交付親会社の定めたものにより提供することの請求又はその事項を記載した書面の交付の請求

（株式交付計画の承認等）

第816条の3　株式交付親会社は、効力発生日の前日までに、株主総会の決議によって、株式交付計画の承認を受けなければならない。

2　株式交付親会社が株式交付子会社の株式及び新株予約権等の譲渡人に対して交付する金銭等（株式交付親会社の株式等を除く。）の帳簿価額が株式交付親会社が譲り受ける株式交付子会社の株式及び新株予約権等の額として法務省令で定める額を超える場合には、取締役は、前項の株主総会において、その旨を説明しなければならない。

3　株式交付親会社が種類株式発行会社である場合において、次の各号に掲げるときは、株式交付は、当該各号に定める種類の株式（譲渡制限株式であって、第199条第4項の定款の定めがないものに限る。）の種類株主を構成員とする種類株主総会（当該種類株主に係る株式の種類が二以上ある場合にあっては、当該二以上の株式の種類別に区分された種類株主を構成員とする各種類株主総会）の決議がなければ、その効力を生じない。ただし、当該種類株主総会において議決権を行使することができる株主が存しない場合は、この限りでない。

一　株式交付子会社の株式の譲渡人に対して交付する金銭等が株式交付親会社の株

（新設）

式であるとき　第774条の3第1項第三号の種類の株式

二　株式交付子会社の新株予約権等の譲渡人に対して交付する金銭等が株式交付親会社の株式であるとき　第774条の3第1項第八号イの種類の株式

(株式交付計画の承認を要しない場合等)
第816条の4　前条第1項及び第2項の規定は、第一号に掲げる額の第二号に掲げる額に対する割合が五分の一(これを下回る割合を株式交付親会社の定款で定めた場合にあっては、その割合)を超えない場合には、適用しない。ただし、同項に規定する場合又は株式交付親会社が公開会社でない場合は、この限りでない。

二　次に掲げる額の合計額

イ　株式交付子会社の株式及び新株予約権等の譲渡人に対して交付する株式交付親会社の株式の数に一株当たり純資産額を乗じて得た額

ロ　株式交付子会社の株式及び新株予約権等の譲渡人に対して交付する株式交付親会社の社債、新株予約権又は新株予約権付社債の帳簿価額の合計額

ハ　株式交付子会社の株式及び新株予約権等の譲渡人に対して交付する株式交付親会社の株式等以外の財産の帳簿価額の合計額

二　株式交付親会社の純資産額として法務省令で定める方法により算定される額

2　前項本文に規定する場合において、法務省令で定める数の株式(前条第1項の株主総会において議決権を行使することができるものに限る。)を有する株主が第816条の6第3項の規定による通知又は同条第4項の公告の日から二週間以内に株式交付に反対する旨を株式交付親会社に対し通知したときは、当該株式交付親会社は、効力発生日の前日までに、株主総会の決議によって、株式交付計画の承認を受けなければならない。

(株式交付をやめることの請求)
第816条の5　株式交付が法令又は定款に違反する場合において、株式交付親会社の株

(新設)

(新設)

主が不利益を受けるおそれがあるときは、株式交付親会社の株主は、株式交付親会社に対し、株式交付をやめることを請求することができる。ただし、前条第１項本文に規定する場合（同項ただし書又は同条第２項に規定する場合を除く。）は、この限りでない。

（反対株主の株式買取請求）
第816条の６　株式交付をする場合には、反対株主は、株式交付親会社に対し、自己の有する株式を公正な価格で買い取ることを請求することができる。ただし、第816条の４第１項本文に規定する場合（同項ただし書又は同条第２項に規定する場合を除く。）は、この限りでない。
２　前項に規定する「反対株主」とは、次の各号に掲げる場合における当該各号に定める株主をいう。
　一　株式交付をするために株主総会（種類株主総会を含む。）の決議を要する場合次に掲げる株主
　　イ　当該株主総会に先立って当該株式交付に反対する旨を当該株式交付親会社に対し通知し、かつ、当該株主総会において当該株式交付に反対した株主（当該株主総会において議決権を行使することができるものに限る。）
　　ロ　当該株主総会において議決権を行使することができない株主
　二　前号に掲げる場合以外の場合全ての株主
３　株式交付親会社は、効力発生日の20日前までに、その株主に対し、株式交付をする旨並びに株式交付子会社の商号及び住所を通知しなければならない。
４　次に掲げる場合には、前項の規定による通知は、公告をもってこれに代えることができる。
　一　株式交付親会社が公開会社である場合
　二　株式交付親会社が第816条の３第１項の株主総会の決議によって株式交付計画の承認を受けた場合
５　第１項の規定による請求（以下この節において「株式買取請求」という。）は、効力発生日の20日前の日から効力発生日の前日

（新設）

261

までの間に、その株式買取請求に係る株式
の数（種類株式発行会社にあっては、株式
の種類及び種類ごとの数）を明らかにして
しなければならない。

6　株券が発行されている株式について株式
買取請求をしようとするときは、当該株式
の株主は、株式交付親会社に対し、当該株
式に係る株券を提出しなければならない。
ただし、当該株券について第223条の規定
による請求をした者については、この限り
でない。

7　株式買取請求をした株主は、株式交付親
会社の承諾を得た場合に限り、その株式買
取請求を撤回することができる。

8　株式交付を中止したときは、株式買取請
求は、その効力を失う。

9　第133条の規定は、株式買取請求に係る
株式については、適用しない。

（株式の価格の決定等）

第816条の7　株式買取請求があった場合に
おいて、株式の価格の決定について、株主
と株式交付親会社との間に協議が調ったと
きは、株式交付親会社は、効力発生日から
60日以内にその支払をしなければならな
い。

2　株式の価格の決定について、効力発生日
から30日以内に協議が調わないときは、株
主又は株式交付親会社は、その期間の満了
の日後30日以内に、裁判所に対し、価格の
決定の申立てをすることができる。

3　前条第7項の規定にかかわらず、前項に
規定する場合において、効力発生日から60
日以内に同項の申立てがないときは、その
期間の満了後は、株主は、いつでも、株式
買取請求を撤回することができる。

4　株式交付親会社は、裁判所の決定した価
格に対する第1項の期間の満了の日後の法
定利率による利息をも支払わなければなら
ない。

5　株式交付親会社は、株式の価格の決定が
あるまでは、株主に対し、当該株式交付親
会社が公正な価格と認める額を支払うこと
ができる。

6　株式買取請求に係る株式の買取りは、効
力発生日に、その効力を生ずる。

（新設）

7　株券発行会社は、株券が発行されている
株式について株式買取請求があったときは、
株券と引換えに、その株式買取請求に係る
株式の代金を支払わなければならない。

（債権者の異議）
第816条の8　株式交付に際して株式交付子
会社の株式及び新株予約権等の譲渡人に対
して交付する金銭等（株式交付親会社の株
式を除く。）が株式交付親会社の株式に準ず
るものとして法務省令で定めるもののみで
ある場合以外の場合には、株式交付親会社
の債権者は、株式交付親会社に対し、株式
交付について異議を述べることができる。

2　前項の規定により株式交付親会社の債権
者が異議を述べることができる場合には、
株式交付親会社は、次に掲げる事項を官報
に公告し、かつ、知れている債権者には、
各別にこれを催告しなければならない。た
だし、第四号の期間は、一箇月を下ること
ができない。
　一　株式交付をする旨
　二　株式交付子会社の商号及び住所
　三　株式交付親会社及び株式交付子会社の
　　計算書類に関する事項として法務省令で
　　定めるもの
　四　債権者が一定の期間内に異議を述べる
　　ことができる旨

3　前項の規定にかかわらず、株式交付親会
社が同項の規定による公告を、官報のほ
か、第939条第1項の規定による定款の定
めに従い、同項第二号又は第三号に掲げる
公告方法によりするときは、前項の規定に
よる各別の催告は、することを要しない。

4　債権者が第2項第四号の期間内に異議を
述べなかったときは、当該債権者は、当該
株式交付について承認をしたものとみなす。

5　債権者が第2項第四号の期間内に異議を
述べたときは、株式交付親会社は、当該債
権者に対し、弁済し、若しくは相当の担保
を提供し、又は当該債権者に弁済を受けさ
せることを目的として信託会社等に相当の
財産を信託しなければならない。ただし、
当該株式交付をしても当該債権者を害する
おそれがないときは、この限りでない。

（新設）

（株式交付の効力発生日の変更）

第816条の9　株式交付親会社は、効力発生日を変更することができる。

2　前項の規定による変更後の効力発生日は、株式交付計画において定めた当初の効力発生日から三箇月以内の日でなければならない。

3　第1項の場合には、株式交付親会社は、変更前の効力発生日（変更後の効力発生日が変更前の効力発生日前の日である場合にあっては、当該変更後の効力発生日）の前日までに、変更後の効力発生日を公告しなければならない。

4　第1項の規定により効力発生日を変更したときは、変更後の効力発生日を効力発生日とみなして、この節（第2項を除く。）及び前章（第774条の3第1項第十一号を除く。）の規定を適用する。

5　株式交付親会社は、第1項の規定による効力発生日の変更をする場合には、当該変更と同時に第774条の3第1項第十号の期日を変更することができる。

6　第3項及び第4項の規定は、前項の規定による第774条の3第1項第十号の期日の変更について準用する。この場合において、第4項中「この節（第2項を除く。）及び前章（第774条の3第1項第十一号を除く。）」とあるのは、「第774条の4、第774条の10及び前項」と読み替えるものとする。

（株式交付に関する書面等の備置き及び閲覧等）

第816条の10　株式交付親会社は、効力発生日後遅滞なく、株式交付に際して株式交付親会社が譲り受けた株式交付子会社の株式の数その他の株式交付に関する事項として法務省令で定める事項を記載し、又は記録した書面又は電磁的記録を作成しなければならない。

2　株式交付親会社は、効力発生日から六箇月間、前項の書面又は電磁的記録をその本店に備え置かなければならない。

3　株式交付親会社の株主（株式交付に際して株式交付子会社の株式及び新株予約権等の譲渡人に対して交付する金銭等（株式交付親会社の株式を除く。）が株式交付親会社

（新設）

（新設）

の株式に準ずるものとして法務省令で定めるもののみである場合以外の場合にあっては、株主及び債権者）は、株式交付親会社に対して、その営業時間内は、いつでも、次に掲げる請求をすることができる。ただし、第二号又は第四号に掲げる請求をするには、当該株式交付親会社の定めた費用を支払わなければならない。

　一　前項の書面の閲覧の請求
　二　前項の書面の謄本又は抄本の交付の請求
　三　前項の電磁的記録に記録された事項を法務省令で定める方法により表示したものの閲覧の請求
　四　前項の電磁的記録に記録された事項を電磁的方法であって株式交付親会社の定めたものにより提供することの請求又はその事項を記載した書面の交付の請求

（会社の組織に関する行為の無効の訴え）
第828条　次の各号に掲げる行為の無効は、当該各号に定める期間に、訴えをもってのみ主張することができる。
　一〜十二　（略）
　十三　株式会社の株式交付株式交付の効力が生じた日から六箇月以内
2　次の各号に掲げる行為の無効の訴えは、当該各号に定める者に限り、提起することができる。
　一〜十二　（略）
　十三　前項第十三号に掲げる行為当該行為の効力が生じた日において株式交付親会社の株主等であった者、株式交付に際して株式交付親会社に株式交付子会社の株式若しくは新株予約権等を譲り渡した者又は株式交付親会社の株主等、破産管財人若しくは株式交付について承認をしなかった債権者

（被告）
第834条　次の各号に掲げる訴え（以下この節において「会社の組織に関する訴え」と総称する。）については、当該各号に定める者を被告とする。
　一〜十二　（略）
　十二の二　株式会社の株式交付の無効の訴

（会社の組織に関する行為の無効の訴え）
第828条　次の各号に掲げる行為の無効は、当該各号に定める期間に、訴えをもってのみ主張することができる。
　一〜十二　（同左）
　（新設）

2　次の各号に掲げる行為の無効の訴えは、当該各号に定める者に限り、提起することができる。
　一〜十二　（同左）
　（新設）

（被告）
第834条　次の各号に掲げる訴え（以下この節において「会社の組織に関する訴え」と総称する。）については、当該各号に定める者を被告とする。
　一〜十二　（同左）

　　　　　　え　株式交付親会社
十三～二十一　（略）

（担保提供命令）
第836条　（略）
2　前項の規定は、会社の組織に関する訴え
　であって、債権者又は株式交付に際して株
　式交付親会社に株式交付子会社の株式若し
　くは新株予約権等を譲り渡した者が提起す
　ることができるものについて準用する。
3　（略）

（無効又は取消しの判決の効力）
第839条　会社の組織に関する訴え（第834条
　第一号から第十二号の二まで、第十八号及
　び第十九号に掲げる訴えに限る。）に係る請
　求を認容する判決が確定したときは、当該
　判決において無効とされ、又は取り消され
　た行為（当該行為によって会社が設立された
　場合にあっては当該設立を含み、当該行為
　に際して株式又は新株予約権が交付された
　場合にあっては当該株式又は新株予約権を
　含む。）は、将来に向かってその効力を失う。

（株式交付の無効判決の効力）
第844条の2　株式会社の株式交付の無効の
　訴えに係る請求を認容する判決が確定した
　場合において、株式交付親会社が当該株式
　交付に際して当該株式交付親会社の株式
　（以下この条において「旧株式交付親会社株
　式」という。）を交付したときは、当該株式
　交付親会社は、当該判決の確定時における
　当該旧株式交付親会社株式に係る株主に対
　し、当該株式交付の際に当該旧株式交付親
　会社株式の交付を受けた者から給付を受け
　た株式交付子会社の株式及び新株予約権等
　（以下この条において「旧株式交付子会社株
　式等」という。）を返還しなければならない。
　この場合において、株式交付親会社が株券
　発行会社であるときは、当該株式交付親会
　社は、当該株主に対し、当該旧株式交付子
　会社株式等を返還するのと引換えに、当該
　旧株式交付親会社株式に係る旧株券を返還
　することを請求することができる。
2　前項前段に規定する場合には、旧株式交
　付親会社株式を目的とする質権は、旧株式

（担保提供命令）
第836条　（同左）
2　前項の規定は、会社の組織に関する訴え
　であって、債権者が提起することができる
　ものについて準用する。

3　（同左）

（無効又は取消しの判決の効力）
第839条　会社の組織に関する訴え（第834
　条第一号から第十二号まで、第十八号及び
　第十九号に掲げる訴えに限る。）に係る請求
　を認容する判決が確定したときは、当該判
　決において無効とされ、又は取り消された
　行為（当該行為によって会社が設立された
　場合にあっては当該設立を含み、当該行為
　に際して株式又は新株予約権が交付された
　場合にあっては当該株式又は新株予約権を
　含む。）は、将来に向かってその効力を失
　う。

（新設）

交付子会社株式等について存在する。

（和解）
第849条の2　株式会社等が、当該株式会社
　等の取締役（監査等委員及び監査委員を除
　く。）、執行役及び清算人並びにこれらの者
　であった者の責任を追及する訴えに係る訴
　訟における和解をするには、次の各号に掲
　げる株式会社の区分に応じ、当該各号に定
　める者の同意を得なければならない。
　一　監査役設置会社　監査役（監査役が二
　　人以上ある場合にあっては、各監査役）
　二　監査等委員会設置会社　各監査等委員
　三　指名委員会等設置会社　各監査委員

（削る）
第850条　（略）
2～4　（略）

（非訟事件の管轄）
第868条　（略）
2・3　（略）
4　第705条第4項及び第706条第4項の規
　定、第707条、第711条第3項、第713条並
　びに第714条第1項及び第3項（これらの規
　定を第714条の7において準用する場合を
　含む。）の規定並びに第718条第3項、第732
　条、第740条第1項及び第741条第1項の
　規定による裁判の申立てに係る事件は、社
　債を発行した会社の本店の所在地を管轄す
　る地方裁判所の管轄に属する。
5・6　（略）

（陳述の聴取）
第870条　裁判所は、この法律の規定（第二編
　第九章第二節を除く。）による非訟事件につ
　いての裁判のうち、次の各号に掲げる裁判
　をする場合には、当該各号に定める者の陳
　述を聴かなければならない。ただし、不適
　法又は理由がないことが明らかであるとし
　て申立てを却下する裁判をするときは、こ
　の限りでない。
　一　（略）
　二　清算人、社債管理者又は社債管理補助
　　者の解任についての裁判　当該清算人、
　　社債管理者又は社債管理補助者

（新設）

（和解）
第850条　（同左）
2～4　（同左）

（非訟事件の管轄）
第868条　（同左）
2・3　（同左）
4　第705条第4項、第706条第4項、第707
　条、第711条第3項、第713条、第714条第
　1項及び第3項、第718条第3項、第732
　条、第740条第1項並びに第741条第1項の
　規定による裁判の申立てに係る事件は、社
　債を発行した会社の本店の所在地を管轄す
　る地方裁判所の管轄に属する。

5・6　（同左）

（陳述の聴取）
第870条　裁判所は、この法律の規定（第二編
　第九章第一節を除く。）による非訟事件につ
　いての裁判のうち、次の各号に掲げる裁判
　をする場合には、当該各号に定める者の陳
　述を聴かなければならない。ただし、不適
　法又は理由がないことが明らかであるとし
　て申立てを却下する裁判をするときは、こ
　の限りでない。
　一　（同左）
　二　清算人又は社債管理者の解任について
　　の裁判　当該清算人又は社債管理者

第8章　資料

三～十一　（略）
2　裁判所は、次の各号に掲げる裁判をする
場合には、審問の期日を開いて、申立人及
び当該各号に定める者の陳述を聴かなけれ
ばならない。ただし、不適法又は理由がな
いことが明らかであるとして申立てを却下
する裁判をするときは、この限りでない。
一　（略）
二　第117条第2項、第119条第2項、第
182条の5第2項、第193条第2項（第194
条第4項において準用する場合を含む。）、
第470条第2項、第778条第2項、第786
条第2項、第788条第2項、第798条第2
項、第807条第2項、<u>第809条第2項又は
第816条の7第2項</u>の規定による株式又は
新株予約権（当該新株予約権が新株予約権
付社債に付されたものである場合におい
て、当該新株予約権付社債についての社
債の買取りの請求があったときは、当該
社債を含む。）の価格の決定価格の決定の
申立てをすることができる者（申立人を除
く。）
三～六　（略）

（不服申立ての制限）
第874条　次に掲げる裁判に対しては、不服
を申し立てることができない。
一　第870条第1項第一号に規定する一時
取締役、会計参与、監査役、代表取締
役、委員、執行役若しくは代表執行役の
職務を行うべき者、清算人、代表清算
人、清算持分会社を代表する清算人、同
号に規定する一時清算人若しくは代表清
算人の職務を行うべき者、検査役、第
501条第1項（第822条第3項において準
用する場合を含む。）若しくは第662条第
1項の鑑定人、第508条第2項（第822条
第3項において準用する場合を含む。）若
しくは第672条第3項の帳簿資料の保存
をする者、社債管理者<u>若しくは社債管理
補助者</u>の特別代理人又は第714条第3項
<u>（第714条の7において準用する場合を含
む。）</u>の事務を承継する社債管理者<u>若しく
は社債管理補助者</u>の選任又は選定の裁判
二～四　（略）

三～十一　（同左）
2　裁判所は、次の各号に掲げる裁判をする
場合には、審問の期日を開いて、申立人及
び当該各号に定める者の陳述を聴かなけれ
ばならない。ただし、不適法又は理由がな
いことが明らかであるとして申立てを却下
する裁判をするときは、この限りでない。
一　（同左）
二　第117条第2項、第119条第2項、第182
条の5第2項、第193条第2項（第194条第
4項において準用する場合を含む。）、第
470条第2項、第778条第2項、第786条第
2項、第788条第2項、第798条第2項、
第807条第2項<u>又は第809条第2項</u>の規定
による株式又は新株予約権（当該新株予約
権が新株予約権付社債に付されたものであ
る場合において、当該新株予約権付社債に
ついての社債の買取りの請求があったとき
は、当該社債を含む。）の価格の決定価格の
決定の申立てをすることができる者（申立
人を除く。）
三～六　（同左）

（不服申立ての制限）
第874条　次に掲げる裁判に対しては、不服
を申し立てることができない。
一　第870条第1項第一号に規定する一時
取締役、会計与、監査役、代表取締役、
委員、執行役若しくは代表執行役の職務
を行うべき者、清算人、代表清算人、清
算持分会社を代表する清算人、同号に規
定する一時清算人若しくは代表清算人の
職務を行うべき者、検査役、第501条第
1項（第822条第3項において準用する場
合を含む。）若しくは第662条第1項の鑑
定人、第508条第2項（第822条第3項に
おいて準用する場合を含む。）若しくは第
672条第3項の帳簿資料の保存をする者、
社債管理者の特別代理人又は第714条第
3項の事務を承継する社債管理者の選任
又は選定の裁判

二～四　（同左）

（削る）

（株式会社の設立の登記）

第911条　（略）

2　（略）

3　第1項の登記においては、次に掲げる事
項を登記しなければならない。

一～十一　（略）

十二　新株予約権を発行したときは、次に
　　掲げる事項

イ　（略）

ロ　第236条第1項第一号から第四号ま
　　で（ハに規定する場合にあっては、第
　　二号を除く。）に掲げる事項

ハ　第236条第3項各号に掲げる事項を
　　定めたときは、その定め

ニ　ロ及びハに掲げる事項のほか、新株
　　予約権の行使の条件を定めたときは、そ
　　の条件

ホ　第236条第1項第七号及び第238条
　　第1項第二号に掲げる事項

ヘ　第238条第1項第三号に掲げる事項
　　を定めたときは、募集新株予約権（同
　　項に規定する募集新株予約権をいう。
　　以下ヘにおいて同じ。）の払込金額（同
　　号に規定する払込金額をいう。以下ヘ
　　において同じ。）（同号に掲げる事項と
　　して募集新株予約権の払込金額の算定
　　方法を定めた場合において、登記の申
　　請の時までに募集新株予約権の払込金
　　額が確定していないときは、当該算定
　　方法）

十二の二　第325条の2の規定による電子提
　　供措置をとる旨の定款の定めがあるとき
　　は、その定め

十三～二十九　（略）

（削る）

第930条から第932条まで　削除

第一款　本店の所在地における登記

（株式会社の設立の登記）

第911条　（同左）

2　（同左）

3　第1項の登記においては、次に掲げる事
項を登記しなければならない。

一～十一　（同左）

十二　新株予約権を発行したときは、次に
　　掲げる事項

イ　（同左）

ロ　第236条第1項第一号から第四号ま
　　でに掲げる事項

（新設）

ハ　ロに掲げる事項のほか、新株予約権
　　の行使の条件を定めたときは、その条件

ニ　第236条第1項第七号並びに第238
　　条第1項第二号及び第三号に掲げる事項

（新設）

（新設）

十三～二十九　（同左）

第二款　支店の所在地における登記

（支店の所在地における登記）

第930条　次の各号に掲げる場合（当該各号に
　　規定する支店が本店の所在地を管轄する登
　　記所の管轄区域内にある場合を除く。）に
　　は、当該各号に定める期間内に、当該支店
　　の所在地において、支店の所在地における
　　登記をしなければならない。

二　会社の設立に際して支店を設けた場合
（次号から第四号までに規定する場合を
除く。）本店の所在地における設立の登記
をした日から

二　週間以内二新設合併により設立する会
社が新設合併に際して支店を設けた場合
第922条第1項各号又は第2項各号に定
める日から三週間以内

三　新設分割により設立する会社が新設分
割に際して支店を設けた場合第924条第
1項各号又は第2項各号に定める日から
三週間以内

四　株式移転により設立する株式会社が株
式移転に際して支店を設けた場合第925
条各号に掲げる日のいずれか遅い日から
三週間以内

五　会社の成立後に支店を設けた場合支店
を設けた日から三週間以内

2　支店の所在地における登記においては、
次に掲げる事項を登記しなければならない。
ただし、支店の所在地を管轄する登記所の
管轄区域内に新たに支店を設けたときは、
第三号に掲げる事項を登記すれば足りる。

一　商号
二　本店の所在場所
三　支店（その所在地を管轄する登記所の
管轄区域内にあるものに限る。）の所在場
所

3　前項各号に掲げる事項に変更が生じたと
きは、三週間以内に、当該支店の所在地に
おいて、変更の登記をしなければならない。

（他の登記所の管轄区域内への支店の移転
の登記）

第931条　会社がその支店を他の登記所の管
轄区域内に移転したときは、旧所在地（本
店の所在地を管轄する登記所の管轄区域内
にある場合を除く。）においては三週間以内
に移転の登記をし、新所在地（本店の所在
地を管轄する登記所の管轄区域内にある場
合を除く。以下この条において同じ。）にお
いては四週間以内に前条第2項各号に掲げ
る事項を登記しなければならない。ただ
し、支店の所在地を管轄する登記所の管轄
区域内に新たに支店を移転したときは、新
所在地においては、同項第三号に掲げる事

（旧）	（新）
	項を登記すれば足りる。
	（支店における変更の登記等）
	第932条　第919条から第925条まで及び第929条に規定する場合には、これらの規定に規定する日から三週間以内に、支店の所在地においても、これらの規定に規定する登記をしなければならない。ただし、第921条、第923条又は第924条に規定する変更の登記は、第930条第2項各号に掲げる事項に変更が生じた場合に限り、するものとする。
（裁判による登記の嘱託）	（裁判による登記の嘱託）
第937条　次に掲げる場合には、裁判所書記官は、職権で、遅滞なく、会社の本店の所在地を管轄する登記所にその登記を嘱託しなければならない。	第937条　次に掲げる場合には、裁判所書記官は、職権で、遅滞なく、会社の本店（第一号トに規定する場合であって当該決議によって第930条第2項各号に掲げる事項についての登記がされているときにあっては、本店及び当該登記に係る支店）の所在地を管轄する登記所にその登記を嘱託しなければならない。
一～三　（略）	一～三　（同左）
2　（略）	2　（同左）
3　次の各号に掲げる訴えに係る請求を認容する判決が確定した場合には、裁判所書記官は、職権で、遅滞なく、各会社の本店の所在地を管轄する登記所に当該各号に定める登記を嘱託しなければならない。	3　次の各号に掲げる訴えに係る請求を認容する判決が確定した場合には、裁判所書記官は、職権で、遅滞なく、各会社の本店の所在地を管轄する登記所に当該各号に定める登記を嘱託しなければならない。
一～七　（略）	一～七　（同左）
八　株式会社の株式交付の無効の訴え　株式交付親会社についての変更の登記	（新設）
（削る）	4　前項に規定する場合において、同項各号に掲げる訴えに係る請求の目的に係る組織変更、合併又は会社分割により第930条第2項各号に掲げる事項についての登記がされているときは、各会社の支店の所在地を管轄する登記所にも前項各号に定める登記を嘱託しなければならない。
（特別清算に関する裁判による登記の嘱託）	（特別清算に関する裁判による登記の嘱託）
第938条　次の各号に掲げる場合には、裁判所書記官は、職権で、遅滞なく、清算株式会社の本店の所在地を管轄する登記所に当該各号に定める登記を嘱託しなければなら	第938条　次の各号に掲げる場合には、裁判所書記官は、職権で、遅滞なく、清算株式会社の本店（第三号に掲げる場合であって特別清算の結了により特別清算終結の決定

ない。

一～三　（略）
2～6　（略）

（過料に処すべき行為）
第976条　発起人、設立時取締役、設立時監査役、設立時執行役、取締役、会計参与若しくはその職務を行うべき社員、監査役、執行役、会計監査人若しくはその職務を行うべき社員、清算人、清算人代理、持分会社の業務を執行する社員、民事保全法第56条に規定する仮処分命令により選任された取締役、監査役、執行役、清算人若しくは持分会社の業務を執行する社員の職務を代行する者、第960条第1項第五号に規定する一時取締役、会計参与、監査役、代表取締役、委員、執行役若しくは代表執行役の職務を行うべき者、同条第2項第三号に規定する一時清算人若しくは代表清算人の職務を行うべき者、第967条第1項第三号に規定する一時会計監査人の職務を行うべき者、検査役、監督委員、調査委員、株主名簿管理人、社債原簿管理人、社債管理者、事務を承継する社債管理者、社債管理補助者、事務を承継する社債管理補助者、代表社債権者、決議執行者、外国会社の日本における代表者又は支配人は、次のいずれかに該当する場合には、百万円以下の過料に処する。ただし、その行為について刑を科すべきときは、この限りでない。
一～六　（略）
七　定款、株主名簿、株券喪失登録簿、新株予約権原簿、社債原簿、議事録、財産目録、会計帳簿、貸借対照表、損益計算書、事業報告、事務報告、第435条第2項若しくは第494条第1項の附属明細書、会計参与報告、監査報告、会計監査報告、決算報告又は第122条第1項、第149条第1項、第171条の2第1項、第173条の2第1項、第179条の5第1項、第179条の10第1項、第182条の2第1項、第182条の6第1項、第250条第1項、第270条第1項、第682条第1項、第695条第1項、

がされたときにあっては、本店及び支店）の所在地を管轄する登記所に当該各号に定める登記を嘱託しなければならない。

一～三　（同左）
2～6　（同左）

（過料に処すべき行為）
第976条　発起人、設立時取締役、設立時監査役、設立時執行役、取締役、会計参与若しくはその職務を行うべき社員、監査役、執行役、会計監査人若しくはその職務を行うべき社員、清算人、清算人代理、持分会社の業務を執行する社員、民事保全法第56条に規定する仮処分命令により選任された取締役、監査役、執行役、清算人若しくは持分会社の業務を執行する社員の職務を代行する者、第960条第1項第五号に規定する一時取締役、会計参与、監査役、代表取締役、委員、執行役若しくは代表執行役の職務を行うべき者、同条第2項第三号に規定する一時清算人若しくは代表清算人の職務を行うべき者、第967条第1項第三号に規定する一時会計監査人の職務を行うべき者、検査役、監督委員、調査委員、株主名簿管理人、社債原簿管理人、社債管理者、事務を承継する社債管理者、代表社債権者、決議執行者、外国会社の日本における代表者又は支配人は、次のいずれかに該当する場合には、百万円以下の過料に処する。ただし、その行為について刑を科すべきときは、この限りでない。
一～六　（同左）
七　定款、株主名簿、株券喪失登録簿、新株予約権原簿、社債原簿、議事録、財産目録、会計帳簿、貸借対照表、損益計算書、事業報告、事務報告、第435条第2項若しくは第494条第1項の附属明細書、会計参与報告、監査報告、会計監査報告、決算報告又は第122条第1項、第149条第1項、第171条の2第1項、第173条の2第1項、第179条の5第1項、第179条の10第1項、第182条の2第1項、第182条の6第1項、第250条第1項、第270条第1項、第682条第1項、第695条第1項、

第782条第1項、第791条第1項、第794条第1項、第801条第1項若しくは第2項、第803条第1項、第811条第1項、第815条第1項若しくは第2項、第816条の2第1項若しくは第816条の10第1項の書面若しくは電磁的記録に記載し、若しくは記録すべき事項を記載せず、若しくは記録せず、又は虚偽の記載若しくは記録をしたとき。

八　第301条第1項の規定、第74条第6項、第75条第3項、第76条第4項、第81条第2項若しくは第82条第2項（これらの規定を第86条において準用する場合を含む。）、第125条第1項、第171条の2第1項、第173条の2第2項、第179条の5第1項、第179条の10第2項、第182条の2第1項、第182条の6第2項、第231条第1項若しくは第252条第1項、第310条第6項、第311条第3項、第312条第4項、第318条第2項若しくは第3項若しくは第319条第2項（これらの規定を第325条において準用する場合を含む。）、第371条第1項（第490条第5項において準用する場合を含む。）、第378条第1項、第394条第1項、第399条の11第1項、第413条第1項、第442条第1項若しくは第2項、第496条第1項、第684条第1項、第731条第2項、第782条第1項、第791条第2項、第794条第1項、第801条第3項、第803条第1項、第811条第2項、第815条第3項、第816条の2第1項又は第816条の10第2項の規定に違反して、帳簿又は書類若しくは電磁的記録を備え置かなかったとき。

九～十八　（略）

十八の二　（略）

十九　第325条の3第1項（第325条の7において準用する場合を含む。）の規定に違反して、電子提供措置をとらなかったとき。

十九の二　第327条の2の規定に違反して、社外取締役を選任しなかったとき。

十九の三　（略）

二十～二十二　（略）

二十三　第365条第2項（第419条第2項及

第782条第1項、第791条第1項、第794条第1項、第801条第1項若しくは第2項、第803条第1項、第811条第1項若しくは第815条第1項若しくは第2項の書面若しくは電磁的記録に記載し、若しくは記録すべき事項を記載せず、若しくは記録せず、又は虚偽の記載若しくは記録をしたとき。

八　第301条第1項の規定、第74条第6項、第75条第3項、第76条第4項、第81条第2項若しくは第82条第2項（これらの規定を第86条において準用する場合を含む。）、第125条第1項、第171条の2第1項、第173条の2第2項、第179条の5第1項、第179条の10第2項、第182条の2第1項、第182条の6第2項、第231条第1項若しくは第252条第1項、第310条第6項、第311条第3項、第312条第4項、第318条第2項若しくは第3項若しくは第319条第2項（これらの規定を第325条において準用する場合を含む。）、第371条第1項（第490条第5項において準用する場合を含む。）、第378条第1項、第394条第1項、第399条の11第1項、第413条第1項、第442条第1項若しくは第2項、第496条第1項、第684条第1項、第731条第2項、第782条第1項、第791条第2項、第794条第1項、第801条第3項、第803条第1項、第811条第2項又は第815条第3項の規定に違反して、帳簿又は書類若しくは電磁的記録を備え置かなかったとき。

九～十八　（同左）

十九　（同左）
（新設）

（新設）

十九の二　（同左）

二十～二十二　（同左）

二十三　第365条第2項（第419条第2項及

び第489条第8項において準用する場合を含む。）又は第430条の2第4項（同条第5項において準用する場合を含む。）の規定に違反して、取締役会又は清算人会に報告せず、又は虚偽の報告をしたとき。	び第489条第8項において準用する場合を含む。）の規定に違反して、取締役会又は清算人会に報告せず、又は虚偽の報告をしたとき。
二十四・二十五　（略）	二十四・二十五　（同左）
二十六　第449条第2項若しくは第5項、第627条第2項若しくは第5項、第635条第2項若しくは第5項、第670条第2項若しくは第5項、第779条第2項若しくは第5項（これらの規定を第781条第2項において準用する場合を含む。）、第789条第2項若しくは第5項（これらの規定を第793条第2項において準用する場合を含む。）、第799条第2項若しくは第5項（これらの規定を第802条第2項において準用する場合を含む。）、第810条第2項若しくは第5項（これらの規定を第813条第2項において準用する場合を含む。）、第816条の8第2項若しくは第5項又は第820条第1項若しくは第2項の規定に違反して、資本金若しくは準備金の額の減少、持分の払戻し、持分会社の財産の処分、組織変更、吸収合併、新設合併、吸収分割、新設分割、株式交換、株式移転、株式交付又は外国会社の日本における代表者の全員の退任をしたとき。	二十六　第449条第2項若しくは第5項、第627条第2項若しくは第5項、第635条第2項若しくは第5項、第670条第2項若しくは第5項、第779条第2項若しくは第5項（これらの規定を第781条第2項において準用する場合を含む。）、第789条第2項若しくは第5項（これらの規定を第793条第2項において準用する場合を含む。）、第799条第2項若しくは第5項（これらの規定を第802条第2項において準用する場合を含む。）、第810条第2項若しくは第5項（これらの規定を第813条第2項において準用する場合を含む。）又は第820条第1項若しくは第2項の規定に違反して、資本金若しくは準備金の額の減少、持分の払戻し、持分会社の財産の処分、組織変更、吸収合併、新設合併、吸収分割、新設分割、株式交換、株式移転又は外国会社の日本における代表者の全員の退任をしたとき。
二十七〜三十二　（略）	二十七〜三十二　（同左）
三十三　第702条の規定に違反して社債を発行し、又は第714条第1項（第714条の7において準用する場合を含む。）の規定に違反して事務を承継する社債管理者若しくは社債管理補助者を定めなかったとき。	三十三　第702条の規定に違反して社債を発行し、又は第714条第1項の規定に違反して事務を承継する社債管理者を定めなかったとき。
三十四・三十五　（略）	三十四・三十五　（同左）

● 編著者略歴 ●

松嶋　隆弘（まつしま・たかひろ）

日本大学教授、弁護士（みなと協和法律事務所）

執筆担当　第1章①・②・第6章⑤

昭和43年9月生。前私法学会理事、前空法学会理事。元公認会計士試験委員。

主要著作として、上田純子＝松嶋隆弘編『会社非訟事件の実務』（三協法規出版、平成29年）、上田純子＝菅原貴与志＝松嶋隆弘編『改正会社法 解説と実務への影響』（三協法規出版、平成27年）、松嶋隆弘＝渡邊涼介編『仮想通貨はこう変わる！暗号資産をめぐる法律・税務・会計』（ぎょうせい、令和元年）、松嶋隆弘編著『法務と税務のプロのための改正相続法徹底ガイド令和元年施行対応版』（ぎょうせい、令和元年）等多数。

● 執筆者一覧 ●　　　　　　　　　　　※執筆担当順

福原　竜一（ふくはら・りゅういち）

弁護士（虎ノ門カレッジ法律事務所）

執筆担当　第2章①

渡邊　涼介（わたなべ・りょうすけ）

弁護士（光和総合法律事務所）

執筆担当　第2章②

大久保拓也（おおくぼ・たくや）

日本大学法学部教授

執筆担当　第3章①

松田　真治（まつだ・まさはる）

名城大学法学部准教授

執筆担当 第3章②・③

一ノ澤直人（いちのさわ・なおと）

中央大学法学部教授

執筆担当 第3章④

鬼頭　俊泰（きとう・としやす）

日本大学商学部准教授

執筆担当 第4章

金澤　大祐（かなざわ・だいすけ）

日本大学商学部専任講師

執筆担当 第5章

菊地　智大（きくち・ともひろ）

弁護士（菊地法律事務所）

執筆担当 第6章①

曽根　圭竹（そね・けいたけ）

司法書士・行政書士（司法書士・行政書士　曽根総合法務事務所）

執筆担当 第6章②・③・④

阿部　徳幸（あべ・のりゆき）

日本大学法学部教授、税理士（阿部徳幸税理士事務所）

執筆担当 第7章

実務が変わる！
令和 改正会社法のまるごと解説

令和 2 年 4 月 30 日　第 1 刷発行

編　著　　　**松　嶋　隆　弘**

発　行　　　株式会社　**ぎょうせい**

〒 136-8575　東京都江東区新木場 1-18-11
電話　編集　03-6892-6508
営業　03-6892-6666
フリーコール　0120-953-431

URL https://gyosei.jp

〈検印省略〉

印刷 ぎょうせいデジタル㈱　　　　　　　　　©2020　Printed in Japan
※乱丁・落丁本はお取り替えいたします。

ISBN978-4-324-10811-6
(5108607-00-000)
［略号：令和会社まるごと］